轻松阅读·心理学　崔丽娟　主编

心 视 窗

社会心理学通俗读本 | 崔丽娟 石晶 ◎著

Xin Shi Chuang

北京大学出版社
PEKING UNIVERSITY PRESS

图书在版编目(CIP)数据

心视窗:社会心理学通俗读本/崔丽娟,石晶著.—北京:北京大学出版社,2010.1
(未名·轻松阅读·心理学)
ISBN 978-7-301-16491-4

Ⅰ.心… Ⅱ.①崔…②石… Ⅲ.社会心理学-通俗读物 Ⅳ.C912.6-49

中国版本图书馆 CIP 数据核字(2009)第 230960 号

书　　　名：心视窗：社会心理学通俗读本
著作责任者：崔丽娟　石晶　著
责 任 编 辑：魏冬峰
标 准 书 号：ISBN 978-7-301-16491-4/B·0873
出 版 发 行：北京大学出版社
地　　　　址：北京市海淀区成府路 205 号　100871
网　　　　址：http://www.pup.cn
电　　　　话：邮购部 62752015　发行部 62750672　编辑部 62750673
　　　　　　　出版部 62754962
电 子 邮 箱：weidf@pup.pku.edu.cn
印 刷 者：北京宏伟双华印刷有限公司
经 销 者：新华书店
　　　　　　　890 毫米×1240 毫米　A5　9.75 印张　219 千字
　　　　　　　2010 年 1 月第 1 版　2017 年 3 月第 6 次印刷
定　　　价：30.00 元

未经许可，不得以任何方式复制或抄袭本书之部分或全部内容。
版权所有，侵权必究
举报电话：010-62752024　电子邮箱：fd@pup.pku.edu.cn

总 序

《心理学是什么》(北京大学出版社2002年版)一书出版后,每年我都会收到很多读者来信,他们对心理学的热情和想继续学习研究的执著,常常感动着我。2005年我国心理咨询师从业证书考核工作启动,更是推动了全社会对心理学的关注与投入:"心理访谈"、"心灵花园"、"情感热线"等栏目,成为多家电视台的主打节目;心理培训、抗压讲座、团体训练等等,成为各类企业管理中的新型福利之一;商品的广告设计、产品包装的色彩与图案、产品的价格设置等等与消费心理学的联姻,使商家在销售活动中"卖得好更卖得精"……

社会对心理学的热情最终推动了学子们对心理学专业学习和选择心理学作为终身职业的热情。读者中有许多都是在校读书的学生,有学生来信说,正是因为阅读了《心理学是什么》,他最终在高考时选择了心理学专业;有非心理学专业的大学生来信说,因为《心理学是什么》一书,使他们在毕业之际放弃了四年的专业学习,跨专业报考心理学专业的研究生。学生们在来信中不约而同地指出,心理学的蓬勃发展,使今日的心理学有了众多的分支学科,在面对异彩纷呈的心理学研究领域时,该选择心理学中的哪一个分支学科,作为自己一生的研究与追求呢?他们希望能有更进一步阐释心理学各分支学科的书籍,帮助他们在选择前,能了解、把握心理学各分支学科的研究框架和基本内容。所以,当从北京大学出版社杨书澜女士处接到组织写作这套心理学丛书的邀请时,我倍感高兴。可以说,正是读者的热情与执著,最终促成了这套心理学丛书的诞生。

我们知道,心理学,尤其现代心理学,研究内容非常广泛,涉及社会生活的方方面面。因此,在社会生活的众多领域,我们都可以见到心理学家们活跃的身影。比如,在心理咨询中心、精神卫生中心以及医院的神经科,我们可以看到咨询心理学家或健康心理学家的身影,他们为那些需要帮助的人提供建议,解决他们的心理困惑,帮助来访者健康成长,对那些有比较严重心理疾病的患者,如强迫症、厌食症、抑郁症、焦虑症、广场恐怖症、精神分裂症等,则实施行为矫治或者药物治疗。除了给来访者提供以上帮助之外,他们也做一些研究性工作。在家庭、幼儿园和学校,儿童心理学家、发展心理学家和教育心理学家发挥着重要的作用。儿童心理学家、发展心理学家研究儿童与青少年身心发展的特征,特别是儿童的感知觉、智力、语言、认知及社会性和人格的发展,从而指导教师和家长更好地帮助孩子成长,并给孩子提供学习上、情感上的帮助和支持;教育心理学家研究学生是如何学习,教师应该怎样教学,教师如何才能把知识充分地传授给学生,以及如何针对不同的课程设计不同的授课方式等等。心理学的研究与应用领域很多很多,如军事、工业、经济等,凡是有人的地方就有心理学的用武之地,可以说,心理学的研究,涵盖了人的各个活动层面,迄今为止,还没有哪一门学科有这么大的研究和应用范围。美国心理学会(APA)的分支机构就有50多个,每个机构都代表着心理学一个特定的研究与应用领域。在本套丛书中,我们首先选取了几门目前在我国心理学高等教育中被认为是心理学基础课程或专业必修课程的心理学分支学科,比如普通心理学、实验心理学、发展心理学、心理测量、人格心理学、教育心理学等。其次,选取了几门目前社会特别需求或特别热门的心理学分支学科,比如咨询心理学、健康心理学、管理心理学、儿童心理学等。我们希望,能在以后的更新和修订中,不断地把新的心理学分支研究领域补充介绍给大家。

本套丛书仍然努力沿袭《心理学是什么》一书的写作风格,即试图从人人熟悉的生活现象入手,用通俗的语言引出相关的心理学分支学科的研究与应用,让读者看得见摸得着,并将该研究领域的心理学原理与自己的内心经验互相印证,使读者在轻松阅读中,把握心理学各分支研究领域的基本框架与精髓。

岁月匆匆,当各个作者终于完成书稿,可以围坐在一起悠然喝杯茶时,大家仍然不能释然,写作期间所感受到的惶然与忐忑,仍然困扰着我们:怎样理解心理学各分支学科?以什么样的方式来叙述各心理学分支学科的理论流派和各种心理现象,以使读者对该分支学科有更为准确的理解和把握?该用什么样的写作体例,并对心理学各分支学科的内容体系进行怎样的合理取舍,对读者了解和理解该分支心理学才是最科学、最方便的?尽管我们在各方面作了努力,但我们仍然不敢说,本套丛书的取舍和阐释是很准确的。正如我在《心理学是什么》一书的前言中写道:"既然是书,自有体系,人就是一个宇宙,有关人的发现不是用一个体系能够描述的,我们只希望这是读者所见的有关心理学现象和理论介绍的独特体系。"

交流与指正,可以使我们学识长进,人生获益。我们热切地盼望着学界同人和读者的批评与指教。同时我也要感谢北京大学出版社杨书澜女士和魏冬峰女士的支持与智慧,正是她们敦促了该套丛书的出版,认真审阅并提供了宝贵的修改意见。

最后我要感谢参与写作这套丛书的所有年轻的心理学工作者们,正是他们辛勤的工作和智慧,才使这些心理学的分支学科有了一个向大众阐释的机会。

崔丽娟

2007 金秋于丽娃河畔

前　言

社会心理学是什么？社会心理学研究什么？这可能是广大读者最想问的问题，也是本书力求解答的问题。在我们的社会生活中存在着诸多疑惑，为什么我们会情不自禁地买广告产品，为什么我们会加入到疯狂的追星一族，为什么有人处于困境却没有人伸出援助之手……社会心理学作为一门研究人的社会心理和社会行为的科学，将会为大家提供这些问题的答案。

对于社会心理和社会行为，我们每个人从日常生活的观察和经验中已经有了很多了解，只是我们的一些印象往往不够准确，或者不够深入。与此相比，社会心理学家们，则更加善于观察、勇于质疑，他们从人间万象、生活百态中提炼出了共性的社会问题，敲开了社会心理学研究的大门，得出了一系列经典的理论和具有深刻社会意义的研究成果。走入社会心理学的殿堂，我们不仅可以领略到这些社会心理学大师们的风采，学习到他们富有代表性的思想；更重要的是，当我们把这些社会心理学的知识应用于现实生活,来解释和预测林林总总的社会行为时,就更能体会到社会心理学的魅力所在。

每个个体来到这个世界,都在完成一个最重要的课题——认识自己。社会心理学可以帮助个体认识自己心理的形成和行为产生的机制,了解自己与他人、环境的关系,从而充分发挥自己的心理潜能,履行自己的社会角色,有的放矢地提升自己的心理素质、文明水平和决策能力。

我们每个人都生活在社会中,每时每刻都要与他人打交道。但是,有的人能说会道、左右逢源,有的人则是木讷呆板、处处碰壁。社会心理学中关于社会认知的原理、印象的形成、偏见的产生、人际沟通和人际关系,人际冲突与人际吸引、恋爱婚姻和亲密关系,这些知识将会向您展示待人处事的道理,帮助您参透其中的奥秘。

"外面的世界很精彩,外面的世界很无奈",社会生活是纷繁复杂的,然而社会心理学可以帮助我们把握"外面的世界",从而有效地融入社会生活。利他行为是进入社会生活的"门票",认识攻击性行为是减少冲突和纠纷的"秘密武器"。通过社会心理学的学习,我们可以用新的视角去看待大千世界,用新的思维方式去理解范围广大的社会生活。

对于没有接触过专业心理学学习的普通读者来说,心理学往往是神秘而艰涩的,即使有兴趣也很难懂。而本书就是希望以浅显通俗的语言让从未接触过心理学的读者能够读得懂;希望以生动的故事、经典的心理学实验让普通读者感受到社会心理学的神奇魅力;希望以社会现象、文娱热点、时事政治等让广大读者感受到社会心理学的时代性和巨大的应用价值……力求让读者在轻松愉快的阅读中了解、学习社会心理学的主要内容,并有所领悟,为今后的生活和工作提供建议与帮助。

  当然,本书仅仅是向读者打开了一扇了解社会心理学的门;仅是将社会心理学的一部分展现给大家。我们希望本书的介绍能让读者更加清晰地了解自己、了解他人、了解怎样与人相处并且融入群体、融入社会。同时,希望有更多的读者在了解社会心理学的基础上,与我们一起共同努力,探索社会心理学更加广阔的未知领域。

崔丽娟 石 晶
2009 年 7 月于丽娃河畔

目 录

第一章 社会心理学是什么 /001
　　第一节 社会心理学研究对象 /003
　　第二节 知己知彼——揭秘社会心理学研究方法 /010
　　第三节 社会心理学的发展历史 /021

第二章 社会化 /028
　　第一节 社会化概述 /031
　　第二节 社会化内容 /040
　　第三节 社会化的途径 /053

第三章 自我意识 /065
　　第一节 自我意识概述 /068
　　第二节 自我意识的重要内容 /073
　　第三节 自我意识的发生和发展 /081
　　第四节 自我过程 /087

第四章 社会认知 /095
　　第一节 社会认知概述 /097
　　第二节 影响社会认知的因素 /102

第三节 印象形成与印象管理 /107

第四节 社会认知偏见 /116

第五章 社会态度 /125

第一节 社会态度概述 /127

第二节 社会态度与行为 /131

第三节 态度的形成与改变 /137

第六章 侵犯 /151

第一节 侵犯行为概述 /153

第二节 侵犯行为的理论解释 /156

第三节 减少攻击性行为的途径 /164

第七章 利他行为 /171

第一节 利他行为概述 /173

第二节 利他行为的理论解释 /174

第三节 利他行为的影响因素 /183

第八章 人际交往 /194

第一节 人际交往概述 /196

第二节 人际沟通 /204

第三节 人际吸引 /207

第四节 爱情 /217

第五节 人际关系 /227

第九章 相符行为 /234

第一节 从众 /236

第二节 众从 /246

第三节 服从 /251

第四节 顺从 /259

第十章　大众心理的连锁反应　/267

　　第一节　流行　/269

　　第二节　暗示　/276

　　第三节　模仿　/285

　　第四节　舆论　/286

　　第五节　流言　/290

第一章　社会心理学是什么

在打开本书时,你肯定会不自觉地问什么是社会心理学?人们常说世界上最难懂的就是人心,作为研究人的心理和行为及其变化规律的心理学肯定是特别神秘高深的,更何况又加上了说都说不清的"社会"二字了,社会是一个大舞台,有演不完的剧目;社会是个大世界,有数不完的五彩斑斓,那么这样一门学科又和你我自身有什么关系呢?我不过是大社会的沧海一粟呀!那么我们就从这个故事打开社会心理学的神秘面纱吧……

春天来了,"绿色家园"小区也变得生机盎然,充满了春天的信息,柳树抽出了嫩绿色的幼芽,纤细的柳条随风微微舞动;随处可见的枯黄的草皮上偷偷长出了绿色的小积极分子,酝酿着要占领整片天地;小区的人工湖也恢复了生机,阳光洒满湖面,弹奏起动人的旋律,让大家顿感生命的活力与激情。

阴冷的冬天终于过去了,老人小孩终于结束了在家无聊的漫长等待,聚集在人工湖畔晒太阳边一起聊起家常。这时候大家发现,一个冬天小区竟然有了几个新生命悄悄在家长成了,老人们不禁感叹"小孩不愁长啊!"

这三个小家伙就是小涛、小野和程程,入冬前还看见三个美丽的孕妇一起在晒太阳交流育儿经验呢,现在三个小家伙都能带出来见世面了。以前三家人虽然都住在一个小区,离得也不算远,但是彼此都不认识,由于这三个小生命他们三个家庭也相熟起来了,因为小家伙们就像小鸟一样在家待不住,有时间就想出来晒太阳,所以三个家庭就以孩子为纽带,随着孩子的长大,成为好朋友。

时间流转,三个小家伙一起携手长大,去了同一个幼儿园、同一所小学,家长们笑称他们三个是连体三胞胎,一起上学、放学,在家吃完晚饭只要有一个一叫另外两个马上就飞出家门无影无踪了。三个小孩的友谊让家长们都感动,因为程程是女孩,又最小,所以小涛和小野从小就是程程的保护神,在学校谁都不能欺负她,程程也安心在人前做她文静柔弱的小公主,可是谁都不知道这个会弹钢琴的小姑娘背地里就是一个假小子,和小涛、小野玩枪玩炮长起来的,呵呵,反正他们两个才不会戳穿她呢。小涛从小就是个严谨、稳重的孩子,喜欢数学、物理,还获过很多奖,所以高考时他选择了理工院校,希望能搞科研或者像爸爸那样成为工程师;小野和他的名字一样很阳光很狂野,无论在哪都会是大家的"焦点",出了名的淘气包,学生时代让人追捧的运动明星,甚至还搞过学生乐队,引来老师的皱眉和无数学生的尖叫,不安分的他希望生活总是充满挑战的,所以他不愿意某个固定的工作牵制着自己，逍遥地自己给自己打工；程程从小学习钢琴，擅长写作，每次的作文都是全班诵读的范本，因为爸爸妈妈都是老师，从小程程就对教师的职业很崇敬，所以在报考时她从容选择了师范，希望成为一名优秀的教师……

看了这个故事你一定很糊涂，一定会问这和社会心理学有什么关系呢？其实这就是一部浓缩的社会心理学，它并不神秘，它和我们每个人都息息相关，渗透了我们每个人生命、生活的点滴。故事中的三个主人公他们有不同的个性、成长背景、理想，但是我们会发现自己其实也和他们有共同的成长过程，会遇到同样的问题：都会有从懵懂无知到把自己和别人区分开；都会有一天发现自己是男孩和那个黄毛丫头不一样，自己是女孩和那个臭小子不是一路；都会和同学、老师、周围人相处，遇到这样那样的问题，看到这样那样的现象；都会在不同时期爱上那个他/她；都会为人子女，为人妻/夫，为人父母……所以我们就将从这三个主人公的故事中走进社会心理学，和他们一同成长，探索社会心理学的奥秘，并在他们的故事中寻找自己。

第一节　社会心理学研究对象

在心理学的大千世界里，社会心理学占有一个怎样的位置呢？吴江霖教授认为，社会心理学可以与生理心理学并驾齐驱，构成心理学的两大基础与支柱。生理心理学是从生物自然属性与社会制约性来阐明人的心理所依据的基础与基本原理。社会心理学是心理学中偏向社会性质的分支领域，是研究个体和群体的社会心理与社会行为及其规律的一门科学。亚里士多德把人称为"社会性动物"，人类的社会性属性决定了社会心理学与生理心理学是紧密相融的。

他们是如何表达自己，认识他人，认识世界的？
http://sucai.jz173.com/13/180/185/1833/view253373.html

一、什么是社会心理学

社会心理学和我们的生活紧密相连，息息相关，理解社会心理学并不困难，但要给社会心理学下一个明确的定义的话，却常常令人却步。因为一千个读者就有一千个哈姆雷特，每个人心中都有自己的社会心理学，要给社会心理学下一个完整明确的定义并非易事。首先社会现象非常复杂，难以用一个统一模式加以界定，并且社会心理学是介于社会学和心理学的交叉学科，属于边缘学科，它与社会学和心理学彼此重叠，同时又触及了其他诸多的社会科学。因此，自社会心理学诞生以来，有关社会心理学的定义就没有统一，一直是各家众说纷纭，而这众说纷纭的局面，也正反映了一定的历史阶段社会心理学研究水平及不同理论派别的不同观点和独特兴趣。

西方学者定义	心理学的社会心理学	奥尔伯特：社会心理学是对个体的社会行为和社会意识的研究，社会心理学试图理解和解释个体的思想、感情和行为怎样受到他人的实际的、想象的或隐含的存在的影响。	两种倾向的社会心理学的区别主要是着重点的不同。都是研究人们的行为，社会学的社会心理学偏重于阐明政治、经济、社会条件等如何影响人的行为，而心理学的社会心理学则首先要分析心理的变化与过程，找出影响个人行为的社会条件，还要揭示制约个人行为的动机、自我意识等心理机制是如何对个人行为发生作用的。也有一些学者把两种倾向的社会心理学综合起来，认为"社会心理学是研究群众心理和个性在团体中地位的科学"。
	社会学的社会心理学	斯特克：社会心理学"是由社会和个体的相互关系来界定的"，任务是"解释社会互动"。 艾尔乌德："社会心理学是关于社会互动的研究，以群体生活的心理为基础。"	
我国学者定义		孙本文（1946年《社会心理学》）：社会心理学应以个人行为与社会的相互影响为研究对象，"从个人的立场说，社会心理学研究个人在社会中的行为"，"从社会的立场说，社会心理学研究社会中个人的行为"。 吴江霖（1982年4月中国社会心理学研究会成立大会）："社会心理学是研究个体或若干个体在特定社会生活条件下心理活动的发展和变化的规律的科学。" 胡寄南（1991）：社会心理学是从社会与个体相互作用的观点出发，研究特定社会生活条件下个体心理活动发生、发展及其变化的规律的一门学科。	

二、社会心理学研究范围

有人说社会心理学庞大，那是因为社会有太多人，太多从，太多众；还有人说社会心理学神秘，那是因为社会中的你我他有太多的不同，太多的差异，找不到两片相同的"叶子"。但是当我们苦恼怎么把每个不同的社会个体做个探究时，我们会发现每个个体并不是孤军奋战，是社会大海的一滴，是社会苍山的一株，都是社会的一员，这种个体的独特的心理与行为方式,在社会碰撞中彼此依存、相互影响,从而产生形形色色的社会心理现象。而我们的社会心理学家总能找到很好的角度把这些对象探究,他们把这些社会心理现象的规模与水平采用分析的观点,将社会心理学的研究范围划分为个体社会心理、群体社会心理和应用社会心理三个层面:

1. 人——个体社会心理

人是生活在特定社会条件下的个体,是什么社会因素影响个体的心理与行为具有这样那样的特征呢?它们是如何进入我们的生活发生作用,怎样施展法力让我们的心理和行为如此奇妙又充满生命力呢?

(1) 个体的社会化和自我意识

社会化:研究个体一生的全部心理的发展变化及其一般的表现,以及与所受社会环境影响的关系,揭示个体从自然人走向社会人的发展过程。

自我意识:研究个体如何把自己从混沌的世界中区分出来,最终形成关于"我"、"我的"概念,并使自身得以更充分的发展。

> 我们是什么时候从懵懂无知的婴儿到冲妈妈一个"社会性"的微笑,又是从什么时候能够说出家中所有人的名字,什么时候开始要和小伙伴如影随形,什么时候开始有了"爱"的悸动,什么时候开始大家不再把你当小孩要让你承担"人"的责任了?

(2) 社会动机

人在本质上是什么?我们的行为是怎样产生的?我们为什么要做我们所做的事?我们为什么需要我们所欲求的

东西?等等。

(3) 社会认知

社会心理是从社会认知开始的。**社会认知**:一般指社会主体对社会客体的外在特征和内在属性进行感知和认识的过程。研究包括三个方面:一是对他人的认知,即人际认知;二是对自己的认知,即自我认知;三是研究人是怎样寻找自己或他人的行为的原因,即归因研究。

> 当你和朋友约好一起去逛街,他迟迟未到,你会担心他可能有什么意外,抑或生气他肯定是睡过头了,还是苦笑他马大哈肯定又落东西回去拿了?同一件事情为什么不同的人会有不同的想法呢?

(4) 社会态度和态度改变

为什么"吃不到葡萄说葡萄酸"?为什么我们在看奥运比赛时都会支持自己国家的队伍而认为裁判都是偏向对方,并且对方犯规更多呢?为什么我们在超市里会情不自禁选择"广告产品"呢?

无形的广告效应

(5) 社会交往心理和行为

研究在社会情境中一个个体与另一个个体或多个个体的关系,探讨人与人之间如何产生吸引,有什么样的影响因素,人际关系发展的过程是怎样的。

> "有朋自远方来不亦乐乎","酒逢知己千杯少"这些古往今来的佳话,"物以类聚,人以群分"这些老人常在嘴里念叨的常识,还有你是愿意和你互补的人还是相似的人恋爱呢?

2. 众——群体社会心理

主要研究群体成员、群体与个体之间、群体与群体之间的相互作用。每一个个体只不过是作为群体成员的角色而被研究,通过对社会群体进行社会分析,揭示群体的静态结构与群体动力学原理,是社会心理学最有价值的研究领域。

> 为什么实力派歌手在演唱会上会有"爆棚"表现?为什么超越身体极限的惊人成绩会在国际大赛上产生?又为什么在大庭广众之下我们会头脑空白?
> "超女"、"快男"怎么会刮起那么大的旋风,我们自己怎么也在那个夏天随之一起疯狂了呢?
> 今年夏天怎么好像所有女孩都会有一双亮亮的漆皮鞋,会有几条颜色各异的丝袜,会有一件韩版的娃娃装……

3. 应用社会心理学

应用社会心理学是社会心理学的分支,是把社会心理学的方法、理论与原则运用于对社会问题的理解与解答的应用学科。它既可以分为理论、研究和实践三个领域,又可以分为知识建构、利用和干预、改善"生活质量"三个领域。随着人们对于心理学的关注和重视,以及社会的迅速发展,更贴近社会生活的社会心理学分支迅速产生,如管理心理学、工业心理学、广告心理学等等。

霍桑实验：社会心理学与工业管理的完美结合

1926年，梅约等人进入霍桑工厂，研究涉及工人在不同的照明强度下完成工作量的多少。但是结果出人意料，尽管照明强度在逐渐地降低，可是工人们的工作效率却始终在提高，令研究者大为困惑。随后，研究者们把5位女工作为实验对象，并且事先都与女工协商，她们可以对工厂的管理自由地发表意见和感情。实验设计在12周内每隔一周改变一项工作条件：如休息时间的次数和长度、较短的工作日、午间供应食品、汤或咖啡。在12周后，恢复原来的工作条件——没有休息时间、不提供午间食品、工作日也不缩短。但是结果令人惊讶，无论生产条件发生怎样的变化，工人的生产率都在稳步地上升，整整12周都没有下降的趋势。

为什么工作条件苛刻，物质保障降低但是工作效率不降反升呢？这似乎和我们原来的认知不一致，其实这里就体现了"被试效应"，被试认为自己从那么多工人中被选中，是老板对自己的信任和肯定，自己一定不能辜负老板的期望，自己有责任很好地完成工作，同时在实验过程中，实验者对女工的尊重及女工之间关系的融洽，使她们产生了积极的工作态度并促进了生产率的增长。这一实验结果可以很好地应用到工业组织管理当中：即良好的人际关系、群体的和谐氛围、正性的情绪情感在工人生产行为中发挥着至关重要的作用。

第二节 知己知彼——揭秘社会心理学研究方法

有人说："我又不是社会心理学家,我又不搞研究,学习研究方法干什么呢？我就知道研究结果会用不就行了。"这可能是很多人都共有的疑问,但是上一节我们会发现社会心理学是如此丰富多彩富有生命力,难道你自己不想知道那些疑问是怎么解答的么？难道你不想有的放矢批判地接受么？对研究方法的了解,可以帮助你更好地决策,并不是要培养你如何做研究,而是向你介绍科学的研究过程的要求、局限性和方法。科学的研究方法能使社会心理学家能够发现更具代表性的现象,提出更有针对性的解答和解决措施。了解这些方法可以更加有针对性地为你所用。

> **被试:** 被安排或选定接受实验或调查的人或动物叫被试。(我们后面所讲的实验都是以人类为被试的,故以后提及的被试,不做专门说明即指人类被试。)
> **自变量:** 实验中实验者所操纵的、对被试的反应产生影响对的变量。
> **因变量:** 研究者在心理学实验中试图客观观察和记录的对象。

一、实验法

实验法是心理学研究中最重要的方法,也是社会心理学最重要的研究方法之一。实验法指在控制的情境之下,实验者有系统地操纵自变量,使之发生改变,然后观察因变量随自变量的改变而受到的影响,也就是探究自变量与因变量之间的因果关系。例如,要研究是否"男女搭配,干活不累",性别搭配(男男一组,女女一组,男女一组)就是自变量,工作效率就是因变量。

什么样的女士有吸引力?

此研究是20世纪70年代进行的。实验的被试是大学男生,他们并不清楚真正的研究目的。实验者告诉他们研究是要考察用电脑进行的配对是否有效。实验中每个学生都得到了5个女孩的背景资料,并可以从中选出一个最愿意约会的对象。5个女孩的基本情况相似,主要的差异在于:一个似乎是很容易"得到"的,因为她愿意和提供给她的5位男士约会;一个女孩似乎是很难得到的,她愿意和男士约会,但对于提供给她的5位男士都没有热情;第3个女孩对于大多数男士来说是难以得到的,但是愿意和所提供的5位男士中的一位约会。另外两个女孩的资料并没有显示她们是否愿意和所提供的男士约会。在大学生们了解了5个女孩的情况以后,被要求评价对她们的喜欢程度。结果显示,大多数男士喜欢的是那位只愿意和一位男士约会的女士。

通过这个有趣的实验我们可以发现:难以得到,但并非不可能得到的女性对男性来说更有吸引力。如此看来,对于自己所倾心的男士,女士不用表现得太过矜持,而对于其他男性,则保持距离,这样给人的印象会比较好。

实验法一般可以分为:实验室实验法、自然实验法和现场实验法。

1. 实验室实验法

一般实验室实验是指研究者在严格地控制较多的外部变量的情况下，通过操纵自变量以观察因变量从而确定因果关系的方法。实验室实验法的优点在于实验者能够控制实验变量；可以随机安排被试。其缺点是：在实验室条件下得到的结果缺乏概括力；实验室条件与现实生活条件相去甚远；难以消除被试者的反应倾向性和实验者对被试的影响。

2. 自然实验法

这是一种介于观察法和实验室实验法之间的方法。它是在日常情境中观察两个以上对立情况对人心理及行为的影响。其优点是：大大减少了人为性；结论有较高的效度。缺点是：实验控制不严；比较费时。

温度让我难以绅士

Baron(1976)曾用自然实验法进行过一个简单而有趣的研究：关于温度对按响汽车喇叭的作用。他安排了一个助手开着汽车在红灯处停下，等绿灯亮时依然不动。另一个助手躲在灌木丛后记录按响汽车喇叭之前的时间。结果不出所料，司机在热天比冷天会更快地按响喇叭。

---

3. 现场实验法

这种方法与自然实验法的不同在于它要对环境加以一定的控制。实验者把现场当作实验室从事实验研究，由实验者操纵自变量，尽可能地控制额外变量，观察因变量的情况。现场实验法的优点是：被试反应客观真实；可以控制自变量。

缺点是:很难控制额外变量的影响;难以保护被试者的权利与安全。

> ## "热情"PK"冷漠"
>
> 在哈佛大学的教室,研究者让一名客座讲师来给学生上课。在上课前,研究者给学生发放了该老师的简历。研究者将被试分成两组,一组得到的简历材料中描述该老师"热情",另一组为"冷漠",除此之外两组学生得到的材料内容完全一样,只不过他们自己不知道自己拿的是哪份材料,也不知道材料内容有什么不同。
>
> 在老师上了20分钟讨论课的过程中,研究者观察学生的课堂表现,并在课后要求学生对老师进行评价。结果预先获知老师"热情"的学生比另一部分学生在课上更愿意提问,也更愿意回答老师的问题,他们课后对老师的评价如下表。
>
> | 热情组 | 体谅别人、幽默、脾气好、善于交往 |
> | --- | --- |
> | 冷漠组 | 不体谅别人、缺乏幽默感、脾气糟、不善交往 |

实验法小贴士

如何"法尽其用"

1. 控制

给病人吃一种新药,病人的病情有好转就是新药的疗效吗?会不会是病情自然好转?会不会是"药"的"安慰剂效应"?实验的结果如何,需要通过实验组与控制组的比较进行判断。所以实验过程中,对控制组不进行特殊干涉,只对实验组进行特殊干涉。

2. 随机化

在实验被试的抽取过程中,实验者不能主观地任意挑选被试,而应该使被试都有平等的机会接受不同自变量的实验处理,这就是所谓的实验取样的随机化,以减少实验结果的特殊性和偶然性。

3. 事前测验与事后测验

在实验前后,要尽可能精确地测量被试的某种心理与行为特点,即对因变量进行精确的实验前后测量,如果因变量在实验前后发生了变化,则可认为是由于自变量的控制引起。

二、观察法

当我们还是婴儿时,母亲便会从我们细微的表情变化中观察出我们是饿了、渴了还是仅需要大人的抚慰;长大后,在与人交往中我们总要去学会"察言观色";与人谈话时,我们总会从对方的反映中觉察出他是否对谈论的话题感兴趣,这些都是最自然的观察。观察法也是很多研究和工作领域中最常用的方法,比如天文、地质、生物研究,还有影视、文化创作领域也需要去观察和体验真实的生活。

观察法一般分为两种:参与观察和非参与观察。

1. 参与观察

参与观察就是研究者进入被观察者所处的社会环境或社会关系中,成为其中的一员,在自然的状态下观察被研究者的活动和表现。对研究者来说,这种观察难度是比较大的。

当预言落空时

1954年9月，报纸上报道一则新闻，说一名叫玛丽安的家庭主妇宣称，在一年多的时间里，她一直在接受来自超级生物的信息，据她诉说，这些超级生物是克拉利昂星上的守护者。她对媒体说，12月21号，按照守护者的说法，一场大洪水将要到来，并会将整个北半球淹没，生活在这里的所有人都将死亡。

心理学家费斯汀格和他的助手对这则新闻很感兴趣，他们先打电话给玛丽安，其中一个自称是商人，另外两人是朋友，说明对她的故事很感兴趣，想参与他们的活动以了解更多的信息。于是，在接下来的7个星期里，他们一起充当了"不公开的参与观察者"，访问这个小团体中的成员，参与他们的活动，出席了60多次会议，俨然是三名忠实的信仰者。

12月21日终于来临，洪水并没有"如期而至"，此时，玛丽安收到了外星人的旨意，由于信徒的善良和信徒创造的光亮，上帝已经决定收回这场灾难，让世界重归于安宁。

2. 非参与观察

非参与观察法也称为一般观察法，就是研究者在不进行任何干预的情况下观察并记录被观察者的活动和表现。在这种观察中研究者只需做一个冷静客观旁观者。

看到红灯都停车吗?

奥尔波特和他的学生在有交通信号的十字路口,观察汽车司机在看到停车信号时的停车行为,他们以时间段取样,共观察了 2114 例,结果如下。

行为	数量	比率
马上停车	1594	75.5%
明显减速	462	22.0%
稍微减速	47	2.0%
不减速	11	0.5%

观察法有许多优点,比如它具有现实性,可以在自然的情况下获得真实的材料,研究结果比较切合实际。但是它也暴露出很多不足,首先,不是所有的行为都是可以观察的,我们无法去操作任何条件来确保我们期待的情况发生;其次,如果观察时被观察者意识到正在受到观察,那么行为就有可能不同,使观察结果不真实;还有,研究者的主观愿望易于影响观察过程及观察结果。

观察法小贴士

我有一双慧眼

1. 运筹帷幄

运用观察法进行研究前,必须明确"观察什么"、"怎样观察"、"怎样记录"等问题。

2. 三"观察"

连续性观察:对同一对象的同一问题要作多次观察。

轮换性观察：对同一课题变换几次对象进行重复观察，以验证同一类研究对象的心理活动是否有同样的变化。

隐蔽性观察：研究者的观察活动力求不使被研究者觉察到，这样才能使被研究者的心理活动自然流露出真实的变化。

三、调查法

调查法是研究者以所要研究的问题为范围，根据所要研究的问题性质，预先拟就问题，让受调查者自由表达其态度或意见，然后对其进行统计分析，最后做出结论。这种调查研究的问题早已存在于社会生活之中，并不是研究者事先安排好的，只是研究者认为这些问题值得进行深入探讨。

调查法可采用两种方式进行：问卷法和访问法。

1. 问卷法

调查者结合社会生活中发生的问题，针对人们的情绪、动机、需要等心理状态，运用问卷方式，进行广泛的调查，以收集材料并加以分析归纳。如通过大量问卷进行民意测验，以测定人们对于房价的看法、对于城市改造的意见等。问卷法可以经由邮寄的方式进行，同一时间可以调查很多人。

2. 访问法

调查者结合社会生活中发生的问题，针对人们的情绪、动机、需要等心理状态，通过面对面的访谈方式进行调查的方法，常由访问员按接受访问者对问题的反应随时代答或记录或录音。

> **调查法小贴士**

小谨慎大智慧

1. 提问的方法：忌暗示，防止有引导性的问题左右被试的反应；忌引起被试的防御，防止让被试感到"威胁"，不肯敞开心扉。

2. 抽样方法：分层抽样、随机抽样，找出最有代表性的样本，防止以偏概全。

四、相关研究

即先对两个变量进行测量，然后估计一下它们相关与否，如果相关，那么相关的程度及方向如何。

看暴力电视会引发攻击行为吗？

埃龙及其同事（Eron, et al., 1972）在一项对同一组儿童进行了为期10年的追踪研究中，探讨看暴力电视节目和攻击行为的相关性。

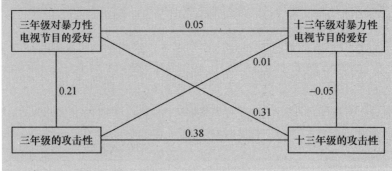

相关研究小贴士

相关不等于因果

相关研究的结果不能做因果解释,因为很可能两个变量同时受第三个变量的影响。

五、跨文化研究法

白人比黑人聪明吗?

个别研究以流行的智力测验为实验材料,结果白人的平均分要比黑人高,所以他们提出结论:认为白人智力优于黑人,这个结果具有说服力吗?

智力测验材料都有其常模,而流行的智力测验常模大都是主流文化下的,并且题目更适应白人文化背景,所以跨文化学者认为,这种分数上的差异并非种族本身的结果,而在很大程度上是由于智力测验使用的材料造成,所以为了避免这种文化不公平的缺陷,跨文化研究往往使用一些非文字的标准测验,如操作测验、画人测验、看图说故事测验等。

跨文化研究是通过对两种或两种以上的文化进行比较、分析,从而获得研究结论的方法。文化人类学家利用这一方法,建立了文化与人格理论,为社会心理学的研究开辟了新途径。特别是一位杰出的女士——玛格丽特·米德,她在青春期、性与文化问题的研究中扮演了十分重要的角色。

青春期就是躁动、叛逆的代名词吗?

在大家的"常识"眼中,青春期就是躁动不安、叛逆不羁的时期,这个时期的少男少女不再相信自己的父母,觉得他们平庸无用,那条"代沟"把两代人的关系扯向最尴尬的境地。这个时期的少男担心自己不够高大健壮,没有男子汉气概;少女担心自己不够淑女文静,没有女人味;他们会为了一颗青春痘忧愁好久,会为了异性的一个眼神心情久久难以平复。那么是什么给青春期带来了这些躁动不安?米德的研究为我们找到了新的解释。

青春期就是这样吗?
http://union.dvod.com.cn/videolist/hljtv,all,29

米德为了研究与欧美文化迥然的原始民族的青春期问题,她与还处于原始状态的萨摩亚人整整生活了9个月,通过参与观察,记录下了宝贵的第一手资料,2年后,玛格丽特·米德完成了她的扛鼎之作《萨摩亚人的成年》,从而发现了有关青春期危机的社会心理问题的解决途径,揭开了原始民族社会生活的神秘面纱。

她研究了在萨摩亚三个相邻村庄中的50名姑娘,发现,那些穿着草裙的萨摩亚姑娘在青春期并不存在紧张、抗争和过失,在心理上也不会出现危机和突变。米德认为,造成她们能够舒缓、平和地度过青春期的原因在于:首

> 先,萨摩亚社会具有一种宁静淡泊的本质,他们对周围的事物缺乏深刻的感受,也不会将整个感情全部投入进去,其次萨摩亚人只有一种简单的生活模式,因此,他们不会为前途的选择所困扰;生活的意义是既定的,因此也不会对人生发出痛苦的质疑;甚至在性的方面他们也有着较大的自由,因此同样不会有文明社会的一般年轻人都有的那种骚动和压力。由此,米德指出社会文化对青春期发育有着更为重要的影响。

跨文化研究,正如 L. A. 怀特所说,世界上不同民族中的人类行为,只能根据他们自己的文化来解释。社会心理学不应该只是"一种关于19世纪和20世纪西方人的心理学",而应该是属于全世界,应用于全人类的一门科学。

除此之外,社会心理学研究还有许多方法,如个案研究法,是以个人或一个团体(如一个家庭、一个公司)为研究对象的一种方法。个案研究最早是医生用来了解病人病情和生活史的一种方法。再如非强迫性测量法,就是在不以任何方式妨碍自然情境的条件下收集资料、获得数据,等等。

第三节 社会心理学的发展历史

著名心理学家艾宾浩斯说:"心理学有一个漫长的过去,却只有一个短暂的历史。"作为从社会学和心理学两门学科中分化出来的一门新的学科,社会心理学的历史更加短暂,但人类社会心理现象早在原始社会就有了。在原始社会早期,没有宗教、法律等观念,但原始人还是组成了一定的部落,那么这种部落赖以维持的力量是什么呢？研究认为,当时有一种传统的习惯和禁律,历史上一般把它称为"塔布"(Taboo),它是人类社会最初期的一种生活规范,也是最早的社会心理现象。

为了让大家能有一个清晰的感知,我们以一个简表粗略回顾一下社会心理学的发展史。

发展阶段	
孕育	古代至19世纪上半叶,主观思辨和猜测,"人性"讨论对社会心理学各理论流派影响巨大。
形成	1908年英国心理学家威廉·麦独孤和美国社会学家爱德华·罗斯不约而同出版了同名教科书《社会心理学》,标志社会心理学诞生。 理论来源:德国民族心理学、法国群众心理学和英国本能心理学。
确立	20世纪20年代各种实证手段的运用,社会心理学从描述转变为实证,从定性研究转变为定量研究,从理论转变为应用,从大群体分析转变为小群体研究。
发展	戈夫曼（E. Goffman）角色理论,费斯廷格（L. Feistinger,1957）认知失调理论,归因理论的蓬勃发展。
中国发展简况	第一阶段是1949年之前的初步发展阶段;第二阶段是1949年至1980年左右的停滞和空白阶段;第三阶段是1980年后到现在的新的起步和发展阶段。

午后红茶

社会心理学研究中的伦理和偏向问题

1. 无形的指引——偏向问题

（1）研究者的偏向

皮格马利翁无处不在

皮格马利翁是希腊神话中的塞浦路斯国王,他同时还是一位出色的雕塑家。他精心雕塑了一座少女像,美丽动人,皮格马利翁真心地爱上了她,结果奇迹发生了,塑像被皮格马利翁的真心所打动,少女"复活"了。这个神话故事在心理学中演化成著名的期望效应,即一位有影响力的人物(比如教师同学生、上级同下属、恋爱中的男女朋友)对于个体的由衷赞赏和认可,会极大地提升个体的自信心,个体会努力向着优于一般表现的方向发展。

研究者在具体的研究工作中也会对研究结果有所期望,这种期望会自觉不自觉地表现在与被试的互动中,研究者的表情、动作、姿势、语气等都可能会有意无意地影响被试者的表现,从而影响研究结果的正确性。

解决研究者偏向的问题一般有两种方法:一是采取实验中的"双盲法"。即实验者和被试都不知道实验设计的目的,实验者只是按照实验规定的程序发出指令。这样实验者就没法影响实验条件了。第二种方法是使实验条件同一化和标准化,就如使用统一的字体写字,就无法从字体上发现个人性格上的差异了。比如每次实验都播放指导语的录音,或呈现统一的书面指导材料,这样就保证了实验不会因主试指令的音调、语速等的不同而受到影响。

(2)被试者的偏向

被试的偏向有两种,一是被试因为知道自己在充当被试的角色,他有一种被观察被研究的感觉,他会有一些紧张和不安,这使他的行为表现得不自然,不客观;二是被试害怕自己在实验中表现不好,希望迎合研究者,表现得令研究者"满意",所以他们会尽量做出"正确"的反应,从而使其行为表现不客观。

例如我们想研究大家在"面对红灯停车"时的表现,如果以问卷形式那么几乎所有人都会认为红灯应该停车,甚至给其打满分,但是我们可以从上节那个实验中发现,在现实情境中大家面对红灯的真实表现未必是这样的,因为现实中大家会给自己找各种各样的借口:自己赶时间,红灯时没有车等等,但是在研究者面前大家会觉得这是每个公民的责任和义务,如果自己找这样那样的借口会影响自己的形象。

所以尽管在小区到处贴有不要随地吐痰、扔杂物的标语,大家也总是觉得这是应该的,必须遵守的,但是却常常有人"不小心"掉了些东西在地上。

解决被试偏向的问题可以采用不暴露被试的身份,尽量保持实验情境的自然,或者在不要求被试合作的前提下测量被试的反应等方法。

2. 最终的底线——伦理问题

社会心理学是以人类为对象的研究活动,所以不可避免地涉及伦理问题。在各种伦理问题中,有三个方面的伦理问题最为明显。一是侵犯被试的隐私;二是对被试的实验性欺骗,即为了在实验中创造出更加真实的实验条件而对被试掩饰真正的研究目的;三是给被试造成实验性痛苦,包括精神上的和肉体上的。

(1) 个人隐私的侵犯:

在社会心理学的研究中,特别是一些个案研究中,对有关私人事实的了解会直接关系到对问题的准确把握,然而这种做法却极易被人指责为对个人权利的干涉。一些研究中会涉及个人的经济情况、性行为、种族偏见、宗教信仰等都属于私人的事等等,如果在被试不同意公开时而强行了解,实际上也就违背了保护个人隐私的伦理道德。因此,许多社会心理学家建议:"社会心理学家必须在进行研究的同时,保证个人的秘密。"

（2）我们应不应该欺骗：

欺瞒似乎是心理学所特有的研究技巧，因为如果被试知道研究的目的，他们的行为将会受到影响而不真实、不自然。就像如果研究热对攻击性的作用，如果被试知道研究的目的他们的反应会和真实反应一样吗？他们会不会尽力克制自己或者因为实验自己不用负责任而有恃无恐的故意增加攻击行为呢？

我们知道实验性的欺骗对研究具有十分重要的作用，但是使用欺骗的方法确实带来了一些使人不愉快的后果。比如，在几个与紧急时刻的助人行为有关的研究中，被试进入一个似乎真实的很紧急的情境。痛苦的呻吟或急切的呼救声显然表明另一个人已经处于危险之中。许多被试在这种场合都觉得非常难受，其他被试也因为自己明知现场需要帮助可自己没有及时救助而感到不舒服。如果研究者没有设置这些近乎真实的紧急场景，而是坦诚地告诉被试一切只是虚拟的，的确会让被试感到舒服，然而与此同时，研究者也就无法观察到在紧急情况下，人们的真实反应及是否采取助人行为。

这确实成为一个摆在社会心理学家面前的棘手问题：到底我们应不应该欺骗？

（3）实验性的痛苦：

恐惧习得实验

行为主义创始人华生认为人类情绪是学习和条件反射的产物。他以一名9个月大的婴儿艾尔伯特为被试。实验开始时，华生给小艾尔伯特巨大的声响刺激，他表现出本能的恐惧反应，然后让他看兔子、白鼠、狗和积木，小家伙并不害怕，反而很有兴趣。实验过程中，华生反复向小艾尔伯特同时呈现白鼠和巨大声响。于是在白鼠与声音总共 7 次的配对呈现后，即使不出现声音时，艾尔伯特见到小白鼠也表现出极度的恐惧，哭闹不止。

随后更不幸的是，小艾尔伯特对白鼠的恐惧已经泛化到了许多相似事物上：他开始对狗、白色皮毛大衣、棉花、华生头上的白发以及圣诞老人面具等毛茸茸的东西都感到恐惧。而这里有些曾是他实验前很喜欢的玩具，他最喜欢的玩伴。最让人心疼的是在停止实验 31 天后，小家伙的恐惧仍未消退。

在华生那个时代，人们尚没有注意到此类实验可能对被试所造成的伤害，诸如，情绪实验可能会使人类被试难以摆脱负面情绪（如恐惧）的困扰等等。当研究者了解到这种危害以后，像小艾尔伯特的恐惧实验这样的研究就不被实验伦理所容许了。人们开始采用不违反道德规范的新方法，来研究情绪的习得性，其中包括利用动物被试、减少被试受到的伤害等。

纳粹不人道的"心理暗示"

纳粹做过一个非常不人道的实验：他们选出几名身强力壮的犹太人囚犯，蒙上他们的眼睛，然后绑上他们的双手，用一把小刀在他们的手腕处划上一道，告诉他们手腕已经被划破，并且血流不止。事实上，纳粹们只是悄悄在囚犯的旁边放上一个木桶，以一根不断流水的细管发出的声音来模拟血流到木桶中的滴答声。然而最后，尽管这几个囚犯的手腕血流早已自然地止住，可是他们仍然死去了。接下来的身体检查表明，他们死时的生理状态，非常像失血过多而死的病人。

如何解决这些伦理问题呢？现在一般认为，每一个社会心理学的研究中都要遵循三条原则：一是必须让被试自愿地参加实验研究，被试应当知道他们在实验中要做些什么；二是研究必须是"风险最小"，即研究的设计尽量减少被试所冒风险；三是研究者要进行"风险—获益分析"，即在研究中让被试承担的风险要与通过研究获得的利益平衡。这里的利益可以是对社会而言。这三个规定对于每一个社会心理学家的研究工作都是具有指导价值的。

另外，对于欺骗问题，社会心理学家还特别强调，他们同意，可以暂时对被试进行实验性的欺骗，但需要提供两个方面的保护措施。一方面是知情同意（informed consent）——在他们决定参与研究前，尽可能多地给予参与者关于实验程序及他们将要做什么的信息。第二是详细的事后解释（debriefing）——研究完成以后，详细地告诉研究参与者研究的意图，包括为什么隐瞒一些信息。

第二章　社会化

深秋的傍晚很萧瑟，天色早早就暗下来，透着一股凄凉和晦暗，冷冷的秋风让路上的行人不禁加快了脚步。曾经茂盛的梧桐不知什么时候开始洒落片片枯黄的如小蒲扇的叶子，在瑟瑟秋风中胡乱地飞舞，让人平添许多伤感，对很多人来说这样的傍晚是让人郁闷、感伤的，但是有三个窗户却透着温馨如梦的光，因为他们都迎来了带给他们一生快乐与责任的小天使。

场景一：程程家

这是一个不是很宽敞但是处处洋溢着浪漫与书香的卧室，微黄的灯光柔和而温暖，女主人刚刚从医院回家，伤口还有点疼不敢乱动，但是她的脸上却挂着最美丽的微笑，眼睛放射着最幸福的光芒，那种表情会让所有人感动，也会让所有人相信妈妈是世界上最美丽的人！

她幸福地看着那个自己认为永远会是个长不大的大男孩小心翼翼地抱着他们爱的结晶；看着那个站在讲台上永远自信的充满热情与激情

的老师手足无措地不知道该怎么抱着才能让他们的小公主舒服;看着那个永远不知道满足永远有更高追求的丈夫此刻正看着熟睡的宝贝儿露出最满足最幸福的笑容。

忙碌了一天的丈夫回过头看着妻子:"程程刚刚冲我笑了!她冲我笑了!"妻子微笑着摇摇头:"她才出生几天呀,还不认识你呢。"丈夫不好意思地笑笑:"你说她什么时候才能认识我,叫我爸爸呢?"妻子故意逗他:"我觉得她应该先会叫妈妈!"丈夫也不示弱:"等她长大了,就该跟你争了。"妻子笑笑说:"真不知道这样一个小人什么时候才能长大呀,都说养儿不愁长,现在希望她快点长大,但是她要是长大了我们也老了。"丈夫若有所思:"对呀,有一天她会带个臭小子回来,说那是她最爱的人,你说那个臭小子怎么会有她老爸我帅是不是?你说如果我们的宝贝像我们班的同学那样早恋了,我还能不能冷静地对待呢?"……暖暖的房间里,夫妻俩就这样一同畅想着小女孩一天天长大的样子……

场景二:小野家

这是一个大家庭,人多却不吵闹,家大却井井有条,小家伙的到来让年迈的老奶奶笑得合不拢嘴,她终于看到了第三代人健健康康来到人间,感叹自己的一生足矣了。此时小家伙已经吃得饱饱的熟睡了,可全家人却怎么也平复不了心情去休息。

爸爸无疑是今晚最幸福的人,他真不敢相信自己竟然当爸爸了,那个健壮的小黑蛋就是自己的大儿子,想想就会笑出声:"我也升职了,哈哈,这小子一看就是运动健将啊,以后我要好好培养他,男孩子就应该锻炼他坚强吃苦的性格,可不能像个小姑娘似的娇气,男孩子要穷养,女孩才要富养,我要给他实行军事化管理!"奶奶不干了:"这才多小的孩子,你舍得我可舍不得!这可是我的宝贝孙子呀!"妈妈笑笑说:"妈,你别急,他就是那么一说,到时候他才舍不得呢!"爸爸摸摸头:"呵呵,你们不想他有个男人样呀?顶天立地,有责任有担当!"妈妈点点头:"嗯,到时候我的大儿子搂着我的肩膀过马路,肯定很骄傲很幸福!我不奢望他将来多有出息,我就希望他健健康康、快快乐乐的。"

场景三:小涛家

这是一个典型的知识分子家庭,大大的书柜占去了很大的空间,房间里整洁温馨,夫妻俩是工作学习多年以后才决定生宝宝的。

望着这个在自己怀里熟睡的小家伙,妻子无比的幸福,自己等这一天好久了,任何工作的成就都无法和这个小家伙的一皱眉一浅笑相比!妻子温柔地问丈夫:"你希望他将来做什么呢?"丈夫思索片刻:"随自己的兴趣吧,做他爱做的事。我只希望他有责任感,这样将来无论学习、工作,为人朋友,为人夫父,都会让人放心的。"妻子点头称是:"嗯,男人嘛,不过我还是希望他能像你。"

当我们看到这三个家庭此刻的幸福时光,我们所有人都会羡慕、感动,我们也会问自己是如何在父母、亲人的注视下从一个啼哭着、流着口水的懵懂无知的婴儿变成了学生、朋友、爱人和父母,成为医生、教师、军人和律师,我们是否真如他们所预期的会经历那些种种,是否真如他们所期望的成为这样那样的人,拥有这样那样的人生⋯⋯在社会中成长的我们走过了怎样的一段人生历程,在这一历程中我们受到了哪些影响,又是怎样影响和改变着身边的人呢?——这就是本章要为您回答的关于社会化的问题。

第二章 社会化

第一节 社会化概述

一、什么是社会化

> **谁是我们大脑的园丁**
>
> 当婴儿出生时,大脑已经有大约 100 亿—180 亿个脑细胞,接近成人。也就是说婴儿从怀孕到出生,大脑细胞的数量就已经长好了。
>
> 人脑神经元表面积的 60%—80% 是被突触占领的,如果没有突触作连接,神经元就没有价值,数量再多也没有意义。人在出生时突触的数量只有 50 万亿个,前三个月处于疯长期,到三个月时达到高峰,大概是 10000 万亿个,这种增长就像春风催生杂草一样没有头绪,但是最后只有 500 万亿个留存下来,它们就像被园丁修剪了一样,区域划分更明确,功能更有针对性,成为名副其实的艺术品,而这种"修剪"的标准是什么呢?操作的"园丁"是谁呢?其实从某种意义上说这个修剪标准就是更好地生存,把不必要又消耗我们认知资源的多余的去掉,留下那些对我们生存、适应环境更有益的使其茁壮成长,而这个园丁就是我们的社会。这个选择就是让我们如何适应社会、融入社会,成为社会一员。

人从母体中分离出来,还不能算作社会意义上的人。霍布斯认为:人的自然状态将是孤独的、贫困的、野蛮的和浅薄的。皮亚杰也曾说过"社会每分钟使成千上万的野蛮人来到世间"。从生物人、野蛮人成为懂得这些规矩的社会人,即获得社会角色,这就是社会化的结果。

其实,从出生的那天起,社会就一直干预着个体成长的历程,在个体尚未成熟的漫长岁月里,社会想方设法把个体广泛而不确定的冲动和能力引导到较为狭窄的行为、动机、信念和态度的社会模式里。这种干预或引导,如果从个体来看,就是个体的社会化。

> **社会化:**
>
> 霍兰德(E. Hollander)《社会心理学:原理与方法》:一个婴儿是带着繁多的行为潜能来到人世间的,这些行为的发展有赖于各种复杂的相互联系,包括与他人的相互作用。儿童在人类社会成长的过程中,学会了抑制某些冲动,并被鼓励获得在特定社会环境下的人所具有的特征和价值,这个过程叫社会化。
>
> 安德烈耶娃:社会化是一个双向的过程,它一方面包括个体通过进入社会环境、社会体系,掌握社会经验,另一方面包括个体的积极活动,积极介入社会环境,而对社会关系体系积极再现的过程。

新出生的婴儿他的第一声啼哭是没有意义的,他的头脑一片混沌,在他眼中周围的一切是蒙昧的,从某种意义上甚至可以说他不能算是一个真正的"人"。而社会化就肩负着重大的使命:使人类个体完成由自然人向社会人的转化。

自然人: 又称生物人,一般指刚刚出生的新生儿,他们对社会一无所知,不具备人的社会属性,只有自然的生理性动机和需要。这一阶段的婴儿,只能对身体内部的变化发生反应,如饿了就哭,吃饱了就感到愉快。如果在他们几个月时就把他们从母亲的怀抱中抱走,起初他们会哭泣,但后来就不会再有强烈的反应,甚至会安睡在一个强盗的怀中。从心理上看,他们尚未形成个性心理品质,但先天成分占很大比重的气质特点起着一定的作用,如有的新生儿安静,不太哭闹;有的新生儿则表现得非常急躁,动辄哭闹。可以

熟睡中的他们对社会一无所知
http://www.22bz.com/desk/50479.html

说,此时,任何社会的法律、道德、规范等,对他们都没有任何的约束力量。

社会人:是指通过社会化,个体掌握了该社会的道德和文化,学会了该社会的道德规范和道德行为,形成了独立的人格,产生自我意识,最终成长为社会化的人。社会人的形成,依赖于人与人之间的社会交往,产生社会互动,在社会情境中学会社会的基本知识和基本技能。个体从自然人发展成为社会人,必须要经过社会化的过程,否则,个体将无法适应人类社会。

"社会隔离"
——残忍地剥夺了他们为"人"的权利

王储豪泽。旧德国王储豪泽受父辈政敌的妒忌,出生后不久就被关在伦敦堡一所监狱中一间昏暗狭小的牢房中,他在里面甚至不能站立起来。他被关押了整整17年。这期间,除了定期可以得到一份面包和水以外,他没有见过任何人。17岁被释放后,他便流浪街头,不能讲话。被发

现后由德国教授道默尔收养。在教授的养育下,他进步很快,但始终也未能达到正常人的智力水平。

伊莎贝拉。她是一位聋哑母亲的私生女,出生后,她的祖父认为这件事很丢脸,故强迫聋哑儿媳将她秘密地藏在一间小屋里,不让任何人接触。被发现时伊莎贝拉6岁,不能讲话,见到任何人都有害怕的表现,并伴有敌意。人们最初不能判断她是否有听的能力,几次检查后才确定她能对人声做出反应。经过广泛的训练,当她14岁时,受教育程度达到小学六年级水平。

基妮。她生于1957年4月,被发现时年已13岁9个月。出生后20个月她患了"臀部位移",父亲认为她注定要死,是不吉祥的征兆,因而把她关到一间小房子里,除了母亲之外,任何人不能接触她,而她母亲每天送饭给她时也只能和她接触有限的几分钟,其父亲还禁止母亲和她讲话。基妮被发现时不会讲话,几天后才能对别人的讲话做出一定的反应,渐渐也会模仿别人讲的单词,经过几年的专门教育,1973年,16岁的基妮在斯坦福—比纳智力测验中操作IQ只相当于5—8岁儿童。

吴江霖、戴健林、陈卫旗:《社会心理学》,广东高等教育出版社2004年版,第57页。

至20世纪50年代末,科学上已知有30个小孩是在野地里长大的,其中20个为猛兽所抚育:5个是熊、1个是豹、14个是狼哺育的,其中最著名的就是印度的"狼孩"。

http://international.dbw.cn/2008-11-20

狼 孩

　　1920年的一天,在印度加尔各答西南的一个小城附近,一位牧师救下了两个由狼抚养长大的女孩儿。这两个女孩,大的约七八岁,起名为卡玛娜,活到了17岁;小的不到两岁,不到一年后就死在了孤儿院里。卡玛娜不喜欢穿衣服,给她穿上衣服她就撕下来;用四肢爬行,喜欢白天缩在黑暗的角落里睡觉,夜里则像狼一样嚎叫,四处游荡,想逃回丛林。她有许多特征都和狼一样,嗅觉特别灵敏,用鼻子四处嗅闻寻找食物。喜欢吃生肉,而且吃的时候要把肉扔在地上才吃,不用手拿,也不吃素食。牙齿特别尖利,耳朵还能抖动。她15岁时的智力水平大致相当于三岁半的儿童。

　　人的心理活动必须在正常的生活条件下才能发展起来,如果缺乏这样的社会生活条件,即使有正常的大脑和身体条件,也无法发展出一般人的心理活动。因此长期脱离人类社会环境的幼童,就不会产生人所具有的脑的功能,也不可能产生与语言相联系的抽象思维和人的意识。成人如果由于某种原因长期离开人类社会后又重新返回时,则不会出现上述情况。这就从正反两个方面证明了人类社会环境对婴幼儿身心发展所起的决定性作用。

二、社会化的历程

　　社会化是一个连续的、持续一生的过程,在生命的各个阶段,我们获得不同的角色,随着角色的变换和增多也会越来越多地面临各种角色的冲突。关于社会化的阶段问题,一位戏剧大师为我们做出了精彩的比附：

> 整个世界是一座舞台，男男女女只不过是些演员。
> 他们有台上台下之分，每个人同时扮演好几个角色。
> 他的演出分七个时期：
> 第一个是孩提时期，在养育者的怀里啼哭和流口水。
> 然后是背着书包的学童，不情愿地呜咽着上学堂。
> 然后是情人，写了一首悲哀的诗歌咏着他恋人的眉毛。
> 然后是一个军人，满口发着古怪的誓，动手打架，胡须长得像豹子一样，爱惜着名誉……
> 然后是法官，胖胖圆圆的肚子，凛然的眼光，整洁的胡须，满嘴都是格言和老生常谈；
> 然后他变成了精瘦的趿着拖鞋的龙钟老叟，鼻子上架着眼镜……
> 最后一幕来到，它结束了这段奇妙的多事历史。
> 这是第二个童年期而只是健忘，无牙、无视力、无趣味、万事皆无。
>
> ——威廉·莎士比亚 《皆大欢喜》

莎士比亚将世界比作舞台，将社会中的我们比作舞台上的演员，演员在舞台上上演多幕的戏剧正如我们在生活中历经各种人生的阶段和社会化的历程。我们感叹于莎翁如此精彩的比拟和描绘，与此同时，在心理学领域，埃里克森的心理社会发展论从学术的、科学的角度阐述了个体社会化发展的八个阶段。

阶段	大致年龄	危机（社会化任务）	充分解决	不充分解决
婴儿期	0—1.5	信任对不信任	基本信任感	不安全感、焦虑
童年期	1.5—3	自主对自我怀疑	知道择机有能力控制自己的身体，做某些事	感到无法安全控制事情
学前期	4—6	主动对内疚	知道自己是发起者、创造者	感到自己没有价值
学龄期	6—12	勤奋对自卑	丰富的社会技能和认知技能	缺乏自信心，有失败感
青春期	12—20	同一性对角色混乱	自我认同感形成，明白自己是谁，接受并欣赏自己	感到自己是充满混乱的、变化不定的，不清楚自己是谁
成年早期	20—24	亲密对疏离	有能力与他人建立亲密的、需要承诺的关系	感到孤独、隔绝；否认需要亲密感
成年期	25—65	再生力对停滞	更关注家庭、社会和后代	过分自我关注，缺乏未来的定向
老年期	65—	自我实现对失望	完善感，对自己的一生感到满足	感到无用、沮丧

按照埃里克森的理论，在每个年龄阶段都会出现一个主要冲突或危机，虽然每个危机不会完全消失，但是如果个体想要成功应对后面发展阶段的冲突的话，就要在特定阶段充分解决这个主要危机，而不同阶段的危机也就是我们不同的社会化任务。

社会化的每个过程都是非常重要的，就像建造一幢生命大厦，每个步骤都不可马虎因为它决定大厦的整体质量。我们可以把婴儿期比喻成大厦打地基的阶段，由于基础决定大厦可以盖多高,有多强的抗震性,鉴于其重要性也引起了心理学家更多的关注。

新生儿认识妈妈吗

新生儿不会说话,行动力也有限,所以只能以他们对妈妈面孔与陌生人面孔的注视时间的对比来检验他们看着自己的妈妈"眼熟"么?

将4天大的婴儿放在特制的椅子上,这个特殊的家伙可以给他们的身体适当的支撑,还允许他们的头从一边转到另一边。然后让他们面对一个灰色的屏幕,屏幕上开了两个窗口。实验开始时,妈妈的面孔出现在一个窗口,另一个窗口则出现一个陌生人的面孔(陌生人的面孔与妈妈的面孔大致相仿)。同时还要让妈妈和陌生人的面孔都保持中性表情,不能移动或讲话,以给婴儿最小的额外暗示。实验结果表明,婴儿看妈妈面孔的时间是看陌生人面孔时间的两倍。(Pascalis et al, 1995)

虽然我们不能仅此就说明新生儿就认识他们的妈妈,但是我们可以看出妈妈对于新生儿的重要性,那个处于懵懂无知的他们只会对对自己极其重要的事物给予特殊的关注,而妈妈也确实是帮助他们成长不可缺少的一员。

空巢家庭别让老人的心空了

大家常常会觉得孩子小不懂事,要关心,要爱护;却往往忽视了那个曾经是自己拐杖,是自己天地的父母,他们如今已经不再年轻,不再健壮了,他们如何应对自己角色的转变直接关系到他们老年生活的质量,关系到他们的身心健康。

电视连续剧《激情燃烧的岁月》中有这样一个镜头:石光荣的长子参军18年不归,小儿子也住校两个月才回家一次,女儿出差去深圳一个多月了,褚琴与丈夫闹矛盾更是整天不着家,石光荣从外边垂头丧气地回到家中,锅是空的、水壶是空的,打开第一个房间是空的,又打开第二间、第三间都是空的。他再也按捺不住自己的愤怒,将桌上的空杯子一个个扔在沙发上,大声吼道:"都走!都走!都走!"这位昔日让敌人胆寒的老军人,如今面对这形同空巢的家却无可奈何了。

图片来源:经济参考报

随着社会老龄化的到来以及部分独生子女的家长渐渐步入老年前期,"空巢家庭"的问题已经日渐突出,如何让这些操劳了半生的父母顺利做好角色转换值得全社会关注。首先,家长要自身调整,要学会用工作、学习、娱乐、外出社交等活动来充实自己的新生活,要重视自己的感受,提高自己的生活质量,老年人不只是社会负担的代称,自强自立永远是老人们的坚强信条!同时作为老人的孩子们,一首《常回家看看》、《一封家书》中已道尽孝心所在,亲情重于寄钱寄物。

第二节　社会化内容

社会化的过程是伴随我们成长，延续一生的，而社会化的内容也是极其广泛和丰富的，可以说我们社会生活所涉及的一切方面和领域都存在着社会化的内容。我们如何约束自己的行为符合社会规范的要求；我们如何认识到自己是男孩还是女孩；我们如何认识我们的民族，并有特有的民族情结等等，而其中道德社会化、性别角色社会化的问题尤为引起人们的关注。

一、道德社会化

> **道德社会化**：将特定社会所肯定的道德准则和道德规范加以内化，形成符合社会要求的道德行为的过程。

关于道德社会化的研究主要集中在儿童的道德认知、道德情感和道德行为三个方面。三者之间存在着紧密的关系，道德情感影响道德认知的形成和倾向，而道德行为又是道德认知和道德情感的体现，通过道德行为可进一步促进道德认知和道德情感的巩固和发展。

1. 道德认知

> **道德认知**：指个体对是非、善恶、美丑等行为准则以及执行它的意义的认识。

小孩子的世界里什么是坏

我们常常可以看到小孩子天真地说："小哥哥真好！"有时候他们还会很有正义感地指出："爸爸坏，欺负妈妈！"那么他们说好坏的标准是什么呢？

实验者找到3岁、4岁、5岁儿童，让他们对一些行为做出道德判断。这些行为在三个维度上有变化：行为、后果、意图。行为：正性或者负性（如爱护动物与殴打动物）；后果：正性或者负性（如动物愉快或是悲伤）。意图：故意或者偶然（如行为者故意或者碰巧打到了动物）。然后要求儿童对某种行为的可接受性进行评价，从5个代表"特别、特别坏"到"特别、特别好"的面孔中挑出一幅，来表示他的打分。年幼的儿童可接受性评分几乎都取决于行为的后果，只有5岁的儿童考虑到了行为者的意图。但是，如果问儿童是否应该惩罚行为者，有更多的年幼儿童考虑到行为者的意图。（Zelazo et al, 1996）

这个实验的结果说明，随着儿童认知能力越来越复杂，他们也开始从单纯注意后果转换到既考虑后果也考虑意图。然而接受性判断和惩罚性判断之间的差异说明，某些形式的道德判断可以使儿童在更小年龄考虑到更多因素。

关于道德认知的著名研究要首推皮亚杰和柯尔伯格的认知发展论。该理论的核心是，儿童的社会化（包括道德发展）是与其认知水平的发展并行不悖的过程。儿童的道德判断会随儿童智力结构的发展而不断地加以改变和提高。他们设计了经典的道德故事对儿童的道德判断水平进行研究。

皮亚杰对偶故事

故事甲	有意犯错——造成较小的财物损失 例：一儿童当妈妈不在家时，拿柜子上的糖浆吃，而将糖浆瓶旁边的一个杯子打破。
故事乙	无意犯错——却造成较大的财物损失。 例：一儿童听到妈妈叫他吃早餐，跑进厨房时，无意打破在门后凳子上的15个杯子。
问题	两个故事中哪个孩子更顽皮？哪个应该受到惩罚？该怎样惩罚？

皮亚杰的研究发现，儿童具有两种明显的道德判断形式：年龄较小的儿童往往以行为后果做出判断，依据的是成人标准和外界法则；年龄较大的儿童往往是根据行为的动机、意向做出道德判断，主要依据的是个人的观念。皮亚杰还发现这两种判断形式不是同步的，而是交替重叠的，其间有一个逐步过渡的阶段，他称之为中间时相，中间时相被认为是儿童道德认知发展的关键。

柯尔伯格的研究从道德两难故事入手，根据儿童对故事相关问题的具体回答，提炼出了道德发展的三大水平六大阶段（后发展为七大阶段）。

柯尔伯格道德两难故事

欧洲有一妇人患了癌症，生命垂危。只有一种药可以救她，就是本城一个药剂师最近发明的镭。但是该药要价昂贵，药剂师索价要高于成本10倍。病妇的丈夫海因茨向他的每位熟人借钱才只够要价的一半。他对药剂师说，他的妻子要死了，请求把药廉价卖给他，或者允许赊欠。但药剂师说：不行，我发明此药就是为了赚钱。海因茨走投无路竟撬开商店的门，为妻子偷取药物。

故事讲完以后,实验者会提出一系列问题,如"这个丈夫应该这样做吗?为什么?"这类问题不能简单回答"应该"或"不应该",而要讲清理由,是一种开放式问答,而被试说出的理由就可以反映他们道德社会化的水平。

前习俗水平	第一阶段 服从与惩罚定向	着重于行为的结果 可能反应:赞成:他可以偷药,因为他先提出请求,又不偷大东西,不该受惩罚。反对:偷药会受到惩罚。
	第二阶段 朴素的利己主义定向	是否符合自身的要求和利益。 可能反应:赞成:他的妻子需要这种药,他需要同他的妻子共同生活。 反对:他的妻子在他出狱前可能会死,因而他没有好处。
习俗水平	第三阶段 好孩子定向	认为凡取悦于别人,帮助别人以满足他人愿望的行为即为好的,否则就是坏的。 可能反应:赞成:他只不过做了好丈夫应该做的事。 反对:他这样做会给家庭带来苦恼和丧失名誉。
	第四阶段 维护权威和社会秩序定向	儿童认为,正确的行为就是尽到个人职责,尊重权威,维护社会秩序,否则就是错误的。 可能反应:赞成:不这么做,他要为妻子的死负责。 反对:他要救妻子的命是自然的,但偷东西是犯法的。
后习俗水平	第五阶段 社会契约定向	道德法则是可以改变的,不能以不变的契约去制约人。 可能反应:赞成:法律没有考虑到这种情况。反对:不论情况怎样危险,总不能采用偷的手段。
	第六阶段 普遍的伦理原则定向	儿童已具有抽象的以尊重个人和个人良心为起初的道德概念。认为个人一贯地依据自己选定的道德原则去做就是正确的。 可能反应:赞成:尊重生命、保存生命的原则高于一切。 反对:别人是否也像他妻子那样急需这种药,要考虑所有人生命的价值。
	第七阶段	人已经超出了前六个阶段的"人生主义"道德观,他们从宗教或超自然的观念的角度来看待道德和道德行为。儿童还不会在这一层面对故事做出反应。

2. 道德情感

> **道德情感**：个体按照一定的道德标准去评价他人或自己的思想言行时所产生的一种内心体验。例如对符合道德行为准则的言行，会产生肯定的态度，并产生满足、愉快、心安理得等情绪体验；否则会产生否定态度，并有愤怒、厌恶、愧疚等情绪体验。

童年期学生的道德情感内容已经比较丰富。他们已经有了集体感、友谊感、荣誉感、耻辱感、责任感等体验；已能区别一些真假、美丑、善恶的现象，做出一些道德评价。但这种区分还十分粗浅，相当绝对，不是好便是坏，不是正确便是错误。他们的道德情感在很大程度上仍然带有直接的、经验的性质。一些研究表明，光辉的道德形象最能引起小学生的情绪共鸣，激发起他们向榜样学习的热情。小学生常把自己的行为与榜样作比较，当自己的行为与他们所热爱的榜样一致时，就会感到十分高兴；当与榜样行为不一致时，就会感到万分难过。

3. 道德行为

> **道德行为**：个体在一定的道德意识支配下所采取的各种行为。人的品德最终是以道德行为来表现和说明的，道德行为也是一个人道德意识的外化表现。

攻击可以学习吗

　　实验中把幼儿园的孩子随机分成三组，然后让他们观看录像。录像中都是一个成人正在攻击一个1.5米高的充气塑料人，他采取了咒骂、摔打、脚踢、用木棍猛击等一系列攻击行为。然而录像结尾对攻击行为的处理各不相同：第一组孩子看到这个成年人得到了饮料和糖果的奖励，并得到口头表扬；第二组孩子看到成人被用卷起来的杂志打了一下，并且被严厉警告说下不为例；第三组的孩子则看到成人的攻击行为既没被表扬也没被责备。接下来，将儿童带到与录像中情境相同的房间中，让他们自由活动10分钟，然后实验者通过单向玻璃来观察孩子是否通过前面的观察学习学会了攻击行为。

　　结果发现，三组儿童都表现出了一定的攻击行为。不过，那些看到成人被表扬的儿童比那些看到成人被责备的儿童更明显地表现出了攻击行为。

　　这就是班杜拉非常著名的社会学习理论关于儿童攻击行为的实验。它揭示了儿童道德行为社会化的具体方式，并且他的研究也具有很强的现实意义。它说明儿童平时对电视、电影和杂志中的打斗、谋杀等情境的观察，虽未直接地加以模仿，但是已经对这类行为进行了无意识的学习。此后，只要遇到与影片和小说中类似的情境，就会再现出同类的不良行为。这些都提示我们要注重在生活细节中对儿童道德行为的培养，重视成人的榜样示范对儿童道德行为的影响。

> **谁为这个孩子的人生买单**
>
> 网上流传一个两岁的儿童极为熟练地吸烟、骂脏话的视频，更可怕的是其父和围观大人的反应，孩子就坐在父亲摩托车的前端，这本身就是危险的违章行为，但父亲不以为然；而且孩子的父母也吸烟的可能性极大，否则两岁孩子怎么会如此熟练地吸烟呢？整个过程中孩子与围观人对话时脏话不断，可见小小的孩子身心都已受到严重伤害，而其父和围观的人不仅没有察觉，还是非不分地以耻为荣。

据《新科学家》报道，美国新罕尔布什尔州达特茅斯医学院的研究人员使用玩偶，对2岁至6岁的儿童进行角色扮演游戏。由于玩具屋里没有食物，这些孩子需要带着玩偶自己去商店购买食物。研究人员发现，如果父母吸烟，孩子购买香烟的可能性增加3倍；如果父母每月至少饮酒一次，其子女选择白酒或啤酒的可能性增加3倍。研究人员还发现，如果孩子观看过少儿不宜的电影，他们选择酒精饮料的可能性则增加5倍。

二、性别角色社会化

多数成年人在问起关于一个婴儿的第一件事往往是他是男孩还是女孩。每个孩子诞生的宣告就开始于是男孩还是女孩的消息，然后就是拥有一个符合自己性别的名字，穿上粉红或者深蓝的衣服，拥有具有性别特色的婴儿床……

不论是在西方社会还是在包括中国在内的东方社会，对男性和女性都有不同的期待和要求，性别角色社会化就是个体学习自己所属文化规定的性别角色的过程。性别角色社会化使男性认同男性的角色规定，表现出符合男性身份的行为；也使女性认同女性的角色规定，表现出符合女性身份的行为。

1. 性别角色是怎样获得的？

弗洛伊德认为，男女两性所具有的不同的生理解剖结构决定了两性具有不同的心理成熟过程。社会学习论者从父母和社会给予儿童的差别对待中，揭示性别角色社会化，认为儿童是按照父母的要求和社会所约定的性别行为方式规范自己，逐渐形成与自己的性别相适应的行为习惯。认知发展理论则认为，儿童本身对符合自己的性别角色模式的认同，是性别角色社会化的关键。在这里，我们认为性别角色的形成是受到了多种因素的影响。

（1）生物学的作用

首先男女性虽然都有22对常染色体，但是性染色体不同，男性是XY，女性是XX，正是这一区别，导致了男女二性的某些心理差异。而男女两性的性腺激素也是不同的，它不但能引起个体生理上的变化，而且还能通过对大脑的反馈引起个体心理上的变化，这种变化会影响男女二性的气质和性格。同时我们人的大脑由左右两半球组成，这两半球的心理功能是有差异的，左半球具有支配言语和信息加工的功能，右半球则更多的与空间信息和形象功能有关。女性大脑的左半球很早就开始发育，而且发育的速度和水平都要高于男性，这种生理上的早熟就使女性在由左半球控制的语言上强于男性。而男性则在大脑的右半球上发育早于女性，并且发育的水平和速度也高于女性，从而导致男性在右半球控制的空间想象等能力上高于女性。

(2) 社会文化定型

遗传因素为两性心理发展形成各自的性别角色提供了自然前提和潜在可能,但只有通过社会文化的熏染,加之自幼受到的教育影响才可以把这种可能性转化为现实性。就像本章开始前情景剧中的三个刚刚迎来新生命的家庭,我们知道当时三

她怎么穿的和我们不一样?
http://www.sucai.com/photo/show/912/152929.htm

个小孩子在长相等各方面差异并不大,但是程程的爸爸觉得这是个娇弱的小天使,是要和妈妈抢漂亮衣服、高跟鞋的小公主;小野的爸爸则认为这是一个男子汉,"男孩要穷养,女孩要富养";小涛的爸爸则希望他长大是个有责任感的大男人。也就是说在我们出生的那一刻开始我们的家长和社会就因为孩子性别的不同给予了不同的期待,也注定在日后的教养等等方面会有不同的强化和榜样学习。

性别刻板印象

大学生可以说是社会文化的先锋,他们的思想开放,禁锢性较小,但是大学生被试列举出所有能够描述普通男性和普通女性的形容词也具有很强的性别刻板印象。

男性特征:有进取心,有独立性,不易动感情,客观,喜欢数学和科学,有远大抱负,从不哭闹等等。

女性特征:不讲秽语,喜欢聊天,做事得体,温柔舒雅,善解人意,整洁,文静等等。(Rosenkrantz et al., 1968)

小孩子比成人更刻板?

一个穿着中性衣服的婴儿我们是很难辨别他的性别的,那么对这些婴儿的知觉会受他们名字的暗示吗?如果告诉被试一个指定婴儿叫"玛丽",而对另一个被试说同一个婴儿叫"斯蒂芬"等等。被试都认为"玛丽"和"克伦"比"斯蒂芬"和"马太"更小、更漂亮、更好、更温和。(Vogel,1991)但是儿童被试比成人被试表现出更极端更僵化的看法。这可能和他们正处于确立自己性别角色的关键期有关。(Levy & Fivush, 1993)

好妻子指南

什么样的妻子是一个好妻子,其实应该没有标准,因人而异的。但是在大多数人心中却有一个比较一致的看法,这就是对女性性别的一种刻板认知。

准备好饭菜;收拾好自己;清理杂乱的东西;把教科书、玩具、纸等等收拾起来,然后再擦一遍桌子;见他时要很高兴;听他讲话;让他觉得舒适;不要对他的行为发出疑问,也不要质疑他的公正和正直;一个好妻子总是知道她自己的位置的。(Housekeeping Monthly, May 13, 1945)

在父母无意又似乎是有意的性别区别对待中,在社会对男女性不同的要求和期待中,小孩子也会慢慢形成他们的性别角色认知,就像男孩和女孩在一起玩过家家时,女孩子总是当妈妈,在家照顾小孩,做饭,做家务;男孩则总是当爸爸,在"妻子"的注视下拎着小包去上班,有一家之主的威严。

(3) 认知发展

著名心理学家劳伦斯·柯尔伯格(Lawrence Kohlberg)应用认知发展理论深入探讨了性别差异形成的问题,他认为:"性别角色发展中的重要原因并不是母亲和孩子的关系,而是由于儿童自身认知的发展。"

柯尔伯格对性别认同的问题有着独到的见解,他认为性别认同即儿童将男性和女性进行性别分类是认知发展的结果,这一发展经历了三个阶段:性别认同、性别分化、亲长认同。如果以男孩为例,其过程可以如图所示:

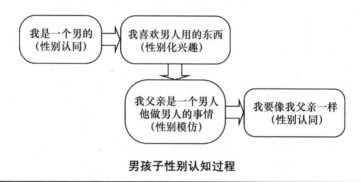

男孩子性别认知过程

性别认同	2岁:认知自己的性别标记;3岁:根据发型、服饰等外观特征区分别人的性别;4—5岁:认识到性别不同的基础是身体构造不同,但是性别可变;6—7岁:性别常性和物体常性,性别不可变。
性别分化	做与性别相一致的事情:"我是男的,要做男人的事情"或"我是女的,要做女人的事情"。
亲长认同	男孩子根据能力成就以及自我被男性群体接受的程度来界定他的男性化,女孩子则根据自我是否被男性接受和赞许来界定她的女性化,而且母亲也有相当的权利与尊严,也会引起女孩子的认同。

2. 他和她哪里不一样?

(1) 能力的差异

著名心理学家桑代克在20世纪20年代以实验研究发现,男女在能力上各有一些优势领域,女性在语言表达、短时记忆上优于男性,而男性在空间知觉—分析能力上、实验观察、推理和历史知识方面优于女性。

观察力	从总体上看,男性的观察力主要属于综合型,即对事物的整体认识比较清晰和准确,而对事物的细节认识较粗糙和模糊;而女性的观察力主要属于分析型,即对事物细节的认识较清晰和准确,而对事物的整体认识则较粗糙和模糊。
记忆力	女生机械记忆能力和形象记忆能力较好,如对无意义联系的人名、数字、地点等记得非常清楚,她们在复述课文时,喜欢从头至尾,逐字逐句地背诵,但不很注意逻辑加工;男生的意义记忆和逻辑记忆一般好于女生。
思维力	男女性存在思维方式和类型方面的差异,但水平上没有差异。国内研究表明,男生的形式逻辑推理能力要高于女生,而在逻辑法则运用能力方面,则女生要好于男生。另外,男生的发散思维能力要高于女生。国外研究表明,男生在判断问题时有较高的逻辑性,能够客观地理解事物的本质;女生的逻辑思维能力不太强,往往具有比喻性和故事性,判断问题时常有主观色彩,易受外界暗示。
语言能力	在18岁以前,无论是口头语言能力还是书面语言能力,都是女胜于男。有一个有趣的现象,在生活中患口吃疾病的人几乎都是男性。

(2) 行为差异

他爱侵犯,她爱利他?

在很多研究中都证实,男性的侵犯行为多于女性。在婴儿期,男婴的活动频率就高于女婴。在两岁左右的儿童中,男孩子在游戏中也表现出了较强的攻击性。在学龄前儿童中,男生的相互斗殴是十分常见的事情。另外,女性的攻击反应也比男性低,有研究表明,一般能引起男生拳脚相向的事情,只能引起女生相互叫骂;而引起男学生愤怒的事情,则往往只能引起女学生的焦虑。

一般情况下女生的利他行为会较男生多一些,但没有显著差异。但进入成年期后,就表现出在方向上的差异,男性的利他行为多表现在社会方面,而女性的利他行为则多表现在家庭方面。

> ### 男性比女性更喜欢支配?
>
> 1978年,美国心理学家亚当斯和兰德斯设计了一项实验,他们找来男女大学生来做被试,要求每两个人为一个实验小组,实际上这两个人中有一个实验者的助手。他们在被试提出自己对多张油画的评价时,通过提出自己与被试相反的意见对被试施加影响。被试对假被试伙伴的意见的否决,实际上体现了真被试的自我支配程度。结果发现,在20次评价中,男性被试拒绝接受他人意见的次数达9次之多,而女性被试只有6次。在青少年学生中,支配表现得比较有趣,男性支配男性的比率高于女性支配女性的比率,而男性支配女性的比率和女性支配男性的比率相差无几。

（3）个性差异

美国心理学家托尔曼和他的同事历经十多年的研究,揭示了男女间个性的差异,男性更易于进取,更好斗,喜欢自夸,敢于冒险,对社会活动感兴趣;而女性则比较柔和,更富于同情心,更具审美观念,更注重家庭生活。

自信心	女生的自我估计往往低于男生,而且男生对自己的成绩倾向于做过高的估计,而女生则倾向于做过低的估计,这种性别差异甚至在学龄早期就十分明显。
成就动机	成就动机就是按照自己确定的目标完成某项有价值的或至关重要的事业的一种内在驱力。一般来说,男性的成就动机高于女性。

(续表)

移情作用	女生比男生更具有同情心,更具有情绪表达性。心理学家霍夫曼考察了人的同情心,他把录有婴儿啼哭的磁带放在实验室的隔壁让被试去听,结果发现女性被试比男性被试反应更强烈,她们表情痛苦,要求安抚婴儿的啼哭。
社会交际	在交际方面男女两性是不存在差异的,甚至在某些年龄段,男性与朋友交往的时间要多于女性。男女学生都在寻求友谊,但男生更喜欢结交"帮友",而女生更喜欢结交为数不多的"密友",女生更注重人际关系的亲密性和知己性。

第三节 社会化的途径

做了家长的人常常会感叹那个在自己怀中什么都不懂的小人是怎么变成亭亭玉立的少女,变成阳光奔放的少年?自己又是怎么从"事不关己"的时代青年变成了要负起上有老下有小的责任的中流砥柱?

如同我们个体心理的发生与形成,个体社会化也是内外因素交互影响的结果,内在因素为我们的社会化提供了必要的基础和保障,而外在因素则把社会化变成现实。

一、内在因素

1. 遗传因素

遗传是父母生理、心理特征经过受精作用传递给子女的一种生理过程。它为个体社会化奠定了生物学上的基础。

2. 主体能动因素

在社会化的过程中人绝不仅仅是被动接受者,人的主观意识和实践活动也对社会化产生反作用。主体的能动性可以指导个体对社会化的内容和环境进行选择,使人能够对自己的未来进行设计,从而一步步为实现自己理想的人格、人生目标而奋斗。它使人的社会化不再是一个消极被动的接受教化的过程,而是一个积极选择和创造的过程。

二、外在因素

1. 社会文化

人们常说法国人浪漫,英国人绅士,美国人热情,中国人内敛,这就是社会文化在我们社会化过程中所起到的作用,其实我们每个人的成长都或多或少打下了自己文化的烙印。

不同的文化会塑造不同类型的人,文化人类学家玛格丽特·米德(M. Mead)就曾观察过新几内亚三个原始部落,并发现他们的人格倾向是不同的:住在山地上的土著人,传统上一向和平相处,因而性情温和,对人亲切,互相之间很好合作;而住在河岸上的土著人,传统上好斗、残酷,因而不论男女都占有欲望强,互相攻击;而住在湖边的土著人正处于母系社会,女性支配男性,把握经济大权,男人在家带孩子,有自卑感,在陌生人面前很腼腆。

不为人知的第二个母系社会

四川扎坝是一个大峡谷,被称为"全世界第二个母系社会走婚习俗的地区"、"人类社会进化的活化石"。这里长期与世隔绝,孕育出与泸沽湖相近的走婚习俗。绝大多数扎坝人的家庭都是以母系血缘为主线,母亲是家庭的核心人物,是绝对的权威,是子女的养育者,也是家庭劳动的主要承担者。

男子首次到女方家走婚时,必须通过"爬房子"这个重要环节。他们的住房都是用片石砌成的碉楼,墙体笔直平

> 整。男方第一次到女方家,晚上必须从碉楼爬上去,只有勇敢而身强力壮者才能以此法获得姑娘的芳心。爬墙者往往在夜晚时手持两把藏刀插入石墙缝中,双手左右交替攀墙而上,翻窗而入。也有一些爬墙高手不用藏刀而徒手攀墙入房。第一次爬房子成功后,该男子便取得了女方及其家庭认可,从此可从大门随便进入,女方家不闩门、不干涉,其方便犹如自家。如果一个男子第一次到女方家就从大门进入,则会被女方及其家人瞧不起而被赶走。因而,扎坝人称走婚为"爬房子"或"爬墙"。在扎坝,一个男人一生可能爬过多个女人的房子;同样一个女人的房子也就可能接受过多个爬墙的男人。

在文化定型中我们比较熟知的是美国耶鲁大学的约翰·W. M. 怀廷根据"六文化研究规划"研究结果进行的划分。

A型文化:强调群体的重要性,儿童从小受到责任感方面的训练,乐于助人。他们对家务劳动涉及较早,因而对家庭利益较为关注。那些不服从成人指挥的孩子往往会受到严厉惩罚。

B型文化:具有明显的个人主义倾向。学校教育在孩子成长期间占有较重要的地位,它始终强调个人成就、标榜自我中心,很少关心他人。儿童经常会为某些专门化的角色而倍加训练自己。他们期待"他人注意"和寻求"支配他人"。

2. 家庭

人们常说"家庭是第一所学校,父母是第一任老师",可以说家庭是个体社会化的起点。因此,在任何社会中,家庭都无疑是帮助个体实现社会化的最重要途径。

尽管家庭对人社会化的内容是多方面的,但是最根本的是对人的养育和造就,教化家庭成员如何做人,使家庭中的每个成员都成为一个真正的人,一个社会需要的人,都会生活,会做儿子或女儿、丈夫或妻子、父亲或母亲等等。很多学者认为,儿童发展的

http://www.xiaored.com/2009/0218/482.html

差异在很大程度上取决于家庭环境,而优化家庭环境的着眼点是提高父母素质。有研究发现,文化程度高的父母所生孩子不一定优于父母文化程度低的孩子。因此,科学教养子女的方式才是影响孩子发展的重要方面。

美国心理学家鲍伦德经过实践研究分析后发现,现代家庭教育中,积极正确的教养方式可用八个字来表示:**管束、冀望、教导、关爱**。

管束	父母为孩子立下规矩,要求孩子遵守规矩,并且在孩子违反规矩时有相应的处理方式。有的父母管教有明确规矩,而且要求孩子遵守规矩;有的父母只订规矩,但并不在乎孩子是否遵守;也有的父母二者全无。
冀望	父母对孩子正确行为之冀望,是以孩子的年龄为参照架构的。父母对孩子行为所表达的冀望,有的高于孩子的年龄(提早赋予孩子责任),有的低于孩子年龄(过分保护孩子),也有的正适合于孩子年龄。
教导	父母管教孩子时,如何说明行为规范的意义,如何纠正孩子的过失,如何解释是非善恶的道理,如何让孩子表达自己的意义,必须经由教与导的沟通方式。而且,经亲子间双向沟通而又充分澄清观念者,是此一方面的最高境界。
关爱	在养育的过程中,无论是饮食起居,或是娱乐活动,在亲子互动中,最重要的是父母借之传达了关爱子女的亲情。在家人团聚时,与孩子共享欢乐;家中有困难时让孩子知道关心;孩子成功时给予奖励;孩子失败时给予安慰。父母能做到这些,就是此一方面的最高层次。

按照父母实际管教子女时在上列四个方面所表现的高低程度为标准,鲍伦德将大多数父母区分为三大类型:

专制型父母:子女在家庭中的一切活动,悉由父母安排决定,子女只能无条件地服从。有关行为标准的是非对错,也全由父母独裁判决,子女只能无条件遵守。子女行为如有偏差,父母给予惩罚,不必向子女解释理由。与前述四方面相比较,专制型父母在管束与冀望两个方面,居于高层,而在教导与关爱两个方面,则居低层。换言之,管而不教,严而苛刻,是专制型父母管教方式的主要特征。

威信型父母:父母为子女所订规矩,非但合情合理,而且以身作则,能够说到做到。对行为规范之要求,对价值标准之解释,前后一致,能使子女易知易行。亲子间遇有争执,父母不以独裁专断方式处理,而以说理方式,让子女表达意见,最后的决定让子女心悦诚服。与前述四个方面比较时,威信型父母在管束、冀望、教导、关爱四个方面,均居高层。换言之,管之、望之、教之、爱之四者兼具,是威信型父母管教方式的特征。

宽容型父母:对孩子行为表现,父母不刻意订立规范,对孩子们的欲望与要求,父母也不刻意予以限制,在孩子们的能力培养上,父母也不刻意要求,而改以接纳的态度,让孩子随其兴趣与个性自由发展。此种管教方式,在30年前为一般心理学家所称许,也是一般开明的家长们乐于接受的。然而,对生长在既需要知识又需要能力的现代社会的人来说,此种只顾眼前而不考虑未来的管教方式,已不合时宜。与前述四个方向比较时,宽容型父母的特征是,关爱有余,教导宽松,而管束与冀望则显然不足。

3. 学校

学校是有计划、有组织、有目的地向社会成员传授知识、技能、价值标准、社会规范的专门机构。在学校教育中，教师对学生的社会化发展起着至关重要的作用。我们知道教师常因丰富的知识和人格上魅力，成为学生们崇拜的对象，特别是在低年级学生中这种崇拜心理尤为突出。他们的社会化水平在很大程度上是靠体验、模仿教师的内在和外在的形象逐步发展起来的，教师的精神面貌、一言一行，学生都可能将它转化为自己的日常行为，这种转化也就是一个社会化过程，而且这种转化都是在潜移默化中完成的，这就是我们常说的"随风潜入夜，润物细无声"。

罗森塔尔效应
——皮革马利翁

1968年，罗森塔尔和助手来到一所小学，声称要进行一个"发展测验"，并煞有介事地以赞赏的口吻，将一份"最有发展前途者"的名单交给了老师，其实他撒了一个"权威性谎言"，因为名单上的学生根本就是随机挑选出来的。然而8个月后奇迹出现了，凡是上了名单的学生，个个成绩都有了较大的进步，且各方面都很优秀。

显然，罗森塔尔的"权威性谎言"发生了作用，因为这个谎言对老师产生了暗示，左右了他们对名单上学生能力的评价；而他们又将自己的这一心理活动通过情绪、语言和行为传染给了学生，使他们强烈地感受到来自教师鼓励的话语和期盼的目光，变得更加自尊、自信和自强，从而使各方面得到了异乎寻常的进步。

在现代教育心理学中经常用"罗森塔尔效应"来说明教师的期待、激励对学生发展，特别是社会化过程中的作用。

其实一个成功的老师并不一定是拥有多么丰富知识的人,而应该是一个懂得欣赏、鼓励学生,发掘每个学生闪光点的人。

4. 同辈群体

同辈群体是一个由地位、年龄、兴趣、爱好、价值观等大体相同或相近的人组成的关系亲密的非正式群体。同辈群体是一个独特的、极其重要的社会化因素,尤其是个体进入青春期后,同辈群体的影响日趋重要,甚至在某些方面远远超过父母和家庭其他成员的影响。

我们彼此了解,互相影响

http://sucai.jz173.com/13/180/181/446/view31743.html

美国社会心理学家拉尔森在研究中发现,除了睡眠,青少年有74%的时间与他人相处,这个比例甚至高出成年人。在我国的研究也表明,70%以上的青少年遇到困难和烦恼,不是首先与父母商量,而是与同伴商量,或是闷在自己心里。中国青年政治学院的大学生们在北京13—15岁的青少年中进行的一项调查也证明了被调查者将心里话告诉他人的首选对象是同性的同辈伙伴,而母亲则排在其后。

但同辈群体在个体社会化过程中发挥的作用也并不都是积极的,它还存在着消极的一面,这些消极的因素不但阻碍了青少年正常的社会化发展,还引发了一系列的反社会行为。

> ### 他们荼毒的青春之花
>
> 安徽省涡阳县一犯罪团伙强奸、轮奸妇女40余人,并强迫部分受害人卖淫,其中多为中学生和未成年少女。亳州市中级人民法院判处这一罪行累累的犯罪团伙首犯死刑,4名成员死缓,5人无期徒刑,其余33名成员也被判刑。
>
> 这一特大犯罪团伙的成员中有41人是青少年,犯罪时年龄最大的20岁、最小的13岁,有的是在校学生。2004年夏至2006年,他们以请客吃饭、谈恋爱等手段为诱饵,在饮料、啤酒里下麻醉药使被害妇女昏迷或灌醉被害人,或直接使用暴力、胁迫等手段,对多名女青年实施强奸、轮奸,40余名妇女受害。部分受害人在这一犯罪团伙胁迫下,不得不在当地或到外地省、市卖淫。这一团伙还多次实施抢劫、寻衅滋事等犯罪活动,犯罪性质极为恶劣,手段令人发指。
>
> http://news.sohu.com/20070716/n251091882.shtml.

如何更好地发挥同辈群体对个体社会化的积极作用,尽量避免消极影响,成为家长和教师共同的责任。我们应及时地了解青少年中各种同辈群体的类型和性质,对青少年同辈群体的交往给予必要的关心、引导,帮助他们树立正确的交友意识;尽量满足青少年各种合理的心理需要,建立各种积极向上的群体来满足青少年的需求,使青少年的结伴活动处于可控制范围之内,另外,还要加强对群体核心人物的重点教育,以此带动对整个群体的影响向积极的一面发展。

5. 大众传播媒介

报纸、杂志、图书、电影、广播、电视和网络等都是大众传播媒介。大众传播媒介通过新闻报道、舆论宣传、知识教育、生活娱乐方式,为广大社会成员理解和接受社会所倡导的价值观念、奋斗目标、社会规范和行为方式等,提供了一个广泛的社会环境条件。尤其在信息时代,大众传播媒介对青少年的影响是全方位的,它不仅影响了青少年自身的发展,也由此改变了青少年与成年人的关系。

有多少孩子在使用网络?

2007年7月18日,中国互联网信息中心发布《第20次中国互联网发展统计报告》显示,目前中国的青少年学生网民占总网民数的1/3(35.8%),已达到5800万人,联网普及率达到26.9%。

报告称,青少年学生网民上网小时数平均每周为11.6小时。其中每周上网超过20小时的青少年学生网民占总人数的16.6%,超过40小时的占5.9%。

对青少年学生网民来说,互联网所扮演的各种角色的应用程度排序为:娱乐工具>沟通工具>信息渠道>生活助手,他们对互联网娱乐功能的使用超过任何一种其他功能,就连信息渠道功能也在其之后。

http://tech.sina.com.cn/i/2007-07-18/14121623452.shtml。

我们都知道互联网的到来带来了一个全新的信息时代,给青少年带来了更多获得信息的渠道和信息的多样化,但是网络在促进个体社会化发展的同时也带来了诸多危机,因而很多人把它比作一把高科技的双刃剑,这主要体现在青少年的道德和社会认同两个方面:

(1) 道德社会化的危机

据中国教育报报道:一项调查"你认为在网上最应该具备哪些基本的道德素质"时,66.1%的学生没有选择"诚实守信",有55.1%的学生认为网上聊天可以欺骗对方,甚至13.2%的学生认为网上聊天谁也看不见,互相欺骗是正常的。由于缺少"他人在场"的压力,"快乐原则"支配着个人欲望,直接影响到青年在现实生活中的道德行为。

(2) 现实社会的认同危机

沉溺于网络,造成了青年同他人交往频率的减少,虚拟的环境很容易使青少年耽于幻想之中,沉醉于一种虚假的满足,从而把与他人的交往视为一种可有可无的事情。在虚拟环境中,人人都是完美的,可以发号施令,张扬自己的个性,然而到了现实社会中,持这样的观念同他人交往,必然会四处碰壁,产生紧张、孤僻、情感缺乏等人格障碍和人际交往障碍,引发网络依赖,恋网成瘾,网络幽闭症和人际信任危机。这就是人们常说的,网络在缩小了人与人的空间距离的同时,却拉远了人与人之间的心理距离,使天涯变成咫尺也使咫尺变成了天涯,使人们重视了远交,却漠视了近往,习惯于虚拟却远离了现实。

因此,现在很多专家都在呼吁要引导青少年健康地使用网络,引导他们以积极的心态、合理的应对方式去解决现实生活中的问题。重视学校心理辅导的作用,加强亲子沟通,帮助他们在实际生活中满足人际交往、自我实现及情绪缓解等心理需求,使网络成为学生社会化过程中健康的添加剂,而不是心灵的"海洛因"。

> 午后红茶

反向社会化——文化反哺

　　反向社会化是现代工业社会、尤其是信息社会的产物。当代科学技术的高速发展使人与物、人与人的关系出现了短暂性、新奇性、多样性的特征，社会上所有的人都面临着一种大规模的新的冲击。正如托夫勒夫妇所说："发展日新月异，加速应影响到所有的一切。"（注：〔美〕阿尔温·托夫勒、海蒂·托夫勒著：《创造一个新的文明》，陈峰译，三联书店1996年版，第2页。）在这种激烈的社会巨变中，青年人没有先定的思维定势，他们更倾向于未来，面对复杂的新环境，他们能够做出自由选择，因此，他们有可能在某些方面比年长一代人更容易适应变化，他们并不把长辈当作楷模，而是进行新的选择，寻找新的道路，建立新的价值观，并以他们的言行影响年长一代人。这就改变了过去社会长期积淀下来的青年人单向社会化的模式。

　　在强调平等、民主和法制的现代社会里，年轻人自主意识、创新和进取精神也大大增强，他们在接受老一辈传递给他们的文化的时候，往往会以自己的创造、革新为历史文化注入新的内容，并以这种文化对老一辈进行反哺。

　　反向社会化虽然没有正向社会化那样在人的社会化过程中占主导地位，但其意义是不容忽视的。

　　首先，反向社会化是推动社会文化发展的有力杠杆。社会的发展、文化的延续，是年长一代和年青一代共同努力的结果，不仅需要年长一辈对年轻人进行教化，而且需要年轻人对年长一辈进行反向社会化。如果一个社会只有年轻人对长辈、权威的敬畏和服从，年轻人缺乏独立意识和创新精神，满足于把祖辈的传统不走样地继承下来，那么，这个社会的文化就很难发展。只有同时进行反向社会化，才能推动社会的发展。在人的社会化过程中，年青一代根据自己的生活经验，不断总结形成包括人生观、价值观、审美观以及相应的行为规范在内的亚文化，这种文化通过家庭内部的交流、学校师生之间的互动、工作单位上下级的沟通等途径，影响着上一代人。年青一代的价值观念和行为准则，一旦被年长一辈所认可和接受，就会由一种亚文化逐渐成为社会主导文化，从而引起社会文化的更新。

其次，反向社会化是消除代际冲突的有效途径。代际冲突严格说来是一个现代的问题，在传统的农业社会里，同一时代中相邻几代人生活在大致相同的时代条件下，因此，代际关系主要表现为几代人的协和而不是激烈的冲突和对抗。然而，现代社会生活条件已经发生了根本的变化。社会变化速度十分迅猛，一代代新人不断产生，他们代表着未来，渴望创造新的生活、新的世界，结束今天、开辟明天。但他们所面临的现存的世界是上一代人的世界，这个世界给他们提供了既得利益，并且保障着他们的既得利益，他们不允许新的一代改变已造就的现存秩序和模式，于是，代际冲突不可避免。消除代际冲突，一种途径是利用正向社会化，使年青一代服从上一代；另一种途径是利用反向社会化，使年长一辈了解年轻人所思所想，理解和鼓励年青一代的创造性和开拓进取精神，承认和接受青年亚文化中的合理内容，并加以积极地提倡和引导，使之成为社会大多数成员共同拥有的主流文化因素，缩小两代人之间的差异，共同维护社会的稳定，促进文化的延续和发展。

李太平：《论教育对反向社会化的引导和控制》，http://www.hz4z.net/jyzx/%C2%DB%CE%C4%BF%E2/else/lunwen02/14287.htm。

第三章　自我意识

春天来了，一切都是那么的富有生机，让每个人都充满一种释放激情和体验生命的渴望。身为老师的程程妈妈也在这几个月中观察着小程程的点滴变化，体味着初当母亲的喜悦、甜蜜，当然也有很多的手足无措，看来当老师比当妈妈容易多了。

刚刚出生的程程给妈妈的感觉就像一个"小外星人"，她大部分时间都是在睡觉，醒来不是饿了就是尿床了，然后很茫然地看看周围，好像看什么都好奇又什么都不认识，然后就在妈妈的抚慰下又睡过去了。

随着程程一点点长大，她醒来的时间变得越来越长了，很多时候她开始自己和自己玩了。5个月的时候，小家伙经常把自己的手放在眼前凝视，似乎是在观察研究皮肤表面的纹络，又好像在观看奇异的手指。啼哭时她会把手指伸到自己的嘴里，似乎是一种抚慰；自己玩耍时她也会把手指伸在嘴里，似乎这是她的一个玩具；饿了的时候,她也会把手指伸到嘴里不断地吸吮,似乎是要得到与吸吮奶头一样的满足。

随着程程月龄的增加,终于有一天她不再把手指往嘴里放了,就算放到嘴里也不会像以前那么"肆无忌惮"地啃咬,而只是轻轻地吮吸好像在回味一种美食,回味过去习惯性的体验。程程妈妈想这多半是由于她把手指放在自己的嘴里用力咬了一口,感到了疼痛,才开始恍然大悟原来这是自己的身体并非与自己无关的玩具或其他东西。小家伙似乎开始有了一个朦胧的"我"了,这个"我"是会痛的。

小程程的这些变化都是让妈妈欣喜和充满期待的,但是另一个困扰也来了,8个月的程程十分容易哭,这让初为人母的程程妈妈很着急,因为不知道她是哪里不舒服。是肚子饿了,需要吃东西?口渴了希望吃奶喝水?尿床了,皮肤有了潮湿的感觉?还是她生病了,不舒服?这些常常会搞得程程妈妈焦头烂额。后来程程妈妈请教有经验的妈妈才知道是小程程学"坏"了。其实婴儿最初哭的时候他自己并不知道是怎么回事,并且也只有哭才是向外界沟通的唯一渠道。但是通过哭,小程程得到了妈妈的帮助:可以喝奶喝水;可以让她抱抱自己、抚慰自己;可以表达自己不舒服了……她逐渐认识到妈妈是可以帮助自己的人,而哭就是自己和妈妈的联络信号。

身为老师的程程妈妈很讲究教育方法,在照顾孩子的过程中,她总把程程当作大孩子一样,不断告诉她这是什么那是什么。虽然出生8个月的程程还不会讲话,无法表达自己的欲望和需要,只能用哭来表示,但妈妈总会在喂奶、喝水、换尿布时告诉她"妈妈来了",这使程程逐步认识到妈妈和自己是两个人,而并不是一体的。她还在程程的小床上方挂了一些气球和充气玩具,有时候会把气球的线放在程程手中,小程程会盯着气球看,当她不小心挥动胳膊使气球抖动起来的时候,她就会"嘎嘎"地笑得特别开心,然后更加反复地去抖动小胳膊,使气球越动越大……

这就是一个小生命认识自己的过程,我们可以看到人并不是生来就认识自己的,甚至可以说我们用一生的时间都未必能完成这一课题。在古希腊的奥林匹斯山上,有一座特尔斐神殿,神殿里面有一块石碑,上面写着"人,认识你自己"。宙斯众神觉得人类没有真正认识自己,就派了一个"狮身人面"的怪兽斯芬克斯来到人间,她整天守在行人必经的路上,重复让众人回答一个问题:"什么动物早上用四条腿走路,中午用两条腿走路,晚上用三条腿走路。"如果行人能够答对谜底,她就放他过去,否则就把他吃掉。这样,一天一天过去,没有人答出来,所以众多行人都成了她的口中之物。终于有一天,一个叫俄狄浦斯的年轻人来到她面前,说出了这个神奇动物的谜底:"人。"斯芬克斯听到这个回答后就跳崖自杀了。这就是著名的"斯芬克斯之谜"的故事。众神们希望人类能够真正认识自己,向人类提出质疑,也给人类设置了一个"狮身人面"的怪兽作障碍,当俄狄浦斯回答出谜底时,我们也就真正了解了人类自我成长、发展、衰老的过程,克服了成长中的一大障碍,所以吃人的斯芬克斯死了,她的使命完成了。这个故事虽然只是个传说,却揭示了认识自己的重要性。

第一节 自我意识概述

金庸的《射雕英雄传》中有一个情节给很多人留下了深刻的印象。在华山论剑之后,当黄蓉愚弄发了疯已经不知道自己是谁的欧阳锋的时候,郭靖竟然也跟着欧阳锋一起自言自语:"我是谁?"也许在有些人看来,这一段描写只不过是郭靖傻小子继续冒傻气的噱头而已,跟桃

斯芬克斯之谜是人类永恒的话题
http://www.tuytx.com/photos/10309/

谷六仙式的搞笑没有什么区别。但真正读懂了金庸的人会发现,金庸在这里塑造了一个大智若愚的真正的英雄,他超越了武侠小说仅供读者消遣的作用,提出了严肃的人生思考。古往今来,曾经有多少仁人志士探求过这一问题,而他们的答案也最终促成了他们的成功。

一、什么是自我意识

在成人世界的眼中"我"太平常、太普通,可以说我们每天使用,我们无时无刻不在使用,以至于我们把它当作理所当然了。然而在人类的意识中,最基本、最主要的形式就是关于"我"的概念,即自我意识,而我们可能穷尽一生都难懂一个"我"。

第三章 自我意识

> **自我意识**是人对自己身心状态及对自己同客观世界的关系的意识,包括认识自己的生理状况,比如身高、体重、形态等;认识自己的心理特征,比如对自己思维、情感、意志等心理活动的认识;以及自己与他人的关系的认识,比如自己与周围人相处的关系,自己在集体中的位置和作用等。

自我意识有两种分类方式:一种是根据自我意识定义中所涉及的自我意识的三方面内容,划分为生理(物质)自我、心理(精神)自我和社会自我;另一种是根据自我意识的客观现实状态把它区别为现实自我和理想自我。

三分法	二分法
1. 生理(物质)自我:指个体对自我躯体、性别、体形、容貌、年龄、健康状况等生理特质的意识。 2. 社会自我:宏观方面是个体对隶属于某一时代、国家、民族、阶级、阶层的意识;微观方面是对在群体中的地位、名望、受人尊敬、接纳的程度,拥有的家庭、亲友及其经济、政治地位的意识。 3. 心理(精神)自我:个体对自己智能、兴趣、爱好、气质、性格等方面心理特点的意识。	1. 现实自我:个体对自己受环境熏陶炼铸,在与环境相互作用中表现出的综合的现实状况和实际行为的意识。 2. 理想自我:指个体经由理想或为满足内心需要而在意念中建立起来的有关自己的理想化形象。

动物有自我意识吗?

美国心理学家戈登·盖勒普设计了镜子实验来测试动物的自我意识:让动物照镜子,看看它们是否知道镜中的影像属于自己。他把一面镜子搁在一群黑猩猩里头,让它们熟悉了十天。之后在麻醉的状态下在动物的眉嵴上涂上一道无味的红颜料,如果不照镜子是看不到这道红色的。结果,黑猩猩会从镜子中发现自己头上有这道红色,并用手指去碰它,再把手指拿到鼻子下好奇地闻一闻。有的黑猩猩还能借助镜子剔牙,甚至好奇地探寻它平时看不到的身体部位。因为猩猩是看不见自己的,它的行为表明它是知道镜子里那个个体是它自己。戈登·盖勒普的这个实验成为一种探察自我意识存在与否的标准,也为我们打开了解黑猩猩心智的窗口。

后来,人们又发现这种"自我意识"并不是人和类人猿的专利。几年前海豚也通过了这个镜子测试。虽然它们没有手可以触摸,但是会对着镜子游动、摆姿势,探究身上被涂上的红色符号。其他的聪明动物,例如猴子、象和鹦鹉,则没有这个本事。

二、自我意识的结构

自我意识包含了自我认识、自我体验、自我意志三个层次,也像意识一样表现为知、情、意的统一。自我认识主要解决"我是一个什么样的人"的问题;自我体验则主要涉及"对自己是否满意"、"能否悦纳自己"的问题;自我意志则是要解决"如何有效地调控自己"、"如何改变现状,使自己成为一个理想的人"的问题,三者紧密联系相辅相成。

1. 自我认识

自我认识是自我意识最基础的部分,决定自我体验的主导心境以及自我意志的主要内容。俗话说,"人贵在有自知之明",认识自己最难,因为在日常生活中,人既不可能每时每刻去反省自己,也不可能总把自己放在局外人的地位来观察自己。正因如此,个体便借助外界信息来认识自己。所以,个体在认识自我时很容易受到外界信息的暗示,从而出现自我认知的偏差。

这段描述适合你吗
——巴纳姆效应

"你很需要别人喜欢并尊重你。你有自我批判的倾向。你有许多可以成为你优势的能力没有发挥出来,同时你也有一些缺点,不过你一般可以克服它们。你与异性交往有些困难,尽管外表上显得很从容,其实你内心焦急不安。你有时怀疑自己所做的决定或所做的事是否正确。你喜欢生活有些变化,厌恶被人限制。你以自己能独立思考而自豪,别人的建议如果没有充分的证据你不会接受。你认为在别人面前过于坦率地表露自己是不明智的。你有时外向、亲切、好交际,而有时则内向、谨慎、沉默。你的有些抱负往往很不现实。"

这可以说是一顶套在谁头上都合适的帽子,但是当时参与实验的绝大多数大学生认为这段话将自己刻画得细致入微、准确至极。一位名叫巴纳姆的著名杂技师在评价自己的表演时说,他之所以很受欢迎是因为节目中包含了每个人都喜欢的成分,所以他使得"每一分钟都有人上当受骗"。人们常常认为一种笼统的、一般性的人格描述十分准确地揭示了自己的特点,心理学上将这种现象称为"巴纳姆效应"。

巴纳姆效应在生活中十分普遍。就拿算命来说,很多人请教过算命先生后都认为算命先生说得"很准",其实,那些求助算命的人本身就有易受暗示的特点。当人的情绪处于低落、失意的时候,会对生活失去控制感和安全感。这样,心理的依赖性也大大增强,受暗示性就比平时更强了。加上算命先生善于揣摩人的内心感受,稍微能够理解求助者的感受,求助者立刻会感到一种精神安慰。算命先生接下来再说一段一般的、无关痛痒的话便会使求助者深信不疑。

2. 自我体验

自我体验是自我意识在情感方面的表现。自尊心、自信心是自我体验的具体内容。自尊心是指个体在社会比较过程中所获得的有关自我价值的积极的评价与体验。自信心是对自己的能力是否适合所承担的任务而产生的自我体验。自信心与自尊心都是与自我评价紧密联系在一起的。

3. 自我意志

自我意志是自我意识的意志成分。自我意志主要表现为个人对自己的行为、活动和态度的调控。它包括自我检查、自我监督、自我控制等。自我检查是主体在头脑中将自己的活动结果与活动目的加以比较、对照的过程。自我监督是一个人以其良心或内在的行为准则对自己的言行实行监督的过程。自我控制是主体对自身心理与行为的主动的掌握。

自我意识内容、结构分析表

自我意识	自我认识	自我情感	自我意志
生理(物质)自我	对自己身体、外貌、衣着、风度、家庭、所有物的认识	满意或不满意	追求身体的外表、物质欲望的满足,维护家庭利益等
社会自我	对自己在团体中的名望、地位、自己拥有的亲友及经济条件等的认识	满意或不满意	追求名誉地位,与他人竞争,争取得到他人的好感
心理(精神)自我	对自己的智力、性格、气质、兴趣等特点的认识	满意或不满意	追求信仰、注意行为符合社会规范,要求智慧与能力的发展

第二节 自我意识的重要内容

一、自我觉察

在任何时刻,一个人的注意力可能指向客观世界,也可能指向我们自己。其实很多时候我们的目光都是情不自禁投向自己的:我们会在意自己的穿着打扮是否合适,行为举止是否得体,甚至于在电梯的镜子里也会不自觉地打量自己;同时在强烈的情感冲击下,我们也会更关注自己的内心体验,如我是开心还是焦躁,从而夸大一种情绪的感受度。

> **自我觉察**:个体不把自己当作环境中行动的主体,而是作为被自己或他人所注意的客体。

自我觉察使人们依照标准来审视、评估自己,同时引导个体不断进行调整。在这过程中人们的注意从外部世界转向了内部自我,我们称之为自我关注。研究表明,儿童往往关注于外部世界,但随着由幼儿期向青年期的过渡,自我关注的程度也随之增长(Ullman,1987)。在成年期,个体在自我关注的程度上就出现了很大的差别(Dana,Lalwani & Duvall,1997)。

　　能够适当地进行自我关注是很重要的。Darwin(1871)就认为:当我们意识到应当控制自己的思想时就已经达到了道德文化的最高的可能阶段。自我觉察也有利于环境适应和人际发展,它会使人更集中精力想出解决问题的合理方法。但是频繁和牢固的自我关注可能也会带来麻烦。心理学家认为焦虑或抑郁的情绪能够使注意长期集中在自我上,从而影响个体在具体任务和社会情境中有效的自我监控行为(Baumeister,1990;Salovey,1992)。在面临失败时,抑郁的人会花更多的时间来关注自己。个体长期关注于自我,将焦点放在真实行为与理想状态之间的差距上,最终加强了消极的自我印象。这种抑郁的自我关注风格持续下去,只能加强原来的抑郁程度(Pyszczynski,Hamilton, et al. ,1989)。

排队等候时你关注什么?

　　似乎不可能有人喜欢排队等候进入电影院,或在邮局、银行等候服务。排队时你在想什么呢?是在想我周围的人是怎么看我呢还是在想我怎么这么倒霉每次来的时候都是这么多人;是在想我还要等多长时间还是在想我怎么这么烦躁这么焦虑;抑或是在想这个没有效率的办事员长得真不怎么样还是在想排在自己前面女士的裙子真漂亮……

　　其实排队时你的关注点有助于你决定可容忍此经历的程度。如果你关心的是自己以及别人是怎么看你,那么

> 这种体验就比你的注意力在别处的体验要负向得多,所以这时候既来之则安之,尽量想点别的。(Marquis & Filiatrault, 2000)

二、自尊

> **自尊**是我们对于自己所做出的评价,对自身价值的认可程度。

自尊通常是沿着从高级到低级、从正向到负向的等级来测量评定的。另一种探察自尊的思路就是找到现实自我和理想自我之间的差距。Pope & McHale(1988)认为自尊应该划分为知觉自我和理想自我两个维度。当知觉自我(即客观上认为自己是怎么样的)与理想自我(即希望自己是怎么样的)相一致时就会产生正向、积极的高自尊;而二者之间的差距越大就说明自尊越低、越消极。

自尊的高低和很多因素有关,比如民族、性别、经济水平、家庭教养方式等等。关注这些影响自尊的因素可以提高个体的自尊,使个体有一个健康、积极的自我评价。

别给黑人儿童的自尊留下黑色的印记

20世纪50年代,克拉克曾以5—7岁的119名美国北部黑人儿童和134名南部黑人儿童做被试,给他们一些黑种人洋娃娃和一些白种人洋娃娃,然后要求他们按照主试的指令行动:1. 给我一个你最喜欢的娃娃;2. 给我一个你认为最好看的娃娃;3. 给我一个你认为最不好看的娃娃;

4.给我一个颜色好看的娃娃;5.给我一个看起来像白种人的娃娃;6.给我一个看起来像黑种人的娃娃;7.给我一个看起来像你的娃娃。

结果发现,一半以上的黑人儿童偏爱白色的洋娃娃,大多数黑人儿童都对深色的洋娃娃持否定态度。我们可以看出在种族歧视条件下,黑人儿童从小就认为自己所属的种族低人一等,他们从小就产生一种种族自卑感,从而影响了他们的自尊。

20世纪70年代初,美国国会通过了反种族歧视法案,并通过大众传播媒介宣传有色人种的权利和美丽等。很可喜这种宣传产生了一定的影响,70年代以来多项研究表明,黑人学生的自尊已经和白人学生的自尊没有显著差异。这也说明人权运动对人的自我知觉产生影响,更说明人的心理活动随生活条件的改变而改变。

2009年6月25日迈克尔·杰克逊因心脏病突然发作去世,终年50岁。他的整容人生似乎也是种族留下的黑色印记。

反常行为影响自尊吗?

1970年,卡普勒姆(Kaplum)在美国得克萨斯州让300名吸毒者和300名非吸毒者做自我评定,从而比较有过反常行为的人和正常人的自尊与自我概念。结果发现吸毒者的

> 自我概念和自尊都比正常人要低。研究者解释说，有反常行为的人的自尊较低是因为他们觉察到自己正在做社会不赞许的行为，这种觉察导致消极的效果。在这之后，其他人的研究也证实了这一点：没有上瘾的吸毒者比起已经上瘾的吸毒者有更高的自我概念和自尊，也更能抵抗社会压力或诱惑。

三、自我效能

> **自我效能**：一个人对他自己完成某项工作、达到某一目标或克服阻碍的能力或胜任度的评价。

自我效能感是美国心理学家班杜拉于1977年首次提出的，是针对某些特定任务领域，并不是一个一般的个性特质。班杜拉认为，由于不同活动领域之间的差异性，所需要的能力、技能也千差万别。就像你想知道一个教练能不能统领好一个足球队，你就要看他在指挥足球队作战方面的自我效能感，而不能看他唱歌方面的自我效能感。

大量的研究结果显示自我效能感会决定人们的行为方式和情感体验。当面对挫折和困难时，那些拥有较高自我效能感的人，一般都会在脑海中勾勒出一幅成功者的剧情，他们会采取更加积极主动的行为方式积极应对问题；而低自我效能感的人头脑中往往会出现失败者的形象，而采用退避式的行为方式。在面临可能的危险、不幸、灾难等厌恶性情境条件时，自我效能感决定了个体的应激状态、焦虑反应和抑郁的程度等情感过程。高自我效能感的人，不会在应对环境事件之前忧虑不安，而低自我效能感的人则更容易被应激状态和焦虑反应所唤起。

　　基于自我效能感对行为结果、自身体验等方面的重要影响，目前对自我效能感的研究很受关注，主要应用在教育领域、职业选择和管理领域。

自我效能和儿童的学习成绩

　　1996年班杜拉和他的同事在罗马附近的一个社区召集了11—14岁共279名儿童进行一项研究，想要探究儿童以及他们父母的自我效能水平对他们学习成绩的影响。研究者让儿童和他们的父母回答他们对一些陈述的同意程度。对于儿童，这些陈述是有关他们对自己完成功课能力的信心以及他们对于自己改变周围的环境以促进学习能力的信念，后者例如，"当你在功课中遇到困难时你能很好地让你的老师帮助你吗？"对于父母，测量使用的问题主要是关于他们激励孩子学习兴趣和成绩表现的能力，例如"你能够在多大程度上帮助你的孩子努力学习他们的功课？"然后让这些儿童的老师提供孩子们在学习成绩上的评价。这个研究的结果证明了父母和儿童的自我效能水平能够相当程度地影响儿童的学习成绩。值得一提的是父母对孩子的激励有助于孩子获得好成绩。孩子的信念与学习成绩的关系也证明了研究假设：强的信念与高的自我学习成就相关。

四、自我控制

自我控制：个人对自身的心理和行为的主动掌握，是个体自觉地选择目标，在没有外界监督的情况下，适当地控制、调节自己的行为，抑制冲动，抵制诱惑，延迟满足，坚持不懈地保证目标实现的一种综合能力，表现在认知、情感、行为等方面。

儿童自控能力的研究一直是心理学家关注的焦点，因为自我控制力是儿童意志发展的基础，儿童期也是自我控制能力形成的关键期。自我控制力特别差的儿童过于任性、冲动，会影响人际关系和智能发展，造成性格偏异。

小孩子能抵抗糖果的诱惑吗？

20 世纪 70 年代，Walter Mischel 在美国斯坦福大学附属幼儿园基地内进行了著名的"延迟满足"实验。实验人员给每个 4 岁的孩子一颗好吃的软糖，并告诉孩子可以吃糖。但是如果马上吃掉的话，那么只能吃一颗软糖；如果等他回来再吃的话，就能吃到两颗。然后，实验人员离开，留下孩子和极具诱惑的软糖。实验人员通过单面镜对实验室中的幼儿进行观察，发现：有些孩子只等了一会儿就不

吃呢还是不吃呢？
http://baby.ay365.com/expertQA/cheeper_health/010910Y2008.html

耐烦了,迫不及待地吃掉了软糖,是"不等者";有些孩子却很有耐心,还想出各种办法拖延时间,比如闭上眼睛不看糖、或头枕双臂、或自言自语、或唱歌、讲故事……成功地转移了自己的注意力,顺利等待实验人员回来再吃软糖,是"延迟者"。

后来,研究人员对参加实验的孩子进行了长期的跟踪调查,发现:"不等者"在个性方面,更多地显示出孤僻、易固执、易受挫、优柔寡断的倾向;"延迟者"较多地成为适应性强、具有冒险精神、受人欢迎、自信、独立的少年。两者学业能力的测试结果也显示,"延迟者"比"不等者"在数学和语文成绩上平均高出 20 分。

延迟满足,就是我们平常所说的"忍耐"。为了追求更大的目标,获得更大的享受,可以克制自己的欲望,放弃眼前的诱惑。事实上,那些一时冲动犯罪的人,往往都是不能克制自己瞬间膨胀的欲望。相反,那些事业有成的人,往往能够把一个个小的欲望累积起来,成为不断激励自己前进的动力。

古语云"无规矩,不成方圆"。在我们的世界里其实没有绝对的自由,我们所追求的自由其实是一种可控的自由,而掌握一定的控制系统确实可以增强个体的健康和幸福(Deci & Ryan, 1987)。如果你是一位母亲,那么如果你不再按照自己的审美观点来要求儿子穿浅色的 T 恤或是那件深色的夹克衫,你就会渐渐发现孩子的自理能力增强了,而且更愿意亲近你;如果你是一名教师,那么当你不再用命令的口吻指挥学生的行为时,你会发现学生在学习和值日工作中变得更加主动,并且更加尊重你;如果你是一个工厂的领导,那么当你给工人一些完成任务的回旋余地、听取一些他们关于生产的建议,你会发现工人们士气大振,工作效率明显地提高了,这就是营造适度的自控空间给生活带来的变化!

第三节　自我意识的发生和发展

在我们生活的某个时候,当你俯视一个新生儿或是一个很小的孩子时,你很有可能会产生这样一个疑问:"这个孩子的脑子里装了些什么?""他是从什么时候开始意识到他自己的?"

已有研究表明小孩子先获得一个主观自我,然后是一个客观自我。(Lewis,1991;1999)在小孩子逐渐认识到他们与别的东西是分离的时候,他们已经获得了一种主观的自我,即主观的自我意识,这样小孩子可以使外部世界处于意识的监控下。当小孩子可以把他们的意识转向他们自己的时候——他们可以使他们自己成为他们意识分析的客体,小孩子就已经获得了一个客观自我,即客观的自我意识,这时候他们可以反映他们"知道他们知道"或"记得他们记住了"什么。

小孩子的自我意识可以分为三个发展阶段:物—我知觉分化、人—我知觉分化和有关自我词的掌握。

一、物—我知觉分化

- 新生儿最初并不知道自己身体的存在,就像小程程会玩自己的手指,把小手指当糖果一样吮吸,直到在吸手指过程中,不小心咬了一口感觉疼了,她才知道这个手指是"自己"的,和其他东西不一样,这时她就出现了物—我知觉分化,可以说,此时婴儿出现了主体(自我)感觉。

http://www.ouyoucai.com/oyoucai/youjiaoshow.asp?id=7

- 1岁末时,幼儿开始能将自己的动作和动作的对象区别开来,在感觉上,对自己的动作与动作对象或结果产生了分化。这个阶段的小孩子表现为对什么都好奇,都想动手尝试。因为他们发现推球球就会滚动;拉床单,床单就会挪位,床单上的小猫就被吓跑了。这是在物—我感觉分化基础上形成的对自己动作和与动作相联系的外物的分化知觉。

- 幼儿开始能将自己和自己的动作区分开来,出现最初的随意动作。幼儿开始知觉到他所做的动作是自己发动的,自己是活动的主体。这标志着儿童出现了最初的(相对于客体,尤其是物理性客体)主体意识。

二、人—我知觉分化

- 对人微笑。3个月的婴儿开始出现对他人的微笑,表明婴儿对他人刺激发生了反应,这是一种最初的人际相互作用反应。

- 从形象上区分他人和自己。婴儿认识他人的形象比认识自己的形象出现得更早。6个月以前的婴儿已能对不同的人做出不同的反应,例如从镜中认识父母的形象。直到幼儿能准确认识镜中或照片上的自我形象时就标志着儿童出现了最初的(相对于他人的)自我意识——自我知觉。

第三章 自我意识

镜子里的是谁呀?

幼儿什么时候会认识到镜中的影像是他们自己呢?研究者们请妈妈们在她们孩子的鼻子上点个红点,做标记的时候不要让孩子们知道,然后让孩子们照镜子。会发现,6个月大的婴儿会伸手够或摸镜子中的像。然而直到18个月大的时候,多数儿童才会摸自己鼻子上的红点(Bertenthal & Fischer, 1978)。很明显,直到这个年龄,孩子们才会想到镜子中的那个人是我——我鼻子上那个奇怪的红点是什么呢?

这是谁呀?
http://course33.gzedu.com/A1009/webcourse/page/0302-1.htm

即便在儿童能够通过鼻点测验的时候,他们也还没完全获得自我意识。儿童一定还要获得包含时间成分的客观自我的概念,由此他们能够把自己看作是过去、现在和将来的连续存在体。鼻点程序的一个变式使得研究者得以考察儿童自我的时间连续体的获得(Povinelli et al., 1996)。在这个研究中,被试为30—42个月大的儿童,在实验者偷偷将一个标签放在他们头发上的时候进行录像。然后给一些儿童放映他们自己头发上带着标签的实况录像:从中他们可以看到被插标签的时候他们在做什么及插标签的过程。另一半儿童观看延后3分钟的录像:内容是他们正在看他们自己头上插着标签进行活动的录像。实况组的儿童有2/3去伸手够标签,但在延后组只有1/3的个体这样做。事实上,只有到4岁左右,儿童才真正具有这种能力,即观看延后的有关他们活动的录像带并将其与标签联系起来。很明显,对儿童来说,从他们过去的表征——甚至是很近的过去——推理现在发生的事情是相当困难的。

三、有关自我词的掌握

- 1岁开始,幼儿开始能将自己同表示自己的词语(名字)联系起来。比如,叫他"宝宝"时,他知道是在叫他,接着也学会了使用自己的名字代表自己,称自己"宝宝",同时发展起对自己躯体的认识和对自己身体感觉的意识,比如"宝宝要吃苹果","宝宝的鼻子"等。这些是对自己的表象性认识。

- 2岁末幼儿开始能使用物主代词"我的",直到最后能使用人称代词"我"。在这过程中,需要抽象和概括能力,没有这种能力,自我意识就不可能出现。

因此,"我"的掌握在儿童自我意识的形成上是一个质的变化。儿童能把自己当作客体的人转变为把自己当作主体的人来认识,最终形成了自我意识,并由此出发,儿童进一步发展起自我评价,产生自我情感,到3岁时出现明显的自尊心和羞耻感。

性别认同:我是男孩还是女孩?

当一个小宝贝睁开眼睛打量这个陌生的世界时,她看到自己身上淡粉色或是嫩黄色的小衣服,看到小床边各种可爱的洋娃娃,听到有人喊一个温婉、柔美的名字……她绝对不会知道这是怎么回事,更不会知道自己是个女孩子!

当小家伙还什么都搞不清的时候,她已经被大人带入了一个女孩子的世界,大概要到两岁的时候她才会知道自己与幼儿园或邻居家的男孩子是有不同的,到了4—7岁的年龄段,她会开始理解性别是每一个人的基本属性,包括孩子们喜欢的宠物和卡通动物在内。在这之后她会在某种文化、教育背景下自然而然地学习怎样做一个女孩儿、女生和女人。(详细内容请见上一章"性别社会化")

性别认同障碍

现在我们会发现有些孩子的行为表现与他们的性别身份截然不同:比如一个身材高挑、皮肤白净的大男孩,说起话来细声细语,"嗯"声不断;走起路来,屁股左右摇摆幅度较大。

而我们也会在校园里看到那种若不是身上的校服,很难判断她是女生的孩子,她说话粗声粗气,举止大大咧咧,常率一群女生在校园里横冲直撞。"娘娘腔"、"假小子"成了这些孩子的代名词,他们在班集体中有的处于孤立状态——既被同性伙伴鄙视又被异性同学排斥,有的则深受同性伙伴的欢迎,但往往又免不了被标上"变态"的标签。而他们遇到的问题就是性别认同障碍。

1. 什么是性别认同障碍?

一个人的性别分为生理性别和心理性别。生理性别很容易理解,就是由性腺、染色体、激素等表现出来的性别。而心理性别也可以称为性身份,它指的是与性别有关的性格、气质、思想感情和行为。正常人的生理性别和心理性别应该是一致的,也就是说,认同自己的性别,并且在衣着、动作、气质等方面应该都符合自己的性别。少数人不能够做到这一点,出现了男孩向往成为窈窕淑女,女孩愿做英俊少年。这种自我意识的性别与生物学性别不一致的情况就是性别认同障碍。

2. 影响青少年性别认同障碍的因素：

在影响青少年性别认同障碍的因素中，幼年的成长环境起着很重要的作用。3—4岁的儿童以父母为模仿对象，如果父母"缺位"，就有可能出现性别角色混乱。

家庭模式对于孩子的性角色识别也起着重要的作用。在一个母亲歇斯底里而父亲性格软弱的家庭中，孩子最容易发生这种情况。

社会环境对某一性别角色认同也有评价和暗示作用。例如，社会上较普遍地存在重男轻女现象，这就形成了某些女孩的自卑心理。据统计，一百个男孩中只有一个想做女孩，而75%以上的女孩愿改性做男孩。此外，电影、电视中性角色的形象，也会对孩子产生影响，当孩子缺乏正确的情感倾向时，往往不加区别地模仿，以满足他们的好奇心。这就需要大人们及早地发现，并予以纠正。

总的来讲，儿童出现性别认同障碍，并不意味在成人后也会出现性别认同障碍，大部分有性别认同障碍的儿童到青春期发育时，都会恢复正常的性别角色。不过，也有少数儿童进入青春期以后，仍处于"性别焦虑"或角色困惑。此时，父母、老师对孩子的性别认同障碍应当引起重视，随时注意孩子的行为，及时找心理咨询师咨询，以帮助孩子克服困难，减轻或消除因行为异常受到的其他心理压力。

耿言梅：《性别认同障碍的质性研究》，http://www.dabuluo.com/xxdj/ShowArticle.asp? ArticleID=4284。

第四节 自我过程

自我意识是不断形成和发展的,我们每个人作为社会生活的积极参与者,都有着不同的目的,也追求着不同的目标,这些不同使我们每个人的自我意识也有所不同。比如,当一个人了解自己是男性,就会在社会生活中寻求支持男性自我观念的信息,并有意识地在社会生活中表现出男性行为。就像一对恋人晚上在路上遇到恐怖的声音时,男性就会挺身在前,让恋人躲在自己身后。

> **自我过程**:指影响自我意识形成、自我意识方向和目标的心理加工过程。包括自我评价、自我美化和自我表现。

一、自我评价

自我评价指个体在自我认知基础上对自身状况所作的肯定与否定的判断,以期获得真实的、可靠的有关个人特质的信息的过程。通常依赖自我估价和社会比较实现。

1. 自我估价

通过完成能提供有关自我能力或品质的准确信息的任务来检验自我观念的过程。有的时候我们会更乐于相信自己、相信事实。当我们无法确认自己是否有某方面才能的时候,最简单的方法就是直接去做它来检验自己的实力。比如在选择大学所修专业的时候你可能有两个比较喜欢的领域:心理学和生物学。你选择了前者作为自己的主修专业,但无法确定自己的选择是否合适,于是又选修了生物学的一些课程进行比较,从而为自己的专业兴趣进行全面评估。大学快毕业的时候,你无法确定自己是适合做心理咨询工作还是做与心理测量有关的工作,于是你决定再努力寻找两种不同性质的实习工作来分别尝试一下,以便为自己的职业倾向和事业发展方向做出正确的评价和规划。

2. 社会比较

通过将自己与他人比较以获取有关自我的重要信息的过程。费斯廷格(L. Festinger)社会比较理论认为,当个体需要认知自己但又缺乏判断的客观标准时,往往就会通过与自己地位、职业、年龄等相类似的人进行比较来认知自己。你怎样知道自己是出色的还是平庸的,你怎样知道自己是美丽脱俗的还是相貌丑陋的,你又是怎么确定自己是聪明的还是愚钝的,这些自我认知的信息往往都是从与周围人的比较中得出的。让你体会最为深刻的可能是:中学时代你总是一个出类拔萃的学生,有着强烈的学业成就感;然而当你考入一所著名的综合型大学,你突然感到自己如此渺小,强烈的自卑感让你对学业和周围的一切人、事感到厌烦,这就是我们常遇到的大学新生的心理适应问题。不同的环境背景下所做的比较显然也得出了截然不同的结论——那么,你是愿意做一条小池塘的大鱼还是更愿意做一条大池塘的小鱼呢?

二、自我美化

自我美化指个体用以避免自尊心受损或增加自尊感的过程和结果。自我美化的过程往往采用下面几种方式:

1. 选择性遗忘

该词源于弗洛伊德的记忆抑制学说,他认为人通常会遗忘自己不愿保留的记忆。当回忆的事件有损个体的自尊时,个体常常出现对回忆事件的选择性遗忘。

> ### 忘掉不愉快的
>
> 　　美国俄勒冈州的研究人员曾做过一项实验。他们让自愿参加实验的人做一种词汇搭配练习。练习时,研究人员向参加实验的人出示写着一对字词的卡片,如"折磨"和"蟑螂"。实验对象被要求忘记第二个令人不悦的词。过一段时间后,研究人员向实验对象再出示所有卡片上的第一个词,这应该能帮助后者回忆起第二个词。但是,实验结果显示,被试无论如何都记不得第二个词了。就算研究人员"悬赏",愿意给那些记住第二个词的人钱,还是没有人能得到"赏金"。负责这项研究的安德森博士认为实验结果可以帮助科学家们更进一步了解大脑如何抑制对不愉快的事件或关系的记忆。

2. 自我照顾归因

归因指行为与事件原因的推论。这种方法是通过强调个体对积极的合乎期望的好结果的作用,缩小对消极的不合乎期望的坏结果的责任来保护自尊。例如:考试结束时,成绩好的学生会把考试看作是对自己能力的有效检验,而考得差的学生则会把失败归因于试题难度和考场上的运气,而极少考虑是自己在复习功课时不够努力。司机们总是这样描述他们的事故:"不知从哪里钻出一辆车,撞了我一下就跑了";"我刚到十字路口,一个路障忽然弹起来挡住了我的视线,以至于我没看见别的车";"一个路人撞了我一下,就钻到我车轮下面去了。"(Toronto News, 1977)

3. 自我设障

人们有时会积极主动地预先设置障碍,为以后的失败找到理由,从而达到保护自尊的目的。

> ### 聪明药还是愚笨药呢
>
> 如果你在一项分段测试的第一阶段表现得非常好,那么第二阶段你必须服用一种药丸才可以继续测试,你有两种选择:一种会干扰你的智力活动,另一种会促进你的智力活动。你会选择哪一颗呢?看看伯格拉斯和琼斯(Berglas & Jone, 1978)的实验结果和你的选择是不是一致。
>
> 他邀请杜克大学的学生来参加实验。被试通过猜测答出了几道智力难题,然后研究者告诉他们:"你得到了目前为止最高的分数!"当被试还在为自己的好运感到难以置信时,主试给他们出了选药丸的难题。结果多数学生选择了干扰智力活动的那颗药丸——以便为不久可能出现的糟糕表现提供借口。

4. 向下的自我比较

当个体为了弄清自己在群体中的价值位置,而既定的自我价值目标落空时,向上的和与自己类似的人比较就可能大大挫伤个体的自尊心,这时人们常常会进行向下的社会比较,想象有些人的价值还不如自己呢。向下的社会比较可以避免自信心的降低和妒忌心的上升。

5. 有选择地接受反馈

当行为结果的评价性反馈有损于自尊时,个体便可能有选择地接受反馈信息。例如:当比赛失败时,可以这样归因:"这是一次不公平的竞争。"裁判的黑哨和不合理叫停直接导致了败局。这尤其适用于知名人士,当媒体、小报对其私生活进行大肆炒作时,大可一笑置之而有选择地接受那些有意义的评价信息。

6. 缺陷补偿

人们在充当社会角色时,不可能事事成功,当自我角色目标失败时,便可对相关的社会角色的重要性重新评价,以此进行自我定义,补偿自己的角色缺陷。例如:一个恋爱不成功者可以这样认为:"工作对我来说比恋爱更重要。"缺陷补偿有助于个体度过困境,在困境中强调自我的"优势"有助于增强自信心。

三、自我表现

自我表现是指个体通过自己社会行为的显示以形成、维持、加强或澄清他人对自己印象的过程。在多数情况下,个体的公开形象和自我的实际情况是相当一致的,个体一般都希望别人了解一个"真实的自己",力图通过自我表现给人留下一个与自己真实情况相一致的公开形象我们称之为真实性的自我表现。

另一种自我表现的形式称为策略性自我表现:在某些情况下,自我表现是出于策略性的考虑,努力去形成或控制他人对自己的知觉印象,称之为自我监控。自我监控是一种能根据周围的情境线索对自己进行的自我观察、自我控制和自我调节的能力。Snyder(1974,1976,1987)对高、低水平的自我监控者做了进一步的解释:高自我监控者对其行为的情境和人际适应线索特别关注和敏感,而且可以使用这些线索监控其言语、非言语的表达性行为和自我表现;而低自我监控者则恰恰相反,他们很少注意那些适合于情境的自我表现方面的信息,行为表现更多地受情绪、情感、态度、脾气禀性的制约,表现出的往往是真实的自我。

高自我监控者往往是社交中的高手,比如在公开竞赛中,他们会在公开场合大肆夸奖对手实力,而对自己实力只是轻描淡写,这不仅可以减轻自己竞赛的压力,而且又增加了自己的声誉。他们面对领导可能会更加顺从,对上级意见表现得尤为赞同。竞选者面对群众选民会穿着朴实、态度亲和,许愿、恭维以取悦选民。高自我监控者更容易适应新工作、角色和人际关系。但 Snyder 强调自我监控性作为一种独立的人格特质,是中性的,并无好坏之分。

高自我监控者可以根据交往情境、交往对象和交往目的的不同创造有利于自己的形象。但这只不过是人际交往的辅助手段,我们更应该关注的还是交往的真诚性。

午后红茶

小女孩有大烦恼

如果说到一个 17 岁的女孩你会想到什么?可能有人会说"好羡慕呀!"、"人生最美的年龄,生命像花一样刚刚开始绽放。""活泼、开朗,充满阳光的笑容!""很有生机,笑声甜美。"……

那么我们一起看看这个女孩子:17 岁的她因为厌食、消瘦、毛发脱落、闭经 9 个月而住院。入院前 9 个月她参加学校舞蹈队,自认为肥胖影响体型而主动节制饮食。她先是不吃主食及肉类,以后只吃蔬菜及零食,还常食后刺激咽部把吃下的东西全部呕吐出来,体重由 48 kg 降至 38 kg,父母劝阻无效,她仍觉太胖,常以大量饮水及几块饼干充饥,逐渐出现进食后腹胀、恶心、厌食、食量减少,且停经,阴毛、腋毛及头发脱落、怕冷、便秘,而她的情绪很不稳定,常易生气,情感抑郁,身体极虚弱,消瘦明显,多次出现轻生念头。(病例来源:http://www.zgygw.com/Health/165/2008-06/641961.shtml)

看到这样如花的生命就这样枯萎了,我们不禁惋惜。年老的人可能会说"现在的女孩子为什么都要瘦瘦瘦,瘦有什么好看的?!健康才最美啊!"而我们也确实发现这个我们以前觉得非常陌生的名词"厌食症"现在不断在电视、报纸、网络上出现。

2007年11月20日,法国马赛,27岁的伊莎贝尔·卡罗(Isabelle Caro)身高有1.65米,体重却只有30公斤左右。伊莎贝尔·卡罗是一名喜剧演员,她15年前就患上厌食症。今年9月24日,在米兰时装周登场的同时,一幅以伊莎贝尔·卡罗为主角的拒绝厌食症标题的广告牌在意大利各地林立,同时也在当地各大媒体曝光,触目惊心的广告引发相当大的争议。(案例来源:http://luxury.pclady.com.cn/hotnews/0810/331232.html)

目前厌食症的病因尚不明确。大多数的专家认为,该病的发生是多种因素作用的结果:

1. 社会心理因素:13岁以后,是性的生理及性的心理发展最快的阶段。对于性心理发育尚不成熟的女孩,对自身的第二性征发育和日益丰腴的体形缺乏足够的心理准备,容易产生恐惧不安,羞怯感,有强烈的愿望要使自己的体形保持或恢复到发育前的"苗条"。

2. 社会文化因素:社会的压力可严重地影响个人的观念及行为。现代社会中以身材苗条作为有能力、高雅、有吸引力的标志,使体重偏低受到人们的青睐。

3. 其他社会学因素:在多数对神经性厌食症的患病率调查中发现,该病患者多来自于社会地位偏高或经济较富裕的家庭;城市人群的患病率高于农村人群;在城市中,私立学校的女生患病率高于普通学校。

4. 个体的易感素质:常有争强好胜、做事尽善尽美、喜欢追求表扬、自我中心、神经质;而另一方面又常表现出不成熟、不稳定、多疑敏感,对家庭过分依赖,内向、害羞等(病因解释:百度百科http://baike.baidu.com/view/258126.htm)。

虽然厌食症还不是一种特别普遍的病症,但是我们可以发现很多女孩子都有不健康的体像意识。她们认为越瘦越漂亮,而她们自己也在尽量保持甚至减肥以获得"好身材"。而以上厌食症的原因也似乎适用于这些"爱美女孩"。

体像是用来描述与个体对自己躯体知觉有关的现象的总称,也是自我意识的一部分。近年来,随着人们对减肥问题研究的深入,研究者发现,由于人们很看重自己的体像并且不满自己的体像,使得减肥盛行。Cash(1986)在一项研究中发现,82%的男性与93%的女性很注意自己的外表。女性更容易对自己的体像不满,85%的女性认为自己应该减肥,而只有40%的男性认为自己胖,甚至有45%的男性希望自己更胖一些。Thompson(1991)发现,青少年对自己体像的要求更高,他通过让青少年选择与评价他们想象的、实际的与社会认可的几种体像,证明大部分青少年对自己的体像不满。

十几岁的年龄是人生中最美的年龄,其中最美的表现就是悦纳自己、欣赏自己、爱自己,不要节食而错过了那么多的美味;不要觉得自己胖而整天低着头;不要把大把的时间花在体重秤上,多去晒晒太阳,运动运动……

第四章　社会认知

程程、小涛、小野三个小家伙从小一起长大，关系好得不得了，每天就像连体婴一样玩在一起，吃饭前被家长一个个连哄带骗地弄回家，吃完饭马上就像小燕子一样全飞走了，晚上再彼此依依不舍地各回各家。这不，三家人决定让他们在一个小学就读，这样三个家庭轮流接送也省了很多人力物力，两全其美。

这周都是由程程妈妈负责接送三个小家伙。下班时因为临时有个学生有事情，所以当程程妈妈赶到时三个小家伙已经在校门口等待了。程程最先看到妈妈，像一只快乐的小鸟一样飞过来："妈妈，妈妈！"然后窝在妈妈怀里撒娇说："妈妈今天迟到了。"这时小涛和小野也过来了，程程妈妈解释了为什么来迟了，就带着三个小家伙回家。

一路上，三个小家伙有说有笑，不停地说着班里的小朋友：什么瑶瑶很老实，很听话，上课从来不敢说话，总是直直地坐在座位上；毛毛特别马虎,每周的美术课都忘带画笔,上次还把作业落在家里被王老师批评了;洋洋特别勇敢,今天把手弄破了竟然面不改色,大家佩服得不得了……程程妈妈听着他们的评论觉得很可爱,原来在孩子的世界里也会对周围人有这样那样的评价了。这时程程转过脸对妈妈说:"妈妈我和你说,我们今天来了一个新老师,我可喜欢她了。她长得好漂亮呀,还穿着白色的裙子,像个公主一样!"小野对程程的评价颇不以为然:"你们女孩子就爱美,我就觉得她不像一个老师,你看看阿姨,还有我们其他老师都不是她那个样子的,她今天在讲台上都脸红了。"小涛听了他们俩的争辩后说:"我也觉得她不像老师,我们的老师都是穿得像阿姨一样,才没有人穿公主裙呢,老师们上课时都很严肃的,我们根本不敢大声说话。"程程也不示弱:"那我就觉得她好,她多漂亮,像姐姐一样!""姐姐又不是老师!老师才不是那个样子的呢!"两个男生一起攻击程程,程程妈妈马上充当和事老:"好了,好了,孩子们不要吵了,新来的老师因为刚刚来,还没有经验,我们以后看看她的表现再评价她好不好?但是你们上课还是要遵守纪律,听老师的话,做个听话的好孩子好不好?"三个小家伙很听程程妈妈的话,都点头称是,然后又聊他们喜欢的动画片去了。

晚上程程妈妈收拾好东西躺在床上看书,她突然想起带三个孩子回来时的事情。原来这么小的孩子就已经开始用他们的方式看待周围的人了,他们会通过别人的行为表现、外貌、穿着来评价一个人,他们甚至有关于"老师是什么样子"的模式,尽管他们评价一个人还很不全面,但是成人何尝不是这样呢?仔细想想自己似乎也觉得老师就应该穿得庄重一些,最好就是职业装,不要太时尚、太花哨;站在讲台上就应该有为人师表的样子,不能让学生产生不信任、怀疑的感觉;对学生笑的时候是一种母亲式的笑容,温暖贴心;对学生严厉的时候,要让他们害怕,下次不再犯同样的错误……似乎自己这么多年来也把自己从那个胆小的女生锻炼成了"老师",当年也会有很多人说自己不像老师吧。其实有很多"不像老师"的人现实就是老师啊,只是我们似乎习惯了用一个模式去看待一类人……

不论是在大人还是孩子的世界里,我们都不同程度地在和周围人交往,而出于安全感的需要,我们必须要认识、把握对方的心理状态及其特征,以便对他人做出准确的判断,从而我们会产生喜欢或者不喜欢,愿意或者不愿意与之交往,亲近还是远离等等的感觉。同时我们在这个过程中,还在不断调整自己的认知和表现,以便给别人留下好印象,使自己受欢迎。为此我们就必须广泛地去搜集关于他人及自己的信息,并对信息进行整理、判断和解释,这就是我们要一同探讨的社会认知的问题。

第一节 社会认知概述

一、什么是社会认知

> **社会认知**:指个体对他人的心理状态、行为动机和意向做出推测与判断的过程。它是依据认知者的过去经验及对有关线索的分析而进行的,是认知者、被认知者和情境等因素交互作用的复杂过程。

在人际交往中,我们面对陌生人时,往往是首先观察他的相貌、衣着、姿态、言谈以及他对我们的态度,并根据我们以往的经验,来判断这个陌生人属于哪一类人,而我们会根据这样的判断决定对他采取怎样的交往方式。

然而由于在对他人的社会行为进行推测与判断时,往往会根据自身的经验与体会来认识他人当时潜在的心理状态,因此这种推测与判断往往会发生偏差,造成错误与偏见,正所谓以己度人,特别是当情况非常复杂时,判断他人的情绪状态和行为动机就更容易出错了。

用自己的眼光看待别人的幸福

英国思想家罗素盛夏时来到中国四川,和陪同者坐着那种两人抬的竹轿上峨眉山。山路陡峭险峻,几位轿夫累得大汗淋漓。罗素想,轿夫们一定痛恨这些坐轿的人。中途休息时,罗素下轿想去宽慰一下辛苦的轿夫们。但他看到轿夫们坐在一起有说有笑,丝毫没有怪怨天气和坐轿的人,还饶有趣味给罗素出了一道智力题:"你能用11画,写出两个中国人的名字吗?"罗素承认不能。轿夫笑呵呵地说:"王一,王二。"罗素因此得出了一个著名的人生观点:用自以为是的眼光看待别人的幸福是错误的。(选自《读者》2006年第15期,作者:马志国)

二、社会认知的途径

社会认知往往通过对他人的言谈举止、仪表神情以及行为习惯等的观察和了解进行,这些也就构成了社会认知的基本途径。

第四章 社会认知

1. 面部表情

两千多年以前,罗马雄辩家西塞罗曾说:"脸是灵魂之像。"我们可以通过人类的表情来阅读他的感受和情绪。从很早的时代起,人类面部就能清晰表达六种不同的基本情绪:愤怒、恐惧、快乐、悲哀、惊奇和厌恶(Izard, 1991; Rozin, Lowery & Ebert, 1994)。

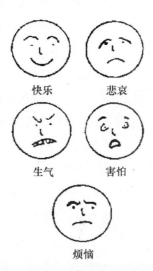

艾克曼等人(Ekman et al., 1969)就曾比较不同国家和地区的人们根据面部表情做出情绪判断的情况。他们首先在白种人和新几内亚人中作比较,那些新几内亚被试从未见过白种人,也没读过任何杂志或看到过影像。研究者先把三种面部表情照片给他们看,一种是悲哀,一种是发怒,一种是惊讶。看完照片后,给那些新几内亚人听故事,故事内容有悲哀的、发怒的和惊讶的。每个故事讲完要求他们配上与故事内容相适应的照片。结果发现,虽然他们没有见过白种人,但是在辨别面部标签方面与白人是一致的。

2. 目光接触

如果你在和别人谈话时,对方戴着黑色或反光太阳镜,你会有什么感觉呢?会觉得不舒服,不确定他的反应,这是因为眼睛也是表达感情一个非常重要的线索,正所谓"眼睛是心灵的窗户"。在电影中我们就常常从一对男女目光接触开始来描写恋爱。接触表示感兴趣,中断表示不感兴趣。与人谈话时,缺少目光接触会让人觉得你对他不感兴趣。但是,当一个人向他人传达坏消息时,可能避免目光接触。当人们觉得自己处于困境时,也不希望成为注视的焦点。有时候长时间的目光接触可用作威胁的手段。

3. 身体语言

高兴时手舞足蹈,悲痛时捶胸顿足,成功时趾高气扬,失败时垂头丧气,紧张时坐立不安,献媚时卑躬屈膝,这些都是我们通过身体语言来阅读他人的心理活动。

不同的身体倾向和姿势表达着不同的情感状态。Aronoff、Woike 和 Hyman(1992)的研究就证实了这一点。他们从传统的芭蕾舞中区分出两种角色:一组扮演危险的或具有威胁性的角色;一组扮演热心同情者的角色。Aronoff 和他的合作者们预测扮演危险的具有威胁性的角色将展示更多的对角线状的姿势,而热心同情者将展示更多的圆滑的姿势;结果充分证实了这个假设。

除了姿态动作,人的手势也在传达着各种认知信息。但是需要注意的是在不同的文化中,同一手势所代表的含义可能截然不同。如竖起大拇指在许多文化中是表示夸奖的意思,但在希腊却有侮辱他人的意思。手势表情的确具有丰富的内涵,但隐蔽性也最小。弗洛伊德曾描述过手势表情:"凡人皆无法隐瞒私情,尽管他的嘴可以保持缄默,但他的手指却会多嘴多舌。"

握手与性格

在很多文化背景下,彼此认识时握手,见面时握手,分别时握手是非常常见的礼节,那么当两只手握在一起时我们能读出一些信息吗?让我们一起来看看 Chaplin 及其同事(2000)的研究结果。

他们首先训练四位心理系高年级学生在力度、紧握度、干燥程度、温度、活力、持续时间等几个维度上对握手进行评分。然后,研究者让这些评分者与大学生握手两次:他们刚进实验室来约见时一次,离开前第二次。在两次握手之间,被试要完成测量有关人格的外倾性、宜人性、认真性、经验开放性和表达性的问卷。此外评分者还要报告他们对每一个被试的第一印象。

结果显示握手与他们人格的几方面有较强的联系。特别是,被试的握手指数越高,他们越外倾,对经验越开放且较少害羞。另外,握手指数越高的女生越受人欢迎。同样,第一印象也与握手有联系:被试的握手指数越高,给评分者留下的印象越好。

4. 言语表情

言语表情是指人们说话时的语音、声调、节奏变化等,也是一种副语言现象,如言语中语音的高低、强弱、抑扬顿挫等。言语表情也能体现一个人的性格及其心理特征,因此,通过对人的言语表情的认知,也可以了解他人的内在心理活动。例如,人们惊恐时尖叫;悲哀时声调低沉,节奏缓慢;气愤时声高,节奏变快;爱慕时语调柔软且有节奏。

在日常生活中,我们甚至可以单凭声调判断说话者的性别、年龄甚至是情绪和性格特征等。有关专家曾做过如下实验:他们邀请九位不同年龄、职业和个性的人在广播电台作一次播音,事先告诉听众,电台将作一次"以声辨人"的实验,要求听众仔细倾听九个人的说话,然后根据他们的说话强调判断其年龄和职业。研究者统计了 2700 份完全填满的调查表,结果令人惊讶:判断的准确性是 80%。

5. 人际距离

一般而言,当某人对另一个人友善、亲密时,会选择较小的距离,而当人们希望让他人觉得自己友善时,则会选择较小的距离。因此可以从别人选择的距离来了解他对自己的态度。但是,也应该考虑到文化背景的因素。美国人与人交往时会选择较大的距离,而拉丁美洲和阿拉伯人则选择较小的距离。这样的距离有时候会使不同文化的人在交往中产生误会,比如当一名美国人和一名巴基斯坦人交往时,美国人可能会觉得对方过分亲热,而巴基斯坦人会觉得美国人冷漠。

第二节 影响社会认知的因素

如果在机场我们看到一位女士拨开众人向前冲你会怎么认为呢?会觉得这位女士很鲁莽、没有教养还是觉得她是赶飞机时间来不及了?拨开众人向前冲这件事本身是客观的,但是我们却可能产生不同的认知,这就是因为我们形成对认知对象的认知是我们自己的因素、认知对象因素和认知情境因素共同作用的结果。

一、认知者因素

1. 价值观念

个人如何评判社会事物在自己心目中的意义或重要性,直接受其价值观念影响。个体的人性观、宗教信仰不同对他人的认知角度也就不同。奥尔波特(Allport)等人做过一个实验,目的是检测各个背景不同的被试对理论、经济、艺术、宗教、社会和政治的兴趣。实验者将与这些领域有关的词汇呈现于被试面前,让他们识别。测验结果发现,不同的被试对这些词汇做出反应的敏感程度也不同;背景不同的被试由于对词汇价值的看法不同,识别能力显出很大差异。

2. 原有经验

原有经验是指个体在过去一定的基础上,已经形成某些概括对象特征的标准、原型,从而使认知判断更加简捷、明了。比如我们的原有经验认为内向的人就是不好交际,喜欢安静独处的;图书管理员就是带着厚重的眼睛,不苟言笑,做事仔细但为人刻板的;恋人就应该相依相偎,体贴支持,生死不离……

在服装设计师眼中这是一套设计考究的华服;在画家眼中这是一幅用色、构图精美的画卷;在考古学家眼中这是一个时代的缩影……

图片来源:http://bk.tx5.cc/doc-view-125.html

3. 情感状态

一个人的情感体验直接影响其认知活动的积极性。试想你刚刚收到一份成绩单——在一个重要考试中,你取得了比预期要好得多的成绩。你正满心欢喜,这时你的一个朋友介绍了另一个人与你认识,这个人貌不出众,你们也只交流了几句,那么你对这个人的第一印象会是怎样的呢?会受你当时的好心情影响吗?以往很多不同的研究都证明了这种影响是非常强烈的。

巴特利特(F. Bartlett)证明,应征入伍的人比未应征的人把军官的照片看得更可怕,并且还能指出哪位军官有较强的指挥能力。莫瑞(H. A. Murray)证实,处于恐惧状态下的人,对恐惧更为敏感。在一次实验中,他先让一些女孩做一种很吓人的游戏,再让她们和其他女孩一起判断一些面部照片。结果是做过游戏的女孩比没做过游戏的人把面部照片判定得更为可怕。情绪对认知的影响也体现在了很多招聘过程中,巴伦(Baron)的研究让被试去会见一些求职者。结果发现:当他们处于积极的情绪状态(如受到表扬或得到一个小小的奖励)时,他们会给求职者打较高的分数;而当他们处于消极情绪状态(如受了批评,建议没有被采纳)时,他们就会给求职者一个相对较低的分数。

日常生活中的许多现象也表明,情绪饱满的人,活动领域也比较开阔,往往消息灵通;而如果一个人情绪低落,则更容易把周围看得灰暗一片。

二、认知对象因素

1. 显著性

当一名教师走进拥挤的教室准备上课时,她会习惯性地环视教室,这时她首先就会注意到一个穿鲜亮的橙色运动衫的男生正在大口啃着面包,鲜亮颜色的衣服使他成了显著的信息,格外亮眼;同样的,当我们在图书

姚明的身高无疑让他抢占我们的视线。

馆看书、自习的时候,突然一个人的手机响起了很大的音乐,大家会不约而同地抬起头一起看向这个人……

在我们的认知过程中是什么因素决定了一个线索比另一个线索更显著呢?根据格式塔的客体知觉规律,亮度、声音强度、运动或新异程度是重要的客观条件(McSrthur & Post, 1977)。显著性不仅会招来个体知觉的注意,而且还容

易使突出的个体被认为在他所处的背景中具有更大影响力。比如坐在前排偶尔提问的同学比坐在后排与他提问频率相同的学生更容易被认为领导着谈话的进程。这些显著性的影响被 Taylor 和 Fiske(1978)形容为"头顶效应",因为它们是发生在相对较浅的层面,简单地指引着我们的注意。

2. 知名度

一个人知名度的大小也影响着别人对他的认知。一般说来,知名度高、社会评价积极的人,对认知者的心理有特殊的影响力。人们常常把这样的人先入为主地看成是有吸引力的人。

声望让他更高大

1968 年威尔森(Wilson)曾在澳大利亚做过一项实验研究。他首先将大学生被试随机分成 4 组,然后让原来的教员告诉他们将有一位新教师来上课。第一组被试得知新教师是来自剑桥大学的教授;第二组被试说得到的信息是此人是高级讲师;第三组被试被告知是讲师;而第四组被试则被告知来人是学生。课后,让被试估计这位教师的身高。从结果可见当来人被介绍是学生时,被试所做的身高估计的平均值是 178 cm,而被介绍是教授时是 183 cm,可见人的声望和地位甚至会影响别人对其身高的判断。

身份	平均身高(cm)
学生	177.8 cm
讲师	180.3 cm
高级讲师	181 cm
教授	183 cm

3. 自我表演

在多数情况下，认知对象并不是认知活动中完全被动的一方，而是"让"别人认知的一方。因此，认知对象的主观意图势必要影响他人对自己的判断。

按照戈夫曼(Goffman)的理论，每个人都在通过"表演"，即强调自己许多属性中的某些属性而隐瞒其他的属性，试图控制别人对自己的印象。这种办法有时很成功，使得不同的认知者对同一个人形成完全不同的印象，或者使同一个认知者在不同的时间和场合下对同一个人得出不一致的看法。比如，对同一个人，有人觉得他心胸开阔、热情大方，有人则认为他固执、沉静；有时使人感到深不可测，有时又使人觉得他诚挚、坦率。在这里，认知对象的自我表演对于认知者的作用是不可否认的。

三、认知情境因素

1. 空间距离

当你独自一人走在马路上，你会与身边的陌生人走得很近么？如果是和你最好的朋友走在一起，你又会和他保持很大的距离各走一边吗？这两个问题的答案看起来很明显，当然不会和陌生人走得很近，也不会离好友那么远除非是吵架了。但是从这种空间距离就能表现出人与人之间的亲近程度。霍尔(E. Hull)认为人际空间距离可分为四种：

分区	距离	表现
亲昵区	3—12 英寸	夫妇、恋人
个人区	12—36 英寸	朋友
社会区	4.5—8 英尺	熟人
公众区	8—100 英尺	陌生人；一般公开的正式交往

这些距离是人们在无意之中确定的,却能影响认知判断。同时空间距离也受其他一些因素的影响:(1)民族文化的因素。一般认为欧洲人喜欢保持远距离交往,而阿拉伯人和非洲人则喜欢保持近距离交往。(2)气质个性因素。多血质和胆汁质的人喜欢与人保持近距离交往,而黏液质和抑郁质的人则喜欢与人保持远距离交往;外向性格人喜欢与人保持远距离交往,而内向性格人可能更喜欢与人保持近距离交往。(3)性别因素。大多数男性喜欢与人保持远距离交往,而女性则会表现得更加亲密无间。

2. 背景参考

如果你经常在舞会上遇见某位同学,你是否会觉得他是个喜欢交际、娱乐的活跃分子?如果你经常在图书馆遇到他,你会不会认为他是个埋头苦学,喜欢安静读书的人?如果你经过篮球场时总能看到一个人,你又会不会觉得他是一个热爱运动、阳光活泼的人?

在认知活动中,对象所处的场合背景也常常成为判断的参考系统。巴克(K. Back)指出,对象周围的"环境"常常会引起我们对其一定行为的联想,从而影响我们的认知。人们往往以为,出现于特定环境背景下的人必然是从事某种行为的,他的个性特征也可以通过环境加以认定。

第三节 印象形成与印象管理

厮见毕归坐,细看形容,与众各别:两弯似蹙非蹙柳烟眉,一双似喜非喜含情目,态生两靥之愁,娇袭一身之病。泪光点点,娇喘微微。娴静时如娇花照水,行动处似弱柳扶风。心比比干多一窍,病如西子胜三分。

这是《红楼梦》中，宝玉初见黛玉时眼中的、心中的黛玉形象。只这一见，宝玉就觉得似曾相识，一见如故，心中顿生怜爱。如此美好的第一印象是怎样形成的？与此相对，为什么有些人初次见面就相看两厌。在这印象形成的过程中有哪些因素在起作用，又遵循了哪些认知的规律呢？

一、社会印象及其特点

> **社会印象**：指在社会知觉的基础上形成的一种社会心理现象，主要指人们利用各种可能的信息资料形成对他人的印象。需要指出的是社会印象并不像社会知觉那样主要集中在对认知对象外表的一些直觉和零散的记忆，它更主要的包括了对人的行为、人格及情绪特征的深层次的认识。

社会印象作为一种深层次的心理现象具有其自身的特点：间接性、综合性和固执性。

1. 间接性：社会知觉是以感官为基础，是主体的感官与社会刺激直接接触而产生的直观反应。而社会印象则是在社会知觉的基础上，对知觉到的社会刺激材料进行加工和制作，是发生过的客体在大脑中的成像。因而，社会印象是对客体间接成像的过程，即具有间接性。

2. 综合性：由于人的社会性表现很复杂，而我们感知出的社会品质又是很有限的，有些社会品质，比如勇敢、诚实等常常难以感觉得到，但我们在对他人形成社会印象时却会把种种社会品质综合在一起，而形成喜欢或厌恶，这中间靠的是估量。通过估量，我们会推论出其他未感知到的品质，由此形成对他人的综合的、复杂的整体印象。所以，社会印象不是社会知觉到的信息的相加之和，而是远远地超出其相加之和。

3．固执性：社会印象形成后，就不太容易发生变化，也不易被人说服而改变，实际上就形成了社会刻板印象。即指社会上对某一类事物产生一种比较固定的看法，一种概括而笼统的看法。

二、印象的形成

回想一下和你交往的人中，有没有人给你的印象是完美无缺的又是十恶不赦的；是诚实的又是虚伪的；是热情的又是冷酷的；是体谅人的又是虐待人的？你一定会回答怎么可能会有这样的人，那是因为我们倾向于将认知对象看成一个完整的、综合的形象。即使在获得关于一个人的信息资料有矛盾时，我们也通常会重新整理或歪曲信息资料，以消除或减少不一致性。

我们在与人交往时，从他的言谈举止，行事为人以及他人对他的评价中，可以得到许多关于他的信息资料，然后利用这些资料对这个人形成印象，并进一步表示自己对他的态度——喜欢或厌恶。在印象的形成过程中，以下几个因素产生了很大作用。

1．第一印象与首因效应

第一印象是指两个素不相识的陌生人第一次见面时所获得的印象。其主要是获得对方的表情、姿态、身材、仪表、年龄、服装等方面的印象。这种初次印象在对他人的认知中起着很大的作用，例如学校里新来的老师，单位里新来的同事，婚姻介绍所里初次见面的男女等。双方都想给对方留下深刻的印象，同时也力图使对方对自己获得好印象，以此作为认识的起点。

首因效应是指最先的印象对他人的社会知觉产生较强的影响。就像黛玉初次见面给宝玉留下了深刻而美好的印象，这种印象会左右宝玉以后一系列的行为。

心理学家洛钦斯（A. S. Lochins）是第一个对首因效应进行研究的学者，1957年他杜撰了两段文字作为实验材料，内容主要是写一个名叫吉姆的学生的生活片段，这两段文字的情况是相反的。一段内容把吉姆描写成一个热情而外向的人，另一段内容则把吉姆描写成一个冷淡而内向的人，两段文字的描写分别如下：

> "吉姆走出家门去买文具，路上碰到了两个朋友，就一起顺路走在铺满阳光的马路上，他们一边走一边聊天。到了文具店时，吉姆一个人走了进去。店里挤满了人，他一面排队等待，一面和一个熟人聊天。这时他看到前天晚上刚认识的一个女孩也走进了文具店，吉姆就主动地和那个女孩打了招呼。"

> "放学后，吉姆独自离开教室出了校门。他走在回家的马路上，阳光明媚，吉姆走在马路有树荫的一边。路过一家文具店时，吉姆就走了进去。店里挤满了学生，他注意到那儿有几张熟悉的面孔，但吉姆没有打搅他们，一个人安静地排队等待。这时他看到前天晚上刚认识的一个女孩也走进了文具店，吉姆好像没有看到一样，没和那个女孩打招呼。"

洛钦斯把这两段描写相反的材料整理成不同的四种组合，又把被试分为四组，让他们分别阅读其中一种组合，然后要求各组被试回答"吉姆是怎样一个人？"结果如下：

洛钦斯的实验条件及结果

组别	实验条件	友好评价(%)
1	先阅读热情外向材料,后阅读冷淡内向材料	78
2	先阅读冷淡内向材料,后阅读热情外向材料	18
3	只阅读热情、外向材料	95
4	只阅读冷淡、内向材料	3

从结果可看出,第一印象确实对我们认识他人并形成对他人的印象有着强烈的影响。但第一印象,由于时间短暂,只能认识他人的一个方面,双方第一印象所获得的材料通常是与外表有关,而外表有时会具有很大的欺骗性,使你觉得他(她)的其他方面也很好(或很坏)。因此,中国有句俗话说:"海水不可斗量,人不可貌相。"《三国演义》中凤雏庞统当初准备效力东吴,于是去面见孙权。孙权见到庞统相貌丑陋,心中先有几分不喜,又见他傲慢不羁,更觉不快。最后,这位广招人才的孙仲谋竟把与诸葛亮比肩齐名的奇才庞统拒于门外,尽管鲁肃苦言相劝,也无济于事。众所周知,礼节、相貌与才华决无必然联系。礼贤下士的孙权尚不能避免这种偏见,可见第一印象的影响之大。

2. 近因效应

如果有一个人一向是很温柔的,但突然有一天,她发怒了,还恶狠狠地对你说话,你是不是可能把她一向的温柔给忘掉?这就是近因效应的作用。近因效应指的是新得到的信息比以往所得到的信息更加强烈,会给我们留下更为深刻的印象,从而使我们"忘记"以往的信息,而凭新获得的信息对他人做出判断。

洛钦斯在其原有的实验基础上进行了变化,不再让被试连续阅读两份材料,而是在中间插入其他活动,如让被试做数学运算,或者做一个有关历史的演说。结果这一插入活动,不仅破坏了首因效应,而且增加了后半部分材料的作用。

由此可见,首因效应和近因效应都在人们的认知过程中起重要作用,只是两者起作用的条件不同。如果信息是连续被接受的,首因效应起作用;如果在接受第一个信息后,隔了较长时间或插入其他活动之后才接受第二个信息,则近因效应起主要作用。

也有一些人认为,在与陌生人交往时,首因效应会起较大的作用;而近因效应在个体感知熟人时,如果对方在行为上出现了某些新异的举动时,其作用会更明显。朋友之间的负性近因效应,大多产生于交往中遇到与愿望相违背、愿望不遂,或感到自己受屈、善意被误解时,其情绪多为激情状态,在这样的情况下,容易说出错话,做出错事,产生不良后果。因此,凡事在先,须加忍让,防止激化。待心平气和时,彼此再理论,明辨是非,更不可报复对方。

3. 个人好恶的估价

在形成对他人的印象时,个人好恶的估价是最重要的。C. E. 奥斯古德等人1957年采用语义差别法对好恶估价作了最早的研究。研究表明,好恶估价是印象形成的主要依据,一旦个体把某人放在喜欢或不喜欢的范围内,对这个人的其他认知就会归入相应范围。在一次会面时,一时的好坏印象可以扩大到所有情形中去,而且还会涉及一些无关的特征。

好恶评价中,对热情与冷淡的评价是形成他人印象的关键因素,热情与冷淡是好恶评估的中心性的品质。中心性品质和许多其他特性联系较多,而非中心性品质如礼貌、粗鲁和许多其他特性的联系较少。美国社会心理学家 S. E. 阿希1946年进行了一项经典性研究。研究者给一组被试一张描写人格特征的形容词表,表上列有七种品质:聪明、熟练、勤奋、热情、坚决、实干和谨慎。给另一组被试的形容词表中,同样列有七种品质,除了把热情换成冷淡外,其余的两表均相同。然后主试要求两组被试根据表上的形容词来描写一个人,并要他们表示最愿意具备哪几个品质。结果发现,两组的描写出现了实质性的差别。阿希进一步研究发现,用礼貌—粗鲁来代替热情—冷淡作为变量,两组的描写差别就很小,从而表明对热情、冷淡的评价是形成他人印象的关键因素。

4. 信息的先后顺序对印象形成的影响

研究者在一系列研究中得出了许多结论:当一种仅属中性的合意的信息资料与先前建立在很合意的信息基础上的评估联系在一起时,综合评价并不会增加,甚至还可能减少。例如,个体对某人本来持有十分肯定的评价,后来又得到关于某人比较肯定的信息,则个人对某人的评价不仅不会提高,还可能会下降;两种强消极否定品质比两种强消极否定品质加两种中度消极否定品质,会产生一种更加否定的评价。这当然是不言而喻的;同样,个体知道某人五种强积极肯定品质,比仅知道某人两种强积极肯定品质,会产生一种更加积极肯定的估价。

另外的一些研究表明,获得信息资料的先后顺序也会影响他人印象的形成。知道某人是"聪明的",这是一个积极肯定的品质,是符合个体意愿的,它会有助于以后获取的"热情"、"细心"等积极肯定的信息,然后综合为一个好印象;但不会对一个"冷淡"、"粗鲁"的人产生这种影响,形成好印象。信息资料的前后关系的作用与形成统一印象的趋势是密不可分的。好的品质相配,热情人在其他方面的品质也被看成是积极肯定的,于是就产生了一致的印象。由于先前获得的信息的影响,个体往往会歪曲后来获得的信息资料。

5. 消极否定的信息对印象形成的影响

对于积极肯定的信息和消极否定的信息,个体并不是同样对待的。两种信息资料相比,个体更注重消极否定的信息。B. H. 霍奇斯等1974年的研究表明,在其他方面都相同的情况下,一种消极否定的品质比积极肯定的品质对印象形成的影响更大。汉密尔顿等1972年的研究指出,与建立在积极肯定品质基础上的评价相比,个体更相信建立在消极否定品质基础上的评价。这些消极否定的品质似乎有一种"黑票"作用:不管一个人是否具备其他的任何品质,只要具备一种极端的消极否定品质,就会使人产生一种极端消极的坏印象,把对方好的品质也掩盖掉了。例如,当听到某位杰出的企业家是骗子时,不管还听到此人有什么其他品质,个体对他的评价都会变得很坏,从根本上加以否定。

三、印象管理

现实生活中,人们都很关心如何给他人留下一个好的印象,这也就是通俗意义上的印象管理。印象管理这一概念最早是由美国社会学家戈夫曼提出的。戈夫曼认为,社会和人生是一个大舞台,社会成员作为这个大舞台的表演者都十分关心自己如何在众多的观众(即参与互动的他人)面前塑造能被人接受的形象,于是戈夫曼将人们运用各种技巧和方法左右他人,以期在他人那里建立良好印象的过程称为印象管理。

印象管理的理论假设是人类都有被积极看待,避免被别人消极看待的渴望。印象管理可分为获得性印象管理策略和保护性印象管理策略。

1. 获得性印象管理策略——试图使别人积极看待自己的策略

讨好技术	指我们通过恭维、赞同别人的观点、怜悯以及展示同情来进行逢迎,以期获得别人对我们好感的行为。通常手段有:意见遵从;热情相助;抬举他人。讨好技术更应该说是一门艺术而不是不正当的手段。
自我宣传	希望被别人看作能力超强者。它是一个主动的过程,如果某位员工想让老板认可他的能力,他就不能仅仅满足于自己过去的成就,而需要采取积极主动的态度去说、去做。所以做一个成功的自我宣传者更加不容易。
威慑	威慑者通过树立一种令人畏惧的形象来获取社会权利和影响力。这种关系最可能出现在上下级关系中。
恳求	恳求者利用自己的弱点来影响他人,通过宣传自己的无能,恳求者试图激活一种强有力的社会准则——我们应该帮助那些需要帮助的人——来达到自己的目的。

2. 保护性印象管理策略——尽可能弱化自己的不足或避免使别人消极看待自己的防御性策略

借口辩解	借口是承认活动本身是错误的,但当事人否认他应当承担责任;辩解是当事人承诺对于活动的责任,但否认活动本身是错误的。过度地使用借口和辩解是存在一定危险的,它会造成一种你无法胜任类似事件或不尽责的形象。
事先申明	在危机情境出现之前,根据先期预计的情况而提出的借口。它能把威胁到自己形象的危机情境扼杀在萌芽中,使未来活动的意义发生改变,从而避免对自己的形象造成威胁。
自我设障	泰斯和鲍迈斯特(1990)认为"自我设障是指当结果的成败不确定时,个体在自己的工作过程中自行设置障碍,从而为随后的结果提供一个外部的解释理由"。它为人们提供了印象管理中的双重利益:如果他们成功了,成功的价值将会提高;如果他们失败了,所带来的消极影响将会减弱。
道歉	道歉,即承认自己应负的责任,并对自己的行径表示自责和悔恨,以期获得目标观众的宽恕。大多数人都不愿主动承认自己的错误并认为这么做会有损自己的形象,但事实上,有些情况下一个诚挚的道歉比千万句的辩解更能维护你的形象。

第四节 社会认知偏见

你会不会喜欢某个人,就认为他什么都好,十全十美,称心如意;而不喜欢一个人,就把他看得一无是处,一钱不值?你会不会认为北方人就是皮肤黝黑,粗犷豪迈,做事雷厉风行;南方人就是心思细腻,精致有礼,做事慢条斯理?其实这些都是社会认知偏见。

社会认知偏见就是指对于社会刺激的不正确的认识达到了固定化的程度。社会认知是个体对外来信息的加工过程,这个过程取决于每个个体先前的期待和判断时所采用的标准。由于个体的心理发展水平和实践经验不同,对外界信息的期待和采用标准的选择与简化也存在差异。另外,由于社会信息的复杂性,在某些情况下,个人依靠简化的直观推断往往导致偏差,逐渐形成偏见。

一、个人偏见

> **个人偏见**:指个人在人际交往过程中,对社会刺激形成了不正确的、固定化了的认识。

晕轮效应

我们常常会发现当我们认为某人具有某种特征时,往往就会对他的其他特征作相似的推断:如果认为一个人是"好"的,他在我们心中往往就会被一种"好"的光圈笼罩着,并被赋予一切好的品质;若认为一个人是"坏"的,他就被一种"坏"的光圈笼罩着,他所有的品质都会被认为是坏的。这就是晕轮效应的表现。

第四章 社会认知

> **晕轮效应**：也叫光环效应，指评价者对一个人多种特质的评价往往受其某一特质高分印象的影响而普遍偏高，就像一个发光物体对周围物体有照明作用一样。
>
> **扫帚星效应**：主要指评价者对一个人的多种特质的评价往往受某一特质低分印象的影响而普遍低。

明星的光环效应是最为显著的，这也成为追星一族盲目追星的显著表现。

图片来源：http://www.rise.com.cn/newsshow.asp?id=335

美国社会心理学家K.戴恩1972年的研究，为验证晕轮效应提供了很好的事实。他们给被试看一些人的照片，这些人看上去分别是有魅力的、无魅力的和中等的；然后，要求被试来评定这些人的一些特点，这些特点与有无魅力是无关的。结果发现，有魅力的人得到的评价最高，而无魅力的人得到的评价最低。

晕轮作用的研究结果（数值越高越好）

	照片上有无魅力	无魅力者	中等者	有魅力者
个人特点	人格的社会合意性	56.31	62.42	65.39
	婚姻状况	0.37	0.71	1.70
	职业状况	1.70	2.02	2.25
	做父母能力	3.91	4.55	3.54
	社会和职业上的幸福	5.28	6.34	6.37
	总的幸福	8.83	11.60	11.60
	结婚的可能性	1.52	1.82	2.17

漂亮和犯罪处罚

我们常常感叹漂亮有魅力的外表会给一个人无形中增加很多分,提供很多机会,那么在我们都认为公平的法律面前呢?虽然法律是公平的,但是运用法律的法官是有自己的认知和评判的,那么外貌在他们的"法眼"里会不会也"另类"了呢?

Sigall(1975)就曾进行了一个模拟陪审团的实验。他让被试组成一个模拟陪审团,然后向他们描述一件案子,案件分为偷窃案和欺诈案(偷窃案是与美色无关的,而欺诈案与美色有关),同时将被告的相片给模拟评审团的被试看。在实验中还有一个控制组,仅向被试描述每个人的罪状而不附相片。

罪名	平均判刑(年)		
	吸引人的	不吸引人的	控制组
欺诈	5.45	4.35	4.35
偷窃	2.80	5.20	5.10

从结果中我们可以看出,若一位漂亮的被告所犯的罪与外表吸引力无关时,他会被判较轻的处罚;而当所犯的罪直接与外表吸引力有关时则会被判重罪。

慈悲效应

人们在评价他人时往往有一种对他人的正性评价超过负性评价的倾向。许多实验研究表明,无论是不是熟悉的人,个体在估价他人时具有一种特殊的宽大倾向,因为对他人做出积极肯定的估价是愉快的事。另外,在缺少其他信息资料的情况下,认知者也会做出宽大的估价。当个体对于他人的印象发生变化时，只要不是属于重大的原则性的变化，总是对他人保持着宽大的估价。有些学者解释说，肯定评价就像"奖金"一样，用于别人身上就可以指望获得报偿。每个人都期待着得到他人的承认和接受，因而经常会设身处地考虑他人的意愿，放宽对待人的尺度。

投射作用

在认知他人的过程中，人们常常无意识地将自己的个性倾向推衍到他人身上，以此来解释他人的行为和心理，这种投射常常能敏感察觉他人细致入微的内心活动，所谓"将心比心"。特别是两个人的兴趣、态度、愿望、思想层次都很类似时，这种投射有时会很有效。但是由于每个人的个性是不同的，每个人所处的社会环境又千差万别，因而这种"以己度人"的认知方式，常会带来认知偏差。例如，自己喜欢热闹，往往会认为别人也喜欢热闹；自己好胜心强，则猜想他人也好强；自己爱在背后议论别人，就总以为别人在背后说自己坏话；极端自私的人处处会将他人的行为从自私的角度去解释；心地善良的人，也会处处从好的方面去解释他人的行为……

隐含人格理论

每个人在成长过程中，都发展了自己的人格理论——一套关乎个人各种特征是怎样相互适应的、未言明的假定，这种理论之所以是隐含的，是因为它很少以正式的词汇表述出来，甚至个人自己也并没意识到它的存在。伯曼（J. S. Berman）等人把这种理论又称作相关偏见。这种偏见为人们提供了一种方法：把认知到的各种特性有规则地联系起来。每个人都依照自己有关人格的假定，把他人的各种特性组织起来，成为一种总体形象。

例如,罗森伯格(S. Rosenberg)等人发现,大学生在形容他们所认识的人时,最经常使用的词是自我中心、聪明、友好、雄心勃勃、懒惰等等。那些被形容为很聪明的人,同时还可能被形容成是友好的,但很少被形容成自我中心的。在这里隐含人格理论起了作用:聪明和友好应当并列,而聪明和自我中心则无法构成一个整体形象。在实际认知过程中,刚刚看到对方具有某些特点,人们就依照自己固有的人格模式推测他人必然具备另一些特性。比如,发现对方交际广,便推断他口才好、讲义气、精力充沛、机敏、富有想象力等等。

刘海洋伤熊行为的发生缘于对熊的嗅觉进行验证。是什么阻挡了在他实施这种行为时不去思考此行为方式的正当性及可怕的社会后果?而社会认知上的自我中心观则是一个重要的原因。在这种认知结构下,个体往往只从本位或自我欲望去看事和行事。由于不能从他人或社会角度去分析问题,在进行某种社会行为时,也就不能或无法了解他人对此的真正态度,不能意识到或了解社会规范对此行为的评价,对社会规范的遵从难免不会发生问题。尽管他已处于青年晚期,却仍然没有学会从社会的角度来思考评判自己的行为,以致无法约束自己。其伤熊行为反映出他在社会认知上仍然没有超越儿童时期的"自我中心状态",其心理水平与社会角色极不一致。

二、社会偏见

在一定的历史条件下,人们的认知也可以形成社会偏见。社会偏见就是社会刻板印象,是指社会上对于某一类事物产生一种比较固定的看法,也是一种概括而笼统的看法。

人们常说,"物以类聚,人以群分"。这是有一定道理的,

第四章 社会认知

人们生活在同一条件下容易产生共同点，如果人们的社会生活、地理环境、经济条件、政治地位、文化水准等方面大致相同，就会具有很多共同点。

在日常生活中有些刻板印象与职业、地区、性别、年龄等方面有关。也就是说，职业、地区、性别、年龄等都可以成为各种刻板印象形成的基础。例如，一般认为老人总是弱不禁风的，工人都是豪爽的，等等。可以说，社会刻板印象普遍地存在于人们的意识之中。人们不仅对曾经接触过的人具有刻板印象，即使是从未见过面的人，也会根据间接的资料与信息产生刻板印象。例如，对不同国籍的外国人，尽管未经直接认识交往，但人们对于不同国家的公民，也会有一套比较固定的看法，比如人们认为：英国人有绅士风度，聪明，因循守旧，爱传统，保守；黑人爱好音乐，无忧无虑，迷信无知，懒惰；日本人聪明，勤劳，有进取心，机灵，狡猾……

性别刻板印象阻碍女性管理者晋升。
《第一财经日报》2008年5月30日

午后红茶

FBI九招识别谎言

在社会交往中，人们说谎或被谎言欺骗的次数之多令人震惊。甚至，美国麻省大学的一位心理学家费尔德曼研究称，每人平均每日最少说谎25次。当然，谎言有不同层次之分，有的谎言是出于善意，对此我们大可不必理会，但若是谎言出于欺骗和伤害，我们又如何知道自己是否被骗呢？

招数1：不提及自身及姓名

美国赫特福德郡大学的心理学家韦斯曼说：人们在说谎

时会自然地感到不舒服,他们会本能地把自己从他们所说的谎言中剔除出去。比如你问你的朋友他昨晚为什么不来参加定好的晚餐,他抱怨说他的汽车抛锚了,他不得不等着把它修好。说谎者会用"车坏了"代替"我的车坏了"。

招数2:反复问说谎者同一个问题

问一个人问题,然后等他们回答。问第二次,回答会保持不变。在第二次和第三次之间留一段空隙。在这期间,他们的身体会平静下来,他们会想"我已经蒙混过关了"。

在所有的生理反应消退后,身体放松成为正常状态。当你趁他们不注意再次问这个问题时,他们已经不在说谎的状态中了,他们不是恼羞成怒,就会倾向于坦白。如果一个人说:"我不是已经和你说过这件事了吗?"然后才勃然大怒,这多半是在欺骗。也可能对你说:"事情是这样的,我还是对你直说了吧。"

招数3:说谎时眼睛会向右上方看

说谎者从不看你的眼睛。实际上,欺骗者看你的时候,注意力太集中,他们的眼球开始干燥,这让他们更多地眨眼,这是个致命的信息泄露。

另外一个准确的测试是直接盯着某人眼睛的转动,人的眼球转动表明他们的大脑在工作。大部分人,当大脑正在"建筑"一个声音或图像时(换句话说,如果他们在撒谎),他们眼球的运动方向是右上方。如果人们在试图记起确实发生的事情,他们会向左上方看。这种"眼动"是一种反射动作,除非受过严格训练,否则是假装不来的。

招数4:说谎者从不忘记

在你的朋友身上试试,问他们两天前的晚上从离开办公室到上床,他们做了什么,他们在叙述过程中难免会犯几个错误。但是说谎者在陈述时是不会犯这样的错误的,因为他们已经在头脑的假定情景中把一切都想好了。他们绝不会说:"等一下,我说错了。"不过恰恰是在陈述时不愿承认自己有错暴露了他们。

招数5:声量和声调突变说谎者的声音还会不自觉地拔高

如果你问老公刚刚是谁打来的电话时,他突然开始像喜鹊一样说话,你得警惕了。说谎时音调升高往往是因为说谎者为了掩饰虚弱的内心。

招数6:真假笑说明一切

美国匹兹堡大学的心理学教授杰夫里·考恩说:"真正的微笑是均匀的,在面部的两边是对称的,它来得快,但消失得慢,它牵扯了从鼻子到嘴角的皱纹——以及你眼睛周围的笑纹。从另一方面说,伪装的笑容来得比较慢,而且有些轻微的不均衡,当一侧不是太真实时,另一侧想做出积极的反应。眼部肌肉没有被充分调动——这就是为什么电影中的'恶人'冰冷、恶毒的笑容永远到不了他的眼部。"

招数7:真实表情闪现时间极短

人维持一个正常的表情会有几秒钟,但是在"伪装的脸"上,真实的情感会在脸上停留极短的时间,所以你得小心观察。一个著名的轶事是,美国保密局提供的胶片中,比尔·克林顿说到莫尼卡·莱温斯基时,他的前额微微皱了一下,然后迅速恢复了平静。

招数8:说谎时鼻子会变大

你知道说谎时你的鼻子会变大吗?你的身体在说谎时的反应是多余的血液流到脸上。一些人整个面部都变红了。这还会使你的鼻子膨胀几毫米。当然,这通过肉眼是观察不到的,但是说谎者会觉得鼻子不舒服,不经意地触摸它——这是说谎的体现。

招数9:撒谎的人老爱触摸自己

撒谎的人老爱触摸自己,就像黑猩猩在压抑时会更多地梳妆打扮自己一样。心理学家奥惠亚等曾做过这样一项实验:指示被实验者用谎言回答面谈者的提问,并分别记录刚刚下达指示后、撒谎前、撒谎时、撒谎以后等各个时间段里的非语言型行为,与不说谎时的行为加以比较。刚刚接受指示后,被实验者撒谎的时候,回答变得更加简短,而且还伴有摆弄手指下意识地抚摸身体某一部位等细微的动作。人在撒谎的时候越是想掩饰自己的内心,越是会因为多种身体动作的变化而暴露无遗。

来源:http://blog.sina.com.cn/s/blog_5dbe9a6d0100bpnq.html。

第五章　社会态度

时间总是过得飞快，正如家长们常常感叹："有孩不愁长啊！"昨天似乎还是懵懂无知的婴孩，今天怎么就长大了呢？一转眼三个小家伙已经一起读了幼儿园、小学和初中了，他们之间的友谊和情感恐怕连他们自己都没办法形容。但是现在的小野恐怕就要和他们两个分开了。

中考结束，小野就知道自己考得不理想，去省重点应该没戏了，但是内心中还是报以一丝侥幸，因为他不想和他的两个好朋友分开，因为他不想在三个人中掉队，因为他听说不去省重点可能就上不了好大学了……

中考成绩出来了，幸运之神没有打瞌睡，而这个一向阳光、洒脱的大男孩好像第一次知道"愁滋味"，第一次没有了自信，第一次吃完饭不放他的 HIP-POP，而是静静的回房间，紧紧关上门。这可能是小野一生中经历的第一个真正意义上的挫折，这个挫折来得突然也用力过猛，小野突然不知道该怎么办了。难得安静的房间里，传来了敲门声,是野爸。"野爸"是三个孩子对小野爸爸的"爱称",因为他是小野的"死党"。"儿子,老爸我手痒痒了,陪老爸楼下过几招!快点,别磨蹭!"说罢就把小野从床上拉下来了。

  楼下的篮球场是野爸训练小野,带领三个小家伙无法无天的地方,这里不知道留下过多少欢笑。野爸是个运动健将,但是也不得不感叹岁月催人老啊,那个连球都抓不住的"小赖瓜"现在已经是球场上速度如风的帅小伙了。一场酣战结束后,两个人坐在旁边的草坪上,"老爸,你输喽!""谁说的?我们不是打四节嘛,我会赢下后三节!"野爸信心十足,然后起身:"我去买点水。""老爸,这不是还有半瓶呢嘛?"小野很疑惑地看着老爸。这时野爸停下脚步又坐回小野身边,手揽住小野的肩膀:"儿子,这就是老爸要和你说的,半杯水的故事我们都听过,但关键是我们自己遇到事情时能不能想到我还有'半瓶水',而不是想我怎么只有'半瓶水',事情往往就是这样摆在我们面前,但是我们不同的态度却让它有了不同的意义。儿子,你是个男子汉,这是老爸我一直和你强调的,男人是什么?就是得扛住所有责任和担子!一次考试算什么?你一辈子要经历多少考试,这一次考试的失利就能决定你一生的命运了?就能把你打垮了?在老爸心中我儿子是最棒的,球场上谁有我儿子潇洒威风,谁能像我儿子一样组一个全校风靡的乐队?小子,打起精神!你的人生在明天呢!"小野眼里含着泪,但是他不允许它掉下来,因为自己是男人!"老爸,走!看我怎么杀下你后三节!""臭小子,想得美,姜还是老的辣,看我怎么把你打得落花流水!"……

  球场上是父子俩拼抢的声音,留给我们的是父子情深的感动,但还有深深的感悟:在人生的航程中,每个人都会遇到狂风暴雨,或者更多的困难,但记得要以积极的态度去面对,这样才可能充满勇气扬起帆,绽开笑脸看清罗盘,朝着幸福的方向前进。

为什么有人看到花落会想到凋谢,而有人会想到果实;为什么有人看到飞鸟会想到劳碌,而有人会想到自由;为什么有人看到天黑会想到黑暗,而有人会想到黎明,这就是我们这章要一同走进的"社会态度"。

第一节 社会态度概述

态度是社会心理学的核心问题,正如心理史学家 Murphy 所言:"在社会心理学的全部领域中,也许没有一个概念所处的位置比态度更接近中心。"在过去的几十年中,心理学家对态度问题进行了深入而又细致的研究,得到了许多对生活有指导意义的结论。

一、态度的定义

早期最有影响的关于态度的定义是奥尔波特提出的:态度就是一种生理的和神经的准备状态,这种生理的和神经的准备状态通过经验组织起来,对个体的行为能够起动力性和指导性的作用。之后的五十多年,社会心理学家为态度下了各种各样的定义,卡根(Kagan,1980)综合各方面的定义提出态度的本质是一种有组织的、持久的信念和情感,并使个体以某种特定的方式发生行为倾向。

目前大多数社会心理学家认为态度是由认知、情感和意向三种成分组成。

成分	定义	作用
认知成分	个体对态度对象所具有的知觉、理解、信念和评价。	态度的基础与核心。决定了情感成分的性质和意向的指向。
情感成分	个体对态度对象所持有的一种情感体验,包括喜欢—厌恶;尊敬—轻视;热爱—仇恨;同情—冷漠等。	对态度有调节作用,当人的认知固定下来,演变为一种情绪体验时,它将会长期地支配人。
意向成分	个体对态度对象所持有的一种内在反应倾向,是个体做出行为反应之前所保持的一种准备状态。	具有外显性,制约了人们对于某一事物的行为方向,可以通过意向的测定来推测认知因素和情感因素。

但是态度并不是三个成分简单相加,而是它们的统合或者有机结合,它们是作为整体进行活动并发挥作用的。一般情况下,态度的知、情、意三种成分是协调一致的,但也有不协调的时候,当三者发生矛盾时,其中的情感因素起主要作用。生活中确实有这种情况,有些道理大家都懂得,但并不能真正转变一个人的态度,因为认识上的转变是容易的,要在思想情感上得到转变就比较困难,也很缓慢,就像我们常常说的:"道理是这样的,但是在情感上我就是无法接受。"

二、态度的特征

1. 社会性

任何人的态度都不是与生俱来的,而是后天习得的,是个体在长期的生活中,通过与他人的交往和相互作用,通过社会环境持续不断地影响而逐渐形成的。

2. 对象性

任何态度都是针对某一对象的,或一个人或一种事物,因此具有主体与客体的对应关系。平时我们谈到态度时,必然同时提起态度的对象,特别当对象是人时,态度可能会是双向的,并且态度主体和态度客体之间也可以相互转化。

3. 稳定性

态度一旦形成之后,将会持续较长时间而不会轻易地改变,有些态度甚至融合成为个体人格的一部分。态度的稳定性会在行为方式上表现出规律性,使同一个人对同一对象形成固定的反应倾向。态度的稳定性,并不意味着态度是一成不变的,特别是在态度发展的初期,在其三种要素的组织还没有固定化时,导入新经验、新知识,很容易引起态度的变化。

4. 内在性

态度是一种内在的心理历程,像其他心理现象如思维、想象一样,是无法直接观察的,虽然态度和行为有密切的关系,但行为本身并不等于态度,所以态度是一种内在的结构,人们只有从当事人的言行和表情中去间接地进行分析和推测。

5. 协调性

态度是由认知、情感和意向因素所组成的,三种因素相互结合、相互对应从而使态度的知、情、意三者有效地达到协调。但有时候,态度内部也会出现不一致的情况。研究发现,知、情、意三要素之间的相互关联程度不完全相同。情感与意向的相关程度高于认知与意向或情感与认知,当理智和情感两种因素发生矛盾时,情感因素往往会起到主导作用。

6. 系统性

对不同的环境、对象,一个人就会有不同的态度。一个人的所有态度合起来就称为态度丛,它是我们对这个人行为的判断标准。在态度丛中许多态度彼此互相联系,紧密相关,形成态度群。态度丛就是由这些彼此互相联系,构成种种特殊联系的态度群组成的,在每个态度群中,由于其中的各态度相互联系较为固定,所以人们可以从某人的一种态度推知另外一种态度。

三、态度的功能

1. 态度的认知功能

态度为个体的行为反应提供具体的信息。某一特定态度一旦形成,成为一定的心理结构,就会影响对后继刺激的接受,对于后继刺激所具有的价值能够发挥判断作用与理解作用。

哈斯托夫和坎特里尔,把普林斯顿和达得毛斯校足球赛录像分别放给两校学生,结果每校学生都会指责另外一个学校犯规多。显然这是两校学生为了维护各自学校荣誉的立场和期待本校队获胜的积极态度造成认知判断上的偏差。人有按照自己的框架,来含纳知识的爱好,当然它也有积极意义,可以让我们节省心理能量。

2. 态度的情绪功能

人们的某种态度决定了他的某种期望,某种目标,与其态度相一致的事物将会给他带来满足;与其态度相反的事物则能唤起失望感或不满足的情绪。

3. 态度的动机功能

态度具有动机作用,态度将驱使人们趋向或逃离某些事物。它规定了什么是偏爱的,什么是期望的,什么是渴求的,什么是想要避免的。态

孤独是一种态度,是自己划开与世界的界限。
http://teacher.yqedu.com.cn/tresearch/a/1920146543cid00048

度的动机功能主要有三方面:

（1）适应功能。指人的态度都是在适应环境中形成的,形成后起着更好地适应环境的作用。人是社会性的,生活中的一些人和群体对我们很重要,适当的态度将使我们从他们那里得到认同、赞赏、接受,从而学会对待不同的群体,使用不同的态度,更好地适应社会、应对社会。

（2）表现功能。态度可使主体摆脱内部矛盾或紧张,成为表现自己个性的工具。兰伯特(W. E. Lambert)在实验中对被试说:"据一报告认为,基督教的耐痛力不如犹太教",结果由于对信仰的态度使基督教被试增加了抗疼痛的能力。

（3）防御功能。态度可促使个体解决内部矛盾,超脱群体情境以保护自己。态度作为一种防御机制,能让人在受到贬抑时用来保护自己。比如,单位里要大家出主意,自己想不出来,人家的意见一出来就批驳,说都是些小儿科的想法。

第二节　社会态度与行为

如果一位朋友问你她新买的连衣裙怎么样时,你会如何回答呢？如果你觉得这条连衣裙并不适合她,你会如实说出来吗？也许你会,但为了避免伤害朋友的感情,为了不让她失望,你很可能会说这条裙子很漂亮,很适合她。

如果你很讨厌喝酒,但是在同学聚会上班长说"我先干了,你随意"时你会怎么办呢？也许你会说我不会喝酒,但为了班长的盛情,为了不让自己在整个聚会上显得格格不入,你很可能会随后一饮而尽……

在我们的生活中常常会有很多"身不由己",甚至很多时候是我们自己都没有注意到的"心想与言行不一"。最初,社会心理学家也是简单的假设态度是决定行为的,但是在随后的广泛研究中发现:社会态度与行为的关系是十分复杂的,有时甚至相互矛盾。

一、结论相互矛盾的研究

R. T. 拉皮尔(R. T. Lapiere,1934)做了一项著名的研究。他与一对中国留学生夫妇周游了整个美国,行程一万多英里,曾于66个旅店和184个饭店落脚。虽然当时美国特别歧视东方人,但他们在几乎所有的旅馆和饭店都没遭到拒绝。只有一家旅馆的老板对他们说:"我不接待日本人。"六个月后,拉皮尔给他们停留过的每一个地方都寄去了一份问卷,基本问题是:"你是否愿意在你们商店中把中国人作为顾客接待?"为了避免对方因接待过华人而生疑,又给其中一半餐、旅馆寄了第二种掩护性问卷,即在问卷中插入了是否愿意接待英国人、法国人等题目。同时给许多没有光顾过的餐、旅馆也寄了问卷,作为控制组。结果如下:

餐、旅馆	光顾过的		未光顾过的		光顾过的		未光顾过的	
总份数	47		32		81		96	
问卷种类	1	2	1	2	1	2	1	2
回答人数	22	25	20	12	43	38	51	45
不接待	20	23	19	11	40	35	47	41
视情况	1	2	1	1	2	3	3	3
接待	1	0	0	0	0	0	0	1

光顾过的,回收128份,回答不愿意接待中国人的占93.4%;回答愿意接待的只有一家。两种问卷差别很小;光顾过的和没有光顾过的,两组也没有显著性差异。这一研究结

果表明，人们的态度与其行为并不一致。

随后，又有学者也进行了有关研究。谢里夫的研究发现，参加某个特别组织的人，比如参加禁酒组织的人，他们不赞成喝酒，他们自己也不喝酒；他的另一项研究则发现，是否参加学生选举与是否赞成学生的政治活动有密切的关系。可见，谢里夫的研究表明，人的态度与人的行为是一致的。

R.敏纳特对煤矿工人做了系统的观察研究，发现白人工人对待黑人的反应在工作中与工作后具有有趣的差别。大约20%的白人无论在工作中还是在工作后，都摆脱了政治偏见，他们不管在哪里都能与黑人平等交往；另外20%的白人则无论在哪里都对黑人有偏见，保持距离。还有60%的白人在行为上表现出了明显的不一致，他们在工作中能与黑人平等地交往，但在生活中就与黑人保持一定的距离。

态度与行为有时一致，有时不一致，怎么解释这些相反的研究结果？又怎么看待态度与行为之间的关系呢？

二、态度如何影响行为

1. 来自态度自身的因素

（1）态度的稳定性

一个25岁的女性可能为保持身材而坚决不要孩子，并坚称要成为"丁克"一族，但是5年后的她可能正享受着为人之母的快乐。可见时间的推移会淡化态度与行为之间的关系，因为态度随时间发生变化，就会失去稳定性。而当人们的态度不稳定时，当前的态度比几个月或几年前的态度更有

"丁克"族：明天是否依然执著？
《无锡新周刊》2006年1月13日

预测性。在拉皮尔经典的实验中,六个月后他向各个旅店发放问卷时,也许回答者的真实态度确实较六个月前接待中国夫妇时发生了改变。所以测量态度和测量行为之间的时间间隔越长,它们之间的联系越少,这也是在进行社会态度研究时我们需要注意的方面。

(2)态度的重要性

当人们对某个问题的态度涉及了你的个人利益时,态度对你而言就格外重要,这时态度与行为往往是有高一致性的。

事不关己与切身利益

1978年密歇根州的一项投票议案,主张将法定的饮酒年龄从18岁提高到21岁。研究者就此电话访谈了一所大学的学生,问他们会不会参加一个反对此议案的活动,研究者认为21岁以下的学生在这个问题上有既得利益;而对于那些已满21岁的年轻人来说是不会受到此法规影响的。研究结果也证明了这一点:高既得利益组有47%的人都同意参加该活动,低既得利益组只有12%的人愿意参加。(Sivacek & Crano, 1982)

(3)态度的来源

当了家长的人常常会抱怨为什么孩子总是不听劝告,但他们忘了自己是孩子时也是不撞南墙不回头。这是因为直接经验形成的态度常常比通过间接获得的"二手"态度更能决定行为。所以不要抱怨为什么孩子不听劝告,因为实际体验过而形成的态度才是最坚定的。

亲身经历才深知慎行

20世纪70年代,康奈尔大学处于住房短缺期,一些新生亲身经历了住房短缺——他们不得不在宿舍休息室搭起简易的床。研究人员测量了学生对住房危机的态度以及他们对采取可能的行动的兴趣,比如说签名并散发请愿书,或是加入研究该问题的委员会。亲身经历了危机的学生其态度和行为之间的关系非常紧密;而对于只听朋友讲述或从校报上读到这一消息的学生,其行为和态度就不总是相关。(Regan & Fazio, 1977)

2. 来自态度对象的因素

有时你不能从态度本身的角度来探讨态度和行为的一致性,态度对象的具体特点也决定了你是否能保持言行一致。想想拉皮尔的实验:在当时的年代,美国人对中国人的整体印象是很糟糕的,所以在态度调查中他们拒绝接收中国人;然而当一对衣着讲究、行为大方体面的中国夫妇出现在他们面前时,他们却欣然接收了。Lord 的研究也关注到了这一点,他考察了普林斯顿大学的男生对同性恋的态度。之后向学生具体描绘了一个叫"约翰"的人,此人正考虑转入该学校。在介绍约翰的时候,研究者要么把他描绘成一个典型的同性恋形象,要么描绘成一个不那么像同性恋的人。被试对约翰的行为倾向如何呢?他们愿意带他参观校园,把他介绍给自己的朋友,或周末让他去自己家里玩吗?如果约翰很像一个同性恋的话,被试帮助他的倾向与他们对同性恋的一般倾向更一致;如果约翰不像一个同性恋的话,被试表达的助人倾向与他们对同性恋的一半态度之间的关系就没那么密切了(Blessum, Lord & Sia, 1998)。这里存在着一个刻板效应的问题,人们对某个社会群体的态度更能预测他们对群体典型成员表现出的行为,而对该群体的非典型成员,人们表现的行为不一定一致。

3. 来自情境的因素

我们往往不愿意与不喜欢的人坐在一起。但某个人若作长途旅行时,发现只有一个座位空着,旁边坐了个他不喜欢的人,他还是会在空位上坐下来的。在一个浪漫的西餐厅,你与心仪的人初次约会,当你发现呈上来的食物并非你所点的或者已不新鲜时,你并没去与服务人员理论,因为你担心破坏了这美好的气氛,或被约会的对象认为你过于挑剔。所以在服务生问你"先生,对食物满意吗?"你回答"谢谢,一切都好。"面对情境的压力使你背叛了自己的真实态度。情境对态度的影响之大,甚至决定了你在不同的场合对同一对象的态度都是不同的。在上面提到的敏纳特对煤矿工人的研究中,矿工在井下时会平等地对待黑人矿工,而在外面的世界相遇时,却会把他们看成是下等人,这种差异正反映了由情境决定的多重态度。(McConnell, Leibold & Sherman, 1997)。

4. 来自自我的因素

内在自我意识高的人较为关注自身的行为标准,因此用他们的态度预测行为有较高的效度;而公众自我意识高的人比较关注外在的行为标准,所以难以用他们的态度对其行为加以预测。

> **公众自我让我违心?**
>
> 研究开始时,研究者测量了大学生对体罚的态度,然后从这些被试中挑选出那些对体罚持反对态度并且认为其他人也会反对的人,这样操作是为了保证这些是内在自我意识较强的人(认为别人的看法和自己一致)。几个星期以后,让这些人当中对他人表现出消极态度的大学生电击他人,实验类似于 Milgram 电击实验,以被试选择的平均电击强度作为因变量。
>
> 实验设置了三种情形,第一种条件下在被试面前放了一面镜子(内在自我情境,放镜子是为了提高他们的自我认同);第二种条件下在被试的面前有少量的观众,实验过程中这些观众把被试评定为有效的"老师"(公众自我情景);第三组为控制组,既没有镜子,也没有观众评价。结果显示,内在自我组比控制组实施电击强度低,而公众自我组比控制组实施更高的电击。(Froming, 1982)

第三节 态度的形成与改变

小的时候,你会因为老师奖励给你的一朵小红花而喜欢上学,也可能因为老师的一句批评而讨厌上学。幼年的孩子,会模仿很多家长的态度;而青春期的孩子会模仿同龄人的态度,这就涉及态度的形成与转变。

一、社会态度形成和转变的理论

1. 态度形成的三阶段理论

H. C. 凯尔曼（H. C. Kelman, 1958）提出了态度形成过程要经历三个阶段，即服从、同化和内化。

阶段	定义	特征
服从	为了获得物质与精神的报酬或避免惩罚而采取的表面上的行为。	行为是一时性的，仅限于在可能获得物资、金钱，被他人承认、赞扬等社会报酬下，也限于在避免批评、罚款、处分等精神与金钱的惩罚下，才服从于某一行为。
同化	不是被迫而是自愿地接受他人的观点、信念，使自己的态度与他人的要求相一致。	同化阶段已不同于服从阶段，它不是在外界压力下才形成或转变，而是出于自愿。同化能否顺利实现，他人或群体的吸引力很重要。
内化	真正从内心深处相信并接受他人的观点而彻底地转变自己的态度。	态度只有到了内化阶段才是稳固的，内化在态度形成过程的三个阶段中是最持久，也是最难转化的。

态度的形成从服从到同化到内化是一个复杂的过程，但并不是所有的人对所有事物的态度都会完成这个过程。有人对一些事物的态度可能完成了整个过程，但对另一些事物可能只停留在服从或同化阶段。有人即使到了同化阶段，还要经过多次反复，才有可能进入内化阶段，也可能一直停滞在同化阶段徘徊不前。所以，要形成人们的牢固的态度是十分艰巨的。

2. 海德的平衡理论

海德认为，我们的认知对象包括世上的各种人、事物和概念，这些对象有的各自分离，有的则联成一体被我们认知，海德将联成一体的两个对象间的关系称为单元关系，个体对单元两个对象的态度通常是一个方向的。如,你喜欢张三,则对他的朋友也有好感。这时,个体对单元内两个对象的认知和评价一致,其认知体系也就呈平衡状态。反之,当评价不一致时就会产生不平衡状态,这种状态将引起不快和紧张,个体会设法解除。比如,你喜欢张三,但却不喜欢其衣着方式,在这种情况下你相应的会在心理上产生不快与紧张,解除方法有二,一是喜欢张三的衣着方式;二是不喜欢张三。显然这个解除紧张的过程也就是人们态度转变的过程。

下面我们用图来表示一下平衡与不平衡。其中 P 代表个体,O、X 代表态度对象,+、- 分别代表肯定关系(喜欢)与否定关系(不喜欢),平衡与不平衡是有规律的,当三角形三边符号相乘为正,则是平衡结构;为负,则为不平衡结构,如下图。海德虽然也是从认知角度探讨态度变化,但他更强调个体的某种态度需要他人有关态度的影响,即重视人际关系对态度变化的影响,故平衡理论又称为人际关系理论。

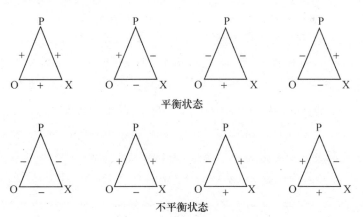

3. 费斯汀格(1959)的认知失调理论

费斯汀格认为,认知因素之间有些是独立的,有些是相互关系的。有相互关系的认知因素之间有的呈协调关系,有的呈不协调关系。当人们的认知体系呈协调关系时,就会设法保持这种关系,避免接触与已有认知因素矛盾的信息。当人们的认知体系不协调时,就会设法减轻或解除这种不协调的关系。

香烟让我欢喜让我忧

我们常常会听到吸烟的人抱怨自己的困扰,一方面自己烟瘾很重,难以抵挡香烟的诱惑;另一方面吸烟有害健康,自己常常咳嗽,害怕是不是得了肺癌了。那么如何才能解除这种困扰呢?

方法一:改变某一认知元素,使之与其他认知元素趋于协调。

例如,A——我喜欢抽烟,B——抽烟容易患癌症,是不协调的。一个人可以改变A为我不喜欢抽烟,或改变B为抽烟容易患癌症是不足信的,从而可以达到协调的状态。

方法二:增加新的认知元素,改变认知不协调的状况。

例如上例中的A与B不协调,可以增加新的认知元素C——世界上抽烟而长寿者很多,或认知元素D——抽烟可减轻精神紧张,有利于心理健康等,可使不协调程度大大降低。

方法三:强调某一认知元素的重要性。

如上例中,可强调A,认为抽烟使我快乐,这是最重要的,不必管以后会不会患癌症;也可强调B,认为自己的健康最重要,为此可以少抽烟甚至戒掉。

费斯汀格曾设计了一个实验研究认知不协调现象。实验把被试划分为实验组和控制组。在实验中他们让被试做一项很无聊的工作：在工作台有几排圆孔，每个孔上有一颗钉子，被试的任务是向右旋转钉子90度，然后再转下一颗钉子，转完第一排再转第二排，不断重复，直到把所有钉子转好。任务完成后告诉被试说，实验的目的是要研究期望对作业的影响，所以要求被试告诉后面的被试（假被试）实验所要做的事情很有趣。做完前面所讲这些事情后，实验组中有一半被试得到了1美元，另一半得到了20美元。控制组的被试不要求告诉别人此项工作很有趣。实验后要被试填一份问卷，看他们对实验中转钉子工作真正喜欢的程度（从-5到+5），实验结果如下。

实验条件	对工作的喜欢程度
1美元报酬组	+1.35
20美元报酬组	-0.05
控制组	-0.45

实验结果表明1美元被试组态度改变最大，研究者认为原因在于得到1美元的被试心理上产生了高度的认知不协调。为了1美元而撒谎这个理由不充分，所以只有先说服自己实验是有趣的才能告诉别人这个实验是有趣的，而20美元可以成为说谎的较充足理由，认知失调小，态度改变也就小。

自由选择与认知失调

研究者让大学生写一篇文章，支持禁止有反社会倾向的人在校园发表言论。实际上正在州议会讨论的这项法案遭到了大部分人的反对。实验采用2×2（报酬×选择）的因子式设计：报酬有0.5美元和2.5美元；选择分为有选择和无选择。在有选择的情况下，向被试强调他们有拒绝文章的自由；在无选择的情况下，没有提到被试有拒绝的权利，只是让他们写这样的文章。结果正如认知失调理论所预期的，在有自由选择时，报酬为 0.5 美元的被试发生了最大的态度改变，而报酬为 2.5 美元的一组则没有发生态度改变。在没有选择情况下，认知失调理论不适用，但符合行为主义的强化原理：行为的结果受到的强化越大，人们对行为的态度也越积极。(Linder, 1967)

决策后失调

人们在任何一个决策做出之后均会产生失调，这种失调叫做决策后失调，它可以通过改变对最终选择的评估来减少。Brehm(1965)用实验证明了这种现象。在实验中他先让女性被试看八种东西，如闹钟、收音机、电热水瓶等，然后请她们写出对每件东西的喜欢程度。接着再从其中拿两样东西让那个被试看，并向她们说她们可以拿走其中任何一件她们所想要的，最后再请她们对每件产品重新评定一次。结果发现，在第二次评定时，被试强烈倾向于增加对她所选的物品的评估，而降低对放弃物品的评估。

情境	所选物品	放弃物品	失调降低总数
高失调	+0.32	-0.53	+0.85
低失调	+0.25	-0.12	+0.37
无失调	0.00	无	0.00

注：表中高失调是指对两件物品最初评定很接近，低失调指两件物品最初评定差别很大，无失调是指没有选择权。

二、态度转变的途径——说服

说服可以通过面对面交谈、参观访问、看电视、电影等方式来改变人们的偏见及某些信念,从而改变其态度。每个人都有无数次被人说服和说服别人的经历,回想一下那些以态度转变为目的的说服行为,在多大程度上会取得成功,又是什么因素导致了它的失败。

1. 沟通者

沟通者的权威性:一位德高望重的长辈,或是在某一领域中的专家向我们提供的信息总是更让人相信。

对沟通者的喜欢程度:沟通者的某些方面(如外表)有吸引力的说服者比吸引力低的说服者更能说服别人

明星的光环让我们信赖产品

(Hovland & Wreiss,1951)。这就是为什么广告中常出现漂亮的明星面孔的原因了。

2. 沟通过程

沟通过程是将信息内容以最易被他人接收的方式传递出去的过程,在这一过程中一个明智的说服者应该注意的方面是:

(1) 尽量真实地反映事实

过分夸大会使人产生怀疑与不信任,过分缩小则引起人们充分重视。有人将同一型号的汽车作了两则广告,一则广告说:"这种四门的内把手太偏右了一点,用起来不顺手,但除此之外,其他方面都很好。"另一则广告中没有这一条,全都讲优点。结果顾客都相信前一则广告,这也说明了实事求是地介绍优缺点能获得人们的信任,从而容易接受宣传的内容而转变其态度。

（2）唤起听众强烈的情感体验

人们态度的改变和心情是有密切关系的。在态度的改变过程中心理学家发现存在一种"好心情效应"，即当信息与好心情联系在一起的时候，它们会具有更强的说服力。同时，宣传也可以通过唤起人们内心的恐惧感或焦虑感等来达到目的。

越恐惧越容易改变态度吗？

琼斯在实验中设置了两个实验组，一是引起高度恐惧组，另一是引起中等程度恐惧组。给高度恐惧组被试看一部彩色科教片，电影介绍一个抽烟厉害的人生了肺癌而接受手术的过程，让被试看到患者被打开了的胸腔中糜烂的肺；中等程度恐惧组被试看这一电影时，上述镜头已被剪去，被试只看到患者肺部 X 光片及医生的口头介绍。然后比较两组被试对抽烟态度改变的情况，结果是前者态度改变的人数少于后者，比例是 36.4% 与 68.8%。

由上述实验我们可以看出恐怖的宣传由低等到中等程度时，其态度的变化也逐渐增大；但恐怖宣传一旦过强之后，情况将会适得其反，或是回避信息的摄取，或是持抗拒态度。所以在引起人们情绪体验的同时还要注意情绪唤起的程度以免使说服对象产生抵触行为。如果需要人们立即采取行动转变态度的话，则宣传应该能引起较强烈的恐惧心理，使这种恐惧心理转化为一种动机力量，以激发人们迅速改变；如果要求过一段时间改变态度，则不要过分强调危险，因为恐惧心理会随时间的推移而逐渐消失，但人们理智上却是清楚的，而且会逐渐占上风，认识到应该重视它，转变原来的态度。

(3) 有区别性地进行说服

当人们和说服者所提倡的方向保持一致时，并且他们在这方面的知识经验不足时，单方面宣传比较合适。但是当听众与说服者的观点不一致，而且人们早已具备比较充分的知识经验而且习惯于思考和比较时，双方面宣传可以给他们提供更多信息，以权衡利弊得失。所以宣传说服必须有的放矢，不能千篇一律。

(4) 有步骤地进行说服

要求人们转变态度时，应该分阶段逐步提出要求，不要急于求成。如果要求过高，不但难以改变原先的态度，反而会使人更加坚持原来的立场，持对立情绪。实验社会心理学研究表明，要转变一个人的态度就必须了解他原来的态度，然后再估计一下两者的差距是否过于悬殊。若差距过大，则不宜操之过急，以免会发生反作用；而逐步提出要求，不断缩小差距，才能使人们接受。

登门槛效应

"登门槛效应"是指先提出一个较小的要求，当被接受后再提出更大的请求，从而达到改变人们初始态度的目的。弗里德曼做过对比实验。以家庭主妇为被试，向一组被试先提出一项要求，要求在她家门口挂一块牌子，待家庭主妇同意了这一要求之后又提出另一项要求，即要求在她家院子里竖一个架子。向另一组被试同时提出上述两项要求。结果表明，最初提出较小要求，后来再提出进一步要求这种方法比一开始就提出两项要求，更容易使别人接受而转变态度。

门面效应

"门面效应"是指先提出一个难度较大的任务再实现一个中等难度的任务,以达到改变态度的目的。查尔迪尼等(R. B. Cialdini, J. E. Vincent, S. K. Lewiset al., 1975)进行了有关"门面效应"的研究。研究者要求大学生花两年时间担任一个少年管教所的义务辅导员,这是一件费神的工作,几乎所有的大学生都谢绝了。他们接着提出了一个小的要求,让大学生带领少年们去动物园玩一次,结果50%的人接受了此要求,而当实验者直接向大学生提出这个要求时,只有16.7%的人同意。那些拒绝了第一个大要求的学生认为这样做可能会损害自己富有同情心、乐于助人的形象。为恢复他们的利他形象,便欣然接受第二个要求。

既然从大处着手的"门面效应"和从小处着手的"登门槛效应"都可以让人接受,那在生活中应该采取哪种方式呢?堪(Cann)、瑟曼(Sherman)和艾克斯在同一个实验中试验了"拒绝"和"接受"哪一个更好。被试被随机分组,他们或者先拒绝一个大的问题,或者先接受一个小的要求。堪(Cann)等变化了原来的要求和后来中等要求的间隔时间。在一些实验中,在第一要求提出后马上提出中等的要求,而在另一些实验中,隔了七天才提出中等的要求。结果表明,如果立即提出中等的要求,两种方法都能够让被试更好地服从(拒绝的方式稍好);在隔七天以后,讨价还价的拒绝方式效果就不好了。

（5）通过行为改变态度

态度会对行为产生影响，同样态度自身也会受到行为的影响。比如对待一个懒惰、不爱运动的人的最好方法，就是把他拉到操场上转几圈。

> **角色扮演**
>
> 让一个反对父母的青少年扮演父母的角色，他可能会更好地理解父母的态度，也可能被自己扮演父母时表达的态度所说服，这样，反对的态度就发生了改变。角色扮演对精神分析有很大作用。凯理曾要求病人在一段时间内，扮演其他人的性格而不是自己的性格。比如他可能让一个失望的人扮演一个极其高兴的人，令人吃惊的是，病人这样做竟然没有困难，并显著地改变了态度。

在解决种族偏见的问题中，同样可以发现行为对态度的影响。1937年史密斯曾做过一个实验，他利用两周时间安排研究所的白人学生到哈列姆黑人区，与闻名的黑人编辑、外科医生、诗人、画家等见面，听黑人小说家的演说，参加黑人学生的茶会、黑人企业家的午餐会等。结果显示46人中有44名学生对黑人的态度显然比实验前较为友善，且一年后此态度仍保持不变。

（6）利用群体规范进行说服

二战时期，由于食品短缺，美国政府希望能说服家庭主妇购买一向不大受欢迎的动物内脏做菜。勒温把主妇分为六组，每组13到17人。其中三组接受讲解与劝说，即让口齿伶俐的人对这三组主妇进行劝说，演讲者告知主妇们这些食品如何美味，营养如何丰富，吃这种食品对国家贡献如何大等,每位主妇还得到一本烹调内脏的食谱。另三个组采取群体规定,即这部分主妇被简单告知,在特殊时期规定大家要用动物内脏做菜。一周后进行检查,结果发现,讲解组仅有3%的主妇改变了态度,用动物内脏给家人烹调饭菜,而进行群体规定的三组家庭主妇,有32%的人改变了态度,用动物内脏给家人烹调饭菜。群体规定之所以可以有效地改变人们的态度,是因为个人对所属群体具有认同感,希望同团体保持密切的关系,因此乐意接纳团体规范。

午后红茶

广告有效说服策略

广告策略的实质就是说服心理。从这个意义上讲,广告说服也是一种相互沟通,即通过有效的广告信息改变消费者头脑中已形成的对某一产品或品牌的认知与情感,形成新的认知与情感,由此影响人们的购买行为。

1. 以理服人的呈递方式

消费者的态度组成结构中有认知成分。不同的消费者的认识能力是不同的。针对知识水平较高,理解判断能力较强的消费者,采用双向式呈递较好。双向式呈递是把商品的优劣两方面都告诉消费昔,让他们感到广告的客观公正,结论由他们自己推出。因为这个层次的消费者普遍是对自己的判断能力非常确信,不喜欢别人替自己做判断。如果广告武断地左右他们的态度,会适得其反引起逆反现象,拒绝接受广告内容。但对判断力较差,知识狭窄,依赖性较强的消费者,采用单向式呈递信息的方式较适宜。这个层次的消费者喜欢听信别人,自信心较差。所以针对这些特点,广告应明确指出商品的优势,它给使用者带来什么好处。直接劝告他们应该购买此物,效果更明显。当然选用哪种方式呈递信息,首要问题是认清广告对象是哪一层次的消费群体。

2. 以情动人的呈递方式

在消费者态度的三种成分中,感情成分在态度的改变上起主要的作用。消费者购买某一产品,往往并不一定都是从认识上先了解它的功能特性,而是从感情上对它有好感,看着它顺眼,有愉快的体验。因而广告如果能从消费者的感情入手,往往能取得意想不到的效果。前几年有个电视广告:画面上妈妈在溪边用手洗衣服,白发飘乱。镜头转换,是我给妈妈带来的威力洗衣机,急切的神情。接下去是妈妈的笑脸,画外音:"妈妈,我又梦见了村边的小溪,梦见了奶奶,梦见了您。妈妈,我给您捎去了一个好东西——威力洗衣机。献给母亲的爱!"画面与语言的配合,烘托出一个感人的主题:献给母亲的爱。虽然整个广告只字未提洗衣机的优点。但却给人以强烈的情感体验。谁能不爱自己的母亲呢!这个广告巧妙地把对母亲的爱与洗衣机相连。诱发了消费者爱的需要,产生了感情上的共鸣,在心中留下深刻美好的印象。对此洗衣机有了肯定接纳的态度。因此,在广告有限的时空中以理服人的呈递信息,固然显得公正客观,但以情动人的方式,更容易感染消费者,打动他们的心。

3. 奖励式的呈递

在广告中增加一些额外的奖励信息,使消费者在接受广告的同时,可获得一些与广告无关的东西,如小礼品或其他信息等。奖励是一种外在的正强化刺激。行为主义理论认为,这种正强化刺激可以增加消费者对广告及广告宣传的产品的好感。心理学研究中的可口可乐效应就证明了这一点。

把被试者分成两组,让他们看某个广告传单,其中一组在发给广告传单时每人赠送一瓶可口可乐饮料,此组为实验组,而另一组则无任何奖励,称为控制组。之后让被试者说明自己对广告及广告宣传产品的评价。研究表明,实验组的评价普遍高于控制组。这说明可口可乐的实物奖励起了积极的作用,它帮助消费者接受了广告。这种奖励式呈递在应用时,应格外注意,所强调的奖励一定要能兑现,否则适得其反。

总之,广告说服策略不仅具有科学性,更具有独特的艺术性。无论广告信息呈递的方式如何,其基本原则是要在对消费者心理变化认知的基础上,找到广告对象的态度变化新特点。这样才能有的放矢地选准诉求点,制定有效的广告说服策略。

来源:http://blog.tianya.cn/blogger/post_show.asp? BlogID=52017&PostID=1787618。

第六章　侵犯

虽然小野在中考中失利了,但由于他出色的体育特长被一所以体育见长的重点高中以体育特长生特招。而他的体育天赋也在那里得到了很好的发挥和施展。

虽然还是新人,但是在校篮球队里小野却不是菜鸟,他性格开朗、身材高大、运动灵活、技术全面,所以很快就和队友们打成一片,成为了篮球队的明日之星,校园八卦的红人。

篮球队的队员一部分是体育特长生,还有一部分就是对篮球感兴趣的普通同学。他们平时在一起训练、活动,只是这些以前没有接受过专业训练的同学在比赛时常常作为替补队员出场。和小野一起进队的王磊就是一个对篮球很有热情的男生,但是由于长得比较瘦,以前又没有真正接触过篮球,所以他的球技实在不怎么样,场上拼抢也没有优势。而王磊又长着一张无害的脸,看起来就是没脾气很好欺负的样子。所以一段时间之后他成为了这个团体的替罪羊。不管他说什么或是做什么,他总是大家抨击的对象,是大家开玩笑的笑柄,甚至更糟。当分成两边打球时,他总是最后一个被选中的,而且,有他的那一组总是会大声抱怨,因为有这样一个失败者而打不下去。可以看得出来王磊特别希望能融入篮球队这个集体,所以无论大家怎么说他,他总是抱歉地傻笑;无论大家欺负他做什么事,他总是跑前跑后非常尽力。但是结果并不如他所愿,球队里的"高调"分子总是欺负他的老实,而其他队友又看不上他的"卑躬屈膝",王磊在球队的日子很不好过。

　　在小野眼里王磊就是一个名字符号,说实话小野是不屑于和这样一个人交往的,球技烂不说而且一点男人的骨气都没有。有一天,由于有点事小野很晚才离开训练馆,本以为没人了,但是在一个篮框下,一个瘦高的身影一遍一遍拼命地投篮,似乎要用尽全身力气,似乎要把自己累得筋疲力尽,然后重重地躺在地板上,小野走过去,看到王磊满脸的痛苦、挫折和挣扎。汗水浸透了头发,脸上分不清是汗水还是泪水,"为什么我就打不好球呢?为什么我拼命地想和大家成为朋友,他们却要把我当傻子耍呢?"小野就这样看着王磊,说不出一句话。

　　等王磊情绪渐渐平复了,小野伸出了右手,王磊愣住了,"傻看什么,还不起来啊?"小野玩笑地打趣道。说罢把王磊拉了起来,"大男人的哭什么?真没品!以后你就是我徒弟了。"王磊没有说话,但可以看出他眼里的感动……

　　回顾我们成长中的群体,是不是有的小朋友常常被大家孤立,有的同学常常被大家欺负?

　　回顾我们的生活,自己有没有因为和别人发生不愉快而在背后说那个人的坏话,甚至和他大打出手?

回顾我们的历史,从狩猎原始部族到现代工业化社会,战争这个名词离我们遥远过吗?对我们来说陌生过吗?

无论是战争时期还是和平阶段,无论是远古还是现代,侵犯从未停止。为什么人类始终无法摆脱相互的攻击?侵犯是人类固有的本性吗?这就是我们下面要谈到的关于侵犯的问题。

第一节 侵犯行为概述

一、什么是侵犯行为

侵犯行为也称为攻击行为,要描绘侵犯这种复杂的社会行为是一件困难的事情,这主要是因为这种行为种类很多,不同的侵犯之间几乎没有相似之处。从国家之间的大规模战争,到顽童之间短时的推撞,从暴力型的肉体伤害,到智慧型的名誉诋毁,都是侵犯。而且,同样的侵犯目的可以采取不同的侵犯方式,例如,要想伤害某个人,既可以肉体伤害,也可以名誉诋毁。所以关于侵犯行为的界定有着不同的说法,早期社会心理学家受行为主义影响把侵犯性行为定义为对他人造成杀害后果的行为。根据这种仅以行为及其后果来界定的侵犯,在实际中常常是不恰当的。一个行为是不是侵犯行为,现代社会心理学更多要考虑的是该行为背后的动机与意图,并认为,侵犯的动机与意图是侵犯行为的关键。对侵犯行为的理解包含了以下三个特点,这三个特点必须集中表现在某一个行为上,才能构成侵犯行为:

1. 侵犯行为是有意图的行为

侵犯行为是有动机指使的。如果忽视意图,就会把本来不属于侵犯性的举动也看作为侵犯性的行为。例如,足球运动员把球踢出场外,并意外地打伤一名观众,这个运动员确实做了伤害他人的事情,也引起该观众的痛苦,但该运动员的行为不是故意的,因此,不能认作是侵犯行为。同样,汽车司机由于失职发生交通事故,也不属于侵犯行为。如果是有动机参与的行为,才是侵犯行为,例如,足球比赛中裁判已经吹哨后球员还去撞人。

2. 侵犯行为是外显的行为

侵犯不是感情、动机、态度等内在心理状态,而是外部表现出来的行为。发怒是一种侵犯的愿望,偏见是一种内在的心理结构,它们对侵犯行为发生动机作用,但尚未构成侵犯的事实。一个人内心有了意图,蓄意谋害他人,如果没有在行为上显示出来,那么这个人的行为不能算是侵犯性的。例如,某人心里恶狠狠地想狠狠地教训另一个人,甚至把他推到山崖下,但实际上没有动嘴动手,因此,其行为不能算是侵犯行为。

3. 行为是伤害他人身心健康的行为

侵犯行为总是敌意性的,不仅指伤害他人的身体健康,直接施以暴力,也指伤害他人的心理,造成心理上的痛苦。例如,造谣诽谤、恶言恶语辱骂他人等。有一些行为虽然使对方受到某些痛苦,但不应被认为是侵犯行为,其行为的根本目的是为了帮助他人。例如,医生给病人动手术,去除腹腔内的异物,虽然手术会使病人流血,有痛苦,但却获得病人的感谢,因为手术之后能使身体康复。

二、侵犯行为的分类

侵犯行为根据不同的分类方式可以分为不同的种类:

1. 以侵犯行为是否违反社会规范为依据

反社会侵犯是指违反社会道德规范和社会准则、不为社会所认可的侵犯行为。诸如人身攻击、凶杀、打群架等故意伤害他人的犯罪活动,都是违反社会准则的,所以是反社会的侵犯行为。

亲社会侵犯行为是为了达到群体的道德标准所能接受的目的,以一种社会认可的方式所采取的侵犯行为。许多侵犯行为实际上是由社会准则允许的,也可以说是为社会服务的。例如,为了治安而执行法令的除暴安良行为、抓强盗、惩治贪污犯等。

被社会认可的侵犯行为是介于亲社会侵犯行为和反社会侵犯行为之间的行为,这类侵犯行为虽然不为社会准则所必需,但又确实没有违反社会准则和道德标准。例如体育竞技比赛中运动员之间没有违规的冲撞行为等都属于被认可的侵犯行为。

2. 以侵犯行为的最终目的为依据

手段性侵犯行为的目的不是为了使对方身心健康受损害,而是把侵犯行为作为达到其他目的的手段。例如,强盗拦路抢劫,其最终目的是为了抢钱财而拔刀。

目的性侵犯行为的目的就是为了复仇、教训对方,故意伤害他人,给他人造成痛苦和不快。

3. 以侵犯行为方式为依据

言语侵犯行为就是使用语言、表情对他人进行侵犯,例如讽刺、诽谤、谩骂等。

动作侵犯行为是使用身体的一些部位如手、脚,以及利用武器对他人的侵犯。

第二节 侵犯行为的理论解释

一、侵犯是本能使然吗？

荀子曰："人之性恶，其性者伪也。今人之性，生而有好利焉，顺是，故争夺生而辞让亡焉；生而有疾恶焉，顺是，故残贼生而忠仁亡焉；生而有耳目之欲，有好声色焉，顺是，故淫乱生而礼义文理亡焉。然则从人之性，顺人之情，必出于争夺，合于犯分乱理而归于暴。"

攻击是不可避免的？
http://hi.baidu.com/cs008wx/album/item/56540886542d380fc75cc32f.html

他认为人性本恶，如顺其发展，社会就会充满争夺、残暴、淫乱。而从达尔文进化论的观点来看，在动物王国里，一只乌鸦能够用嘴上的喙刺入另一只乌鸦的眼睛，一匹狼能够用一只爪子撕裂另一只狼的喉管，人类的侵犯性行为似乎也是人类进化的结果，是人类本能之一。

威廉·詹姆斯（W. James）认为，人类都有好斗的劣根性，侵犯是我们从祖先那里遗传而来的本能，所以，人类是无法摆脱侵犯的，只能通过替代性活动，比如体育竞赛等，消耗侵犯的动力，才能使侵犯的倾向得到控制。

弗洛伊德也是这一观点的典型倡导者，他认为有两种基本驱动力，一种是建设性的性能量，即力比多，另一种是破坏性的攻击性能量，即"死本能"。弗洛伊德把人类的破坏行为和攻击行为归咎于人的死本能，因此他认为战争是不可避免

第六章 侵犯

的:"战争显而易见是完全自然的事,并且无疑具有生物不和根源,实际上它未必可以避免。"

20世纪60年代,动物行为学家康拉德·洛伦兹通过对动物行为的研究再次论证侵犯的本能观。他在研究一种攻击性很强的热带鱼后发现,在自然环境里,雄鱼并不攻击雌鱼,也不攻击其他种类雄鱼,而只是攻击同类雄鱼。在鱼缸饲养条件下,缸内营养成分不够,这时当其同类的雄鱼不在时,这条雄鱼先是攻击不同种类的雄鱼,而这些雄鱼以前是不被它理睬的;当最后只剩雌鱼时,它就进攻并杀死雌鱼。据此,洛伦兹认为,动物存在着内在的攻击需要,侵犯行为是动物天生的本能行为。洛伦兹还用本能论解释人类的侵犯行为,从而认为侵犯行为乃是人类生活中不可避免的。

芬兰心理学家 Kirsti Lagerspetz 在一组正常白鼠中挑选出攻击性最强和最弱的个体分别饲养,并将攻击性最强的个体间配种繁殖,攻击性最弱的个体间配种繁殖。在此后它们繁殖的26代中始终重复这一选择过程,最终他得到了一组凶猛的老鼠和温顺的老鼠,攻击性的强弱出现极端化的趋势。这证明了侵犯行为受到遗传基因的影响。1986年 Rushton 等人对同卵双生子和27对异卵双生子与侵犯行为的相关研究也得到了类似的结论。

XYY染色体事件

赫卡·弗伦斯特的祖先几百年来一直是虔诚的爱尔兰天主教徒。由于家教严格,他们的后代都品行优良,受人尊敬。赫卡的祖父及其兄弟从小也继承传统。可是,长大后他们却让家族大丢脸面——祖父16岁时成了强奸犯;祖父的弟弟17岁时因口角而连杀两人。赫卡的父亲成人后,决心创造新形象。通过多年不懈的努力,他和妻儿的为人在当地有口皆碑。然而2005年2月25日,前程似锦的赫卡的命运却开始发生让所有人意想不到的大逆转,他企图强奸自己的亲妹妹,并失手杀死了自己的老师。而恶魔就是他体内不可抗拒的犯罪基因,也就是XYY性染色体。单胺是大脑正常活动不可缺少的物质,可是老化的单胺必须消除,大脑分泌的单胺氧化酶承担了这一重任。然而,性染色体为XYY的人,分泌的单胺氧化酶不到正常人的一半。在青春期前,人体还能以其他化学物质进行调节;进入青春期后,由于单胺大量形成,其他物质已经不能完全消除迅速增多的老化单胺,后者产生的毒素积累到一定程度,就会使性欲突然爆发,难以抗拒。并且XYY常常呈奇特的隔代传,即祖父的XYY传给孙子的概率远高于传给儿子。由于赫卡基因的特殊性,陪审团经过激烈争论,同意从轻判罚,判决赫卡一年徒刑。

二、社会学习论

如果对刚打完架的小男孩说"你真勇敢!是个小男子汉!"那么以后这个小男孩遇到事情会喜欢用什么样的方式处理呢?如果父母教育孩子时,不问青红皂白就是以"棍棒底下出孝子"的模式,那么孩子以后会用什么样的方式对待别人呢?

http://www.xiaored.com/2009/0218/482.html

在研究人类攻击性方面,伦纳德·贝科威兹是一位具有国际影响的专家,他认为人类本质上不同于其他动物之处在于,学习在人的攻击行为中起着重要作用。就人类而言,攻击性倾向和后天习得的反应之间存在着一种极复杂的相互作用的函数。攻击可以通过强化、观察学习等方式习得。

强化会让儿童学会暴力？

研究者把儿童分成四组,第一组儿童每次拳击玩具娃娃都能得到一个有色玻璃球作为奖励;第二组儿童则间接获得同样的奖励;第三组没有外加奖励,只有被拳击的玩具娃娃会闪闪放光;第四组儿童为无强化的控制组。两天后,设法引起儿童产生挫折感,然后安排被试儿童同一个未参加实验的儿童玩一系列的游戏,看儿童如何解决游戏中的矛盾。结果发现,奖励组更多地表现出对玩具娃娃的侵犯行为。这表明,侵犯可以通过强化来培养。

儿童的暴力学习

侵犯可以通过观察学习而获得。班杜拉通过实验研究证明,通过观察榜样的侵犯行为,儿童就能学习到侵犯行为。他让实验组儿童与成年人一起呆在一间屋子里,屋子里有一个约1.5米高的充气娃娃。成年人对娃娃实施了长达9分钟的暴力侵犯,嘴里还不停地叫喊:"打倒它。"与对照组儿童在一起的成年人则没有对娃娃实施暴力侵犯。然后,每个儿童单独留在游戏室20分钟,除其他玩具外,还有三个充气娃娃。结果见下表:

儿童观察不同榜样后的侵犯行为

组别	榜样行为	侵犯行为总量	
		身体的	语言的
实验组	侵犯的	12.73	8.18
控制组	中性组	1.05	0.35

今天,大众传播媒介与网络的普及与深入,为人们提供了大量观察学习的机会。比如,电视、电影中的暴力对观众特别是青少年会不会产生不良影响,这一疑问,一直受到社会的关注。

三、挫折—侵犯论

在受到挫折时,你会不会心中升起一团熊熊怒火,有一种想要攻击他人的欲望,总想"找茬"? 在受到不公平待遇时,你会不会心中极不平衡,想要报复某人? 这似乎表明挫折和侵犯有着某种联系。

1939年美国耶鲁大学的心理学家多拉德、米勒、杜博莫厄尔和西尔斯四人在他们合撰的《挫折与攻击性》一书中提出了挫折—攻击性假说:"挫折可以产生引起一系列不同类型反应的刺激,其中之一是引起某种形式的攻击的刺激。"通常情况下,当一个人的目的就要达到时,进程却突然被打断,这时的挫折感会增加;奋斗目标已具体可见,并已到达可及的范围之内,对成功已抱有很高的希望时却受到了不公正的阻碍时,挫折感最为显著。

早期的挫折—侵犯理论过于绝对,认为挫折一定会引起侵犯或者退缩。但实际情况并非如此,当一些人遇到挫折后往往并不表现出侵犯行为。例如在公共汽车上,一个人被别人踩了一脚,如果他认为那个人是故意的,就很可能引起攻击行为,但如果他把原因解释为人多,就不大可能攻击踩他的人。可见,认知因素在挫折与侵犯之间起很大作用,而早期的挫折—侵犯夸大了两者之间的联系。基于此,Berkowitz对早期的挫折—侵犯理论作了修正,认为挫折并不总是引起侵犯行为,而会由于人们对造成挫折的原因解释不同而有所不同。

第六章 侵犯

剥夺也是一种引起侵犯行为的挫折。由于对剥夺的解释不同而引起不同的结果，并非所有的剥夺都是挫折，而只有"相对剥夺"才被知觉为一种挫折从而引起侵犯。"相对剥夺"这一术语是学者在研究美国二战士兵满意度时首先使用的。美国空军士兵对于自己获得晋升的机会比军警有着更强烈的挫折感，而事实上军警的晋升要比空军士兵缓慢而不可预期得多。实际原因正是由于空军的晋升很快，而大多数的空军人员可能都觉得自己比其他人出色（自我服务偏见），所以认为应该得到比实际更快的晋升。过高的期望与实际获得之间的落差导致了空军士兵的挫折感。相对剥夺是指个体或群体将自身状况与参照群体进行比较，若认为自己比参照物得到的少，就会有不公平感产生，认为自己本应该得到的东西没有得到，这种剥夺只是相对的，并非是绝对的，因此称为"相对剥夺"。相对剥夺可以解释为什么经济上的进步却可能导致暴力犯罪逐步上升，而暴乱频繁的地区却不一定是最贫困的地区。

尽管侵犯行为对于人类个体的早期进化是适应的，并造成了有组织的侵犯——战争本身的进化，但这种进化的最终成果是由日益受理性控制的文化过程来决定的。原始人把世界简单地一分为二，不是敌人便是朋友。朋友来了热情接待，见到敌人刀剑相向。他们对于来自武断的边界之外的任何威胁都会做出迅速而深刻的情绪反应。随着王国与国家的建立，这种倾向组织化了。战争也就成了某些新社会的政策手段。不幸的是，运用战争手段最佳的社会，恰恰是最成功的社会。战争已进化为一种自催化的反应，任何人无力阻止它，因为单方面试图改变这一过程无异于自取灭亡。自然选择的这种模式已在整个社会水平上起作用。暴力行为的学习规则在人类千百万年的进化历史中似乎成了一种稳定的策略,因而能够为那些忠实地执行这种策略的人带来生物学上的好处。但是,暴力侵犯的规则已经过时了。我们已不再是以矛箭和石斧就能解决争端的原始人类。我们承认这些规则的过时并不等于是消除它们,我们只能围绕着它们走出自己的新路来。

四、侵犯的现代理论

Anderson(1997)、Berkowitz(1993)、Zillmann(1994)等现代侵犯理论的代表人物认为,侵犯的原因不能简单地归结为某一个方面,而是多方面共同发挥作用的。研究者分析了各派心理学家的观点,并对侵犯行为进行了深入的考察,提出了一般情感性攻击模型(GAAM),包括四个要点:输入变量、当前内部状态、评估过程和行为结果。见下表。

四要点		具体内容和表现
输入变量	人格变量	个体在当前情境中的那些人格特征如怯懦、精神质、蛮不讲理。
	情境变量	情境中各种重要特征,如惹人恼火的事、拥挤、高温、有攻击线索。
当前内部状态	认知	促使个体进行敌对思维,并把敌对记忆保存在脑海中。
	情绪	激发敌对的情感和外在的情绪表现。
	唤醒	增加生理的唤醒和兴奋性(如心率)。
评估过程	自动评估	当前的某种情境一出现,个体就立刻意识到(甚至没有意识到)对外部环境的内部状态进行评价。
	控制的再评估	评估过程比较慢而且需要更多的认知资源。
行为结果		通过以上三个要点因素进行综合,产生某种行为,如叫骂、攻击别人等。

什么样的人格好侵犯？

你是否认识某人，可以把他描述成：说话和行动节奏快、性急、易动肝火、缺乏泰然自若的态度、争强好胜、常常充满失落感和沮丧情绪、总是迫使自己处于紧张状态。这就是A型性格的人，没有这些特点的人泛称为B型性格。两者相比，A型性格的人有高度的竞争性，容易发火；进一步研究表明，A型性格的人常以侵犯他人作为达到某种目的的手段，也更容易进行仇视性侵犯；另外，在工作情境中，A型性格的人更容易与他人发生冲突。相关研究表明，A型性格的驾驶员发生车祸的比率是B型性格驾驶员的数倍。

武器效应

心理学研究表明，挫折导致的不是侵犯本身，而是侵犯的情绪准备状态——愤怒，侵犯行为的发生还要受到情境侵犯线索的影响。与侵犯有关的刺激会倾向于使侵犯行为得到增强。也就是说，个体在遭到挫折之后将做出什么反应，表现怎样的行为，是受情境内在的线索或者说情境提供的刺激影响的。伯克威茨等人1967年做过一个著名的实验，他们先让被试可以对激怒自己的实验助手实施电击，电击时有两种情境，一种是让被试者看到桌上放着一只左轮手枪，另一种是让被试只看到一只羽毛球拍，实验结果发现，当被激怒的被试者看到手枪时，会比看到羽毛球拍实施更多电击。手枪增强了人们的侵犯行为，后来人们将武器增强人们的侵犯行为的现象称为"武器效应"。

第三节 减少攻击性行为的途径

一、宣泄

一些偏激的言论……帮助释放了愤怒……它通过语言转移了冲突,避免见诸行动。

——沙利文(1999)

宣泄这一概念最早是由古希腊哲学家亚里士多德提出来的,意思是用文学作品中悲剧的手法,使人们的恐惧与忧虑等情感得以释放,以达到净化的目的。后来这一概念被弗洛伊德引用。他认为,侵犯是一种本能,是人与生俱来的驱动力。每个人都是一个侵犯性能量的储存器,需要不断地以各种方式使自己侵犯性的能量发泄出来,比如体育运动,或在被社会认可的情况下表现出一些侵犯性的行为和举动。临床医学家和群体的领导者也鼓励人们通过攻击行为疏导压抑的攻击能量——击打塑料充气人。

西南交大首设情绪发泄室

西南交通大学犀浦校区开设了国内高校首个心理研究和咨询中心的发泄室。学生可以在发泄室里击打经过绘画技巧处理的人像,宣泄不良情绪。发泄室面积在100平方米左右,从窗户往外看,可以看到乔木

和竹林。发泄室里悬挂着的大沙袋上贴着一些通过绘画技巧处理的人像。发泄室试运行8天以来,已经有20名大学生前往打击"仇人",并有上百名学生预约发泄。

发泄室的创办人认为,大学生作为特殊人群,虽然具有较高的知识智力水平,但自我控制能力和社会责任感较差,再加上学生群体中经常出现失恋、求职不顺利以及和室友相处不愉快等问题,因此需要一种合法合理的渠道,将这些非理性的情绪表达出来。这种情绪宣泄并不是积累学生的仇恨情绪,而是释放仇恨。

文章节选自:http://news.sohu.com/20051115/n227499099.shtml。

使用暴力的发泄确实可以使我们感到舒服一些,但真的可以减少敌意吗,心理学家又进行了后期的验证研究。布什曼(2002)让被激怒的被试击打沙袋,控制其中一组被试回想惹自己生气的人,另一组则想象通过击打使自己身体得到锻炼,并设置控制组不击打沙袋。接下来,实验者告诉被试可以对惹自己生气的人大声吼叫,结果显示:击打沙袋并进行回想的那组被试吼声最大,最具攻击性。看来击打沙袋并没有宣泄出心中的怒火。可能的解释是:就人类而言,攻击性不仅依赖于一个人所感到的紧张状态,而且还依赖于一个人的思维。认知和行为的改变是很难通过宣泄来解决的。

二、报复与惩罚

人类可能由于害怕受到惩罚或报复而抑制他们的攻击性行为。可是,虽然惩罚使人顺从,却很少使人内化,所以往往会增加人们对他人进行含蓄的、非直接的和替代性的攻击。

邦德(M. H. Bond)、杜登(D. G. Dutton)(1975年)威尔

逊（D. Wilson）和罗杰斯（1975）用电击—学习示例发现,当告诉被试实验的后一部分要颠倒一下角色时,被试就减小了电击,因为他（或她）也会处在被电击的位置上。

研究的一个有趣方面是,当白人知道日后黑人有机会进行报复时,他们对黑人的侵犯程度有多大。唐纳斯坦兄弟（E. Donnerstein, M. Donnerstein）(1975)的检验,检验了被试是否会因为扮演角色会颠倒互换而改变对黑人助手的刺激。实验事先假定角色要互换,且黑人助手对白人被试会进行报复。在一些类似的研究中,唐纳斯坦兄弟发现,潜在的报复会显著地减轻白人对黑人助手进行直接侵犯的强度。在这种"教师—学习者"的情境中,直接侵犯的强度是按照被试在助手出了"错误"时对他进行电击的严重程度来标明的。当白人被试预料到互换角色时,就会对黑人助手做出"正确反应",给予好评。

但是,潜在的报复也会造成这样的结果,那就是增加对黑人助手进行含蓄的、非直接的和替代性的侵犯形式。非直接的侵犯行为的测定法是把电击机固定在一个特定的强度上,被试无法控制强度；又因为告诉被试必须对每个错误释放电击,所以被试也无法控制是否电击。但被试控制着电击的持续时间,他可以给一个很短的电击,也可以给一个很长的电击。长时间的电击是侵犯行为一种比较隐蔽的形式,而且潜在报复实际上增加了侵犯行为这种间接的、比较隐蔽的形式。所以报复白人侵犯者的黑人似乎真的减少了白人针对他的直接侵犯行为（并且也增加了对他的报答）——但事实上反而增加了侵犯行为的含蓄和非直接的形式。

死刑的惩罚有效么?

惩罚成功要具备四个条件:(1)必须是迅速的——必须尽可能快的紧跟攻击行为;(2)必须是可靠的——跟随攻击的可能性必须是高的;(3)必须是强烈的——足够强到让接受者感到非常不开心;(4)必须被接受者知觉为公正的或应当的。

在很多国家,对攻击行为惩罚的传送被延迟几个月甚至几年,例如在美国,被宣判的谋杀犯通常要在监狱的死囚区等待执行超过十年。相似的,很多犯人逃过了逮捕,所以惩罚的必然性很低。而惩罚的幅度在一个城市里,甚至从一个法庭到另一个法庭都在变动。考虑到这些就不奇怪死刑的惩罚好像都不能对暴力犯产生有效威慑。

三、提供非攻击性的榜样

米尔格鲁姆在实验中发现,当被试者看到在他之前有人拒绝服从实验者的要求,不肯去电击无辜的他人时,也往往予以仿效。这说明正如攻击性的榜样会增加人们的攻击倾向一样,非攻击性榜样也会降低人们的攻击性倾向。不仅如此,对攻击性榜样予以抨击,也会成功地减少随后而来的攻击行为。1972年罗伯特·巴伦的实验发现,当被试者见自己的同伴因该行为受人抨击之后,立即降低了对他人电击的程度。特别指出的是,当这种抨击出自社会地位较高的人时更为有效。父母在教育孩子的时候更多地也应采取对非攻击性行为的鼓励与奖励,为孩子树立非攻击性的榜样,训练孩子以建设性的方式而不是暴力或破坏的方式来对待挫折,这才是可取的。

四、培养对他人的感情移入

感情移入也就是移情。恻隐之心，人皆有之，一个人对他人的感情移入愈多，他就愈是能把自己作为受害者，从而体验他人痛苦的情绪，这样，就会同情他人，从而抑制自己的侵犯行为。

移情能力可以通过角色扮演来培养。角色扮演就是让个体暂时充当别人的角色，体验别人在一定情境下的心理状态。许多人为了进行一项故意伤害他人的行为，在认识过程中会蓄意贬低对方，使自己相信受害者是可憎恶的，失去人性的。这样就能在心理上找到对自己行为的认同，伤害起他人就更容易。所以，培养人们对他人的感情移入，同情爱护自己的同类，就可使攻击行为难以进行。

五、感情净化

从需求不满的攻击假设来说，直接的赏罚等等因素虽然对表现在外部的攻击起抑制作用，但对内在的攻击动机的降低却不起作用。那么，有关攻击动机降低的因素是什么呢？

多拉德等人认为，攻击一经表现出来，需求不满引起的心理紧张就会降低，从而攻击动机减少（也就是经历感情净化）。还有实验证实了这类攻击表现确有感情净化效果，但考虑到实际的攻击抑制时，对这种效果的程度仍存在着疑问。攻击表现出来，也许的确当场能感情净化，但同时由于社会的非难等，会陷入新的需求不满，马上唤起新的攻击动机，并且这种可能性还是很大的。而且，根据这种想法，为了抑制攻击，自己就不得不首先对他人展开攻击了。与此相反，有一种观点认为，即便不产生实际上的攻击，哪怕只有头脑中的空想，也会产生感情净化。

午后红茶

中国青年报：血腥游戏玩家是否更有攻击性

无论是单机游戏还是网络游戏，厮杀与搏斗都是不可缺少的卖点。与含有暴力成分的电视节目类似，游戏的这种发展趋势也受到广泛质疑，此种游戏是否会对青少年产生不利影响？

在过去20年中，研究者针对暴力游戏对青少年攻击性的影响进行了一系列研究，部分研究结果证实，暴力游戏玩家的攻击性确实会增强。据此，有研究者提出了GAM理论，该理论认为个人因素以及环境因素会使个体的某些内在特质发生改变。这些内在特质不但相互作用，而且还会作为一个整体影响个体的行为，决定其是否会出现攻击性行为。

为了进一步验证该观点，美国爱荷华州立大学学者Barlett在实验室条件下对暴力游戏的影响进行了研究。

研究一，运用三局两胜制的格斗游戏"真人快打"作为实验材料。游戏中，血腥程度是可以控制的，分为重度、中度、轻度和无4个等级。游戏开始前，实验者利用问卷对玩家固有的攻击性和敌意水平进行了测量，并同时开始记录玩家的心率，然后，随机将玩家分为4组进行血腥程度不同的游戏。15分钟后游戏结束，再次测量玩家的敌意水平发现，重度与中度血腥游戏组的人，在游戏之后的敌意水平与心率都有明显的增高，而轻度与无血腥组的人则没有出现这样的趋势。

研究二，着眼于证明血腥游戏更容易激发暴力想法。该研究采用了与研究一类似的方法,不同之处在于血腥程度只分为重度与无两个水平。此外,在游戏结束后,被试除了填写敌意水平问卷外,还需要完成词干补笔测验(如:呈现KI___)。实验结果证明,重度血腥游戏组的玩家更多地填写KILL(杀)而非KISS(吻),证明其暴力想法更多地获得了激发,也就是说,血腥游戏玩家更易产生暴力想法。

  本研究在前人的基础上进一步对暴力游戏与攻击性的关系进行了论证,也为如何引导游戏开发提供了更为细致的依据。正如作者所说:"暴力游戏中大量出现的血迹将更多激发暴力想法,而这,是可以避免的。"

  文章来源:http://tech.qq.com/a/20080906/000053.html。

第七章　利他行为

2008年5月12日随着一场百年不遇的大地震,绵竹市汉旺镇东方汽轮机厂外的一口大钟的时针永远定格在14点28分。

这场地震牵动着所有中国人的心,小涛和周围的同学几乎把所有的时间都用来关注灾区的情况,在为灾区群众的安危担心的同时,也被一个个英雄事迹所深深震撼:"摘下我的翅膀,送给你飞翔"的张米亚老师;抱出了两个孩子却把自己的娃娃留在屋子里"妈妈来不及啊"的聂晓燕老师;用自己的血肉之躯护卫四个学生生命的谭千秋老师;自动赶赴灾区抢运伤员的成都千名出租车司机;成千上万解放军、武警和公安战士放弃使用机械,"像绣花一样"小心翼翼用手刨、用肩扛,为废墟下的幸存者打开生命之门;全国的血站前献血的市民排成长队……

看到这些报道,小涛他们这些大男生也忍不住流泪,他们特别想为灾区的群众做点什么,听说学校将组织相应人员赶赴灾区,他们马上去找老师报名,但是老师说现在过多不了解情况的人去灾区,不是帮忙反而可能添乱,可以以不同形式为他们做自己能做到的事。于是小涛和周围的同学商量在学校里举办一次慈善义演,把筹到的善款捐献给灾区。说干就干,小涛邀请小野的乐队来参与,小野二话没说全力支持,并且把舞台设计等技术活全部包下来,让小涛他们有精力做别的准备;学校里的校园十大歌手、音乐爱好者、校艺术团的同学也是特别踊跃报名,小涛完全没有想到一切会进展得如此顺利。

慈善义演如期在学校的大礼堂开始了,舞台上空撒满了白色的星星,那是因为每一个孩子都是父母天空里最耀眼的星星;舞台上到处都是白色、黄色的菊花,那是因为每一个遇难者都是牵动我们心的家人;每一个来看演出的人手里都有一个纸鹤,那是因为每一个到场的人都有对灾区兄弟姐妹的祝福!

整个礼堂坐满了人,过道里站满了人,还有好多人等在礼堂外,无论如何也要为灾区的同胞献一点爱心。但是现场却格外的宁静,不需要有人来维持秩序,不需要过多强调演出的意义,大家都默默地看着演出,默默地流着泪,默默地为那些离开的小星星祈祷,默默地为灾区的同胞祈祷。演出结束后;没有人指挥,但是大家都默默地排着队把自己的爱心和写满祝福的纸鹤一同放入慈善捐款箱,这一过程持续了很久,因为还有很多等候在会场外的人……

在每一个灾难发生的时候,我们几乎可以看到同样的情形:人们冒着生命危险去拯救别人的生命,人们无记名地去帮助任何需要帮助的人;在每一个平常的日子里,我们也经常会看到平常却温暖的场面:在公交车上有人为老人和孕妇让座,慈善爱心屋里为贫困学生捐赠衣物……这些或大或小的助人行为就涉及我们在这章中要讲述的内容——"利他行为"。

第一节 利他行为概述

日常生活中,有些人把方便让给别人,把困难留给自己;奋不顾身营救素不相识的落水者;帮助非亲非故的孤寡老人等,这些在社会心理学里就称作利他行为。

> 利他行为:一种自发形成的、把帮助他人当作唯一的目的,且不期望任何外在酬赏的社会行为,其中包括援助、救济、安慰、同情等。

一、利他行为的特征

(1) 以帮助他人为目的;
(2) 不期望物质或精神的回报;
(3) 完全自愿的行为;
(4) 利他者可能会有所损失。

由此看来,利他行为指的是自愿采取的帮助他人的行为,而且并不预期任何形式的回报。也就是说助人者的意图是判断利他行为的一个重要标准。因此做好事不留名是一种利他行为,而积极去做义工,是为了在社会实践表格上获得好的评价就不是利他行为了。比如在为灾区人民募捐的晚会上,某企业捐助了一笔不小的数目用来重建校舍,其行为的背后是该企业希望借此来提升自身形象,借助晚会之机为自己做个宣传,这就不能被称为利他行为。

二、利他行为的分类

1. 动机分类:同情性利他和报答性利他

同情性利他是出于对他人的同情、关心和爱心而产生的利他行为。报答性利他是出于对他人或社会特殊的援助或恩惠的报答而产生的利他行为,或由于自己的过错使别人蒙受损失,受良心驱使而产生的利他行为。

2. 情境分类:非紧急情境利他和紧急情境利他

非紧急情境指生活中常见的、一般的、可预见的不带威胁生命财产的情境,如公共汽车上让座、做志愿者、打扫公共卫生等。非紧急情境利他不会感到情绪紧张,没有明显的心理或环境压力,不需要采取紧急措施。紧急情境指日常生活中少见的、独特的、不可预见的带有威

http://www.hulaoo.cn/group/photoshow.asp?id=65&photoid=49

胁生命财产的情境,如有人失足落水、发生抢劫、车祸、发生火灾等。紧急情境利他往往措手不及,甚至惊慌失措、踌躇不前,常需要采取紧急措施或特殊手段。

第二节 利他行为的理论解释

一、进化理论

兵蚁在蚂蚁王国一生的目的就是战死沙场,是为了保护其他蚂蚁的生存和巢穴而战;工蜂用螫针攻击入侵者,是为

第七章 利他行为

了增加蜂群的生存的机会；鹧鸪会以自己为诱饵引走狐狸，是为了保护它们没有抵抗力的幼崽……

我们会发现在人和动物的利他行为中，往往需要冒着伤害自身利益的风险。1975年，美国哈佛大学教授威尔逊出版了《社会生物学，新的综合》一书，在书中他提出人的利他行为是由先天的基因遗传决定的，它是人类本性中的天生部分，是无须学习就会的一种行为，他的观点是基于对动物的考察与实验的结果。

儿童的利他行为是天性？
http://www.ycccf.com/html/state/news/4/9552_2.html

2005年1月《科技日报》刊登了"心理学家首次发现人类利他行为基因"的消息。以色列西伯莱大学心理学家爱伯斯坦领导的研究小组通过长期研究，从遗传学角度，首次发现了促使人类表现"利他主义"行为的基因，其基因变异发生在11号染色体上。他们从354个有多个兄弟姐妹的家庭中，选取血液标本，向受测试者提问，并按照所获取的信息，划分其无私行为（一种测量利他主义的方法）的等级。研究人员还通过具有奖罚性质的经济游戏，来观测人们是否表现出"利他主义"的行为，然后再检测他们的基因变异情况，进行比较后发现，确实有利他主义基因存在。调查发现，大约有2/3的人携带有"利他主义"基因。研究人员指出，"利他主义"基因可能是通过促进受体对神经传递多巴胺的接受，给予大脑一种良好的感觉，促使人们表现利他行为的。这意味着多巴胺在忠实于社会道德准则的利他行为中发挥着十分重要的作用。研究人员认为，拥有"利他主义"基因的人可以承担好的工作,因为他们可以从工作中得到更多回报。

2006年3月5日Sciencedaily网站报道,德国莱比锡马克斯——普朗克人类学进化研究所的一份研究中称婴儿和黑猩猩身上都发现利他行为。研究人员设计了多种不同的有人遇到了困难需要帮助的场景,在这些场景中,人类18个月大的婴幼儿在好几个这样的任务中本能地提供了帮助。同样的,黑猩猩也展现了相同的帮助行为,虽然相比人类婴幼儿来说,黑猩猩完成的任务更为简单。

一只黑猩猩在帮另一只黑猩猩捉虱子,这是否是利他行为?

图片来源:Rebecca Greene

研究人员发现18个月大的人类婴幼儿会自发地帮助根本不认识的陌生人。这一结果令人十分惊讶,因为这些婴幼儿的年纪是那么的小,甚至还在牙牙学语中。研究人员设计了不同的任务来进行观察,例如将衣服挂在绳子上,然后不小心把衣服夹掉到了够不到的地方。在刚开始10秒钟里,他伸手试着去够到衣服夹,在接下来的10秒钟里,他看了一下旁边的婴幼儿。在这20秒时间过后,他说了声:"我的夹子。"但并没有直接向婴幼儿提出帮助的请求,而且一旦夹子拿回来也不会对这些小孩表示感谢和给予奖励。结果是,所有的小孩在这样的情况下都至少一次伸出了援手,并且有84%的情况是在研究者做出眼神接触前的10秒内他们就自发提供了帮助。在另外的一些测试场景中,他故意把夹子扔到地上,在这种情况下婴幼儿没有把夹子捡起来,他们的帮助并不是自动的。只有当婴幼儿们通过自己的推断,认为他需要夹子来夹衣服时,他们才会提供帮助。

因为捡衣服夹子的场景幼儿们可能在家都经历过,所以研究者设计出了新的而且更为复杂的场景。其中有个测试就是从开口的盒子中找回丢失的物品。他装作不小心把一个调羹掉进了盒子里并且装作没有发现盒子的开口。同样的,婴幼儿们只在认为他需要找回丢失的调羹时才给予帮助,如果他故意把调羹扔进盒子则他们不会帮忙。

研究者设计了相同的帮助任务来测试人类饲养的黑猩猩。测试结果显示:虽然黑猩猩在比较复杂的测试中不会提供帮助,例如上面所提到的盒子测试,但他们还是很乐于在别人够不到东西的时候帮一把。研究者说:"这是我们首次进行相关课题的试验,结果显示在除了人类之外的灵长类动物身上也存在着利他的行为。黑猩猩通常会在有报酬诱惑的情况下完成一些动作,但在我们的测试中,没有任何报酬的引诱,他们还是提供了帮助。"

二、决策理论

当我们坐在舒适的椅子上,想着那些利他行为,似乎出租车司机不应该置一个受伤者于不顾,扬长而去;似乎我们不应该看到有人在偷别人的钱包而装作没看见;似乎我们不应该看到一个学生跪着乞讨学费而从其身边漠然走过。然而当你真的身处这些环境中,情况却并不那么简单。

拉坦内和达利认为,在任何情境中,给予帮助的决定都包含了复杂的社会认知和理性决策过程,并根据研究结果,建立了一个助人行为的模型,提出个人介入一个突发事件前要经历五个步骤,如下图所示:

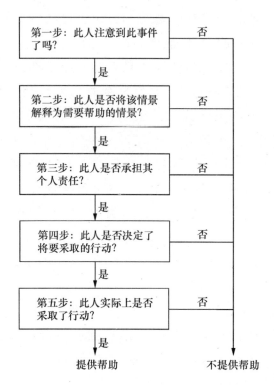

第一步：对紧急事态的注意。潜在的帮助者必须首先意识到正在发生一件非常危急的事，在这个前提下，他才有可能提供帮助。寂静的深夜里急切的呼救声，整座办公大楼的突然断电，都很容易被知觉为有紧急的事件突然发生了。

第二步：对紧急事态的判断。大部分潜在的突发事件包含着某种程度的不确定性和模糊性，需要对所面临的事件做出判断，判断其是否为紧急事件。也许你也遇见过这样的场景，大街上一对男女在互相厮打，尽管女人已经受了伤还在喊着"救命"，依然没有人出手帮助，很可能的原因是，人们无法判断这是一对夫妻在激烈地争执，还是真的有恶人在行凶。

第七章 利他行为

众人致误现象

1968年Latane和Darley做了一个富有戏剧性的研究,论证在一个可能是危机的事件中,人们在多大程度上试图避免做出"不正确"的反应。研究者让被试一个人或者与其他两个人在一个房间里填问卷。几分钟后,研究者从一个通风孔将烟注入房间,如果被试是一个人在填问卷,75%在看到浓烟时会停下来向研究者汇报情况。如果有三个人,只有38%做出了反应。甚至是在看不见的情况下,还是有62%的被试没有作出反应。看来人们宁可冒着生命危险,也不愿意被人取笑是个傻子。

第三步:个人责任程度的决定。把事件判断为紧急事件后,就要判断和决定自己是否有责任采取行为。

责任和承诺

有人曾做过实验,以那些在沙滩上休息的游客为研究对象。他把自己的毯子铺在被试者的旁边,打开收音机放在石头上。片刻后,他向被试者询问时间,或者说自己要离开一下,请被试代为照看东西。如果被试同意了,那就意味着他已经成为一个事先承诺负责人的旁观者。在两种条件下,当实验者走开后,实验者的助手充当小偷,拿起收音机就跑。结果发现,在简单询问时间的情况下,只有20%的人对小偷的偷窃行为做出了反应。而在同意负责照看东西的条件下,有90%的人都对偷窃做出了干预行为。由此不难看出,如果个体认为自己负有责任或者做出过承诺,那么他就更有可能帮助别人。

第四步:介入方式的决定。个体一经决定介入时,如果不知道该做什么,或者觉得自己没有采取适当行为的能力,也不会提供帮助。看到有孩子落水了,你却没有纵身跳入水中相救,这可能是你自己根本不会游泳的缘故。

第五步:利他行为的实施。知道采取什么行动,却不一定去做,因为还要权衡帮助别人的利与弊,如果介入突发事件可能给自己带来某种麻烦,得不偿失,那么也不会选择介入。比如当你看到一个人被其家庭成员恐吓时,如果你贸然提供帮助,通常可能只会引起对方的愤怒,这可能解释了当人们看到一个女子被丈夫或男友攻击或一个小孩被父母虐待时,很少有人提供帮助的原因。即使警察在处理家庭纠纷时也很小心,对家庭暴力的干预比起对两个陌生人之间冲突的干预要危险得多。

三、社会学习理论

当你外出购物时,看到有些人正在为生病的儿童募捐时,你会捐款吗?如果你观察到其他人正在捐钱,甚至是只看到了募捐箱里有人捐过的硬币与纸币时,你是不是更可能做出慈善捐助呢?

社会学习理论就强调学习对于助人的重要性,认为可以通过强化来学习帮助他人,还可以通过观察来进行学习。我们都会记得小时候因为帮助了别人而受到家长、老师的表扬,或者因为可以提供帮助却袖手旁观时受到他们的批评。在崇尚社会学习理论的心理学家眼中,利他行为就是这样在赞扬与批评中产生的。

有研究发现,4岁的儿童,如果他们由于慷慨行为而得到泡泡糖奖励时,他们就会更愿意和其他小朋友分享弹珠玩具。甚至某些形式的赞扬比其他形式更有效,比如人格倾向的赞扬如"你真是那种愿意帮助人的好孩子!"比一般性赞扬如"你愿意把玩具分给没有玩具的小朋友玩,这是一种很好的帮助别人的行为!"更有效,其原因可能在于人格倾向的赞扬与鼓励让儿童将自己看作应该持续给予他人帮助的那类人。

榜样的作用也是重要的。例如,一个研究揭示了一年级儿童中,观看亲社会条件电视节目的儿童显著地比看中立条件电视的儿童更爱帮助他人。一项关于献血者的研究表明,成人也会因观察到助人榜样而受到影响。成长中,人们学到了一些关于谁应该得到帮助,以及什么时候应该给予帮助的规则,并逐渐内化为价值观和人生准则。

四、社会交换理论

人们为年幼的子女、多病的老人提供照顾,也为素不相识的人提供帮助,人与人之间的互助行为有一些动物所没有的动机,这就是社会交换的动机。霍曼斯用社会交换理论来解释人类的全部社会行为,人们不仅交换物质性的商品和金钱,而且还交换非物质性的知识、友情、信息、爱、满足等等。在社会生活中,人们通行着互惠交换的原则,人人为我,我为人人。

在助人行为上,社会交换理论认为施予者和接受者同样受益。对于接受者而言,得到了帮助,而施予者得到的报偿既有外部的,也有内部的。如帮助行为能获得赞誉或友谊,也能提升自我价值感,这些都是外部回报。无偿献血后你通常会有这种"自我感觉不错的体验"。帮助行为也可以获得减轻内疚感、缓解消极心境等内在酬赏。坐视不管、见死不救的内疚感会长久地折磨着你的心,你只能通过以后多做些助人的事情来缓解这种糟糕的情绪。有研究即表明当唤起了被试的内疚感后(如撒谎、毁坏了东西等),他们会有更强烈的利他愿望。

人们的行为是以收益最大化,而损失最小化为原则的,但是对于花费和收益,人们在无意识中就完成了这种监控。社会交换理论给我们留下的一个思考是成本—收益的分析似乎使我们找不到真正意义上的利他行为了。

五、社会规范理论

有的研究者认为,我们帮助别人并不是如社会交换理论所说的那样,是计算了收益和损失的结果,也不完全是基因进化的结果。Campbell以及其他一些心理学家通过研究提出了助人行为的社会规范理论。根据Campbell的观点,人类社会有选择地逐步演进某些能够增加群体幸福的技巧和信念。由于亲社会行为通常对社会有益,它就成了社会习俗或规范的一部分。一旦这种规范内化,即使没有外来的奖赏,人们也会自觉地遵从这种规范,并从中得到满足。相反,如果违反这种规范就会产生罪恶感和内疚感。有三种社会规范与助人行为特别相关,分别是社会责任、互惠和社会公平。

第一,社会责任规范指我们有责任帮助那些依赖自己的人。比如父母抚养孩子,教练照顾队员,同事之间应该互相帮助等。

第二,互惠规范指我们应当帮助那些帮助过自己的人。一些研究表明,人们的确愿意帮助那些曾经帮助过自己的人(Regan,1978)。

第三,社会公平规范指同等的贡献获得同等的报酬。大量研究已经证明,由于不公平分配而得到较多利益者会试图重新分配报酬以达到公平的结果。

社会责任、互惠和社会公平这三个规范为亲社会行为提供了文化基础。通过社会化的过程,个体学习到这些规范,并且表现出符合这些规范的亲社会行为。

第三节 利他行为的影响因素

一、利他者因素

1. 性别

一些国外研究表明,女性的人道主义思想比男性强,但女性不如男性善于帮助别人。一般说来,需要较大的体力或不适合女性性别角色的助人行为,以及当助人时的情境较为尴尬时,女性前去协助的倾向较低。这可能是受到身体条件的限制和社会文化影响。在现实社会中,出人头地、抛头露面的事大多是由主动性强的男性来干的。因此,在尴尬的场合女性更易受社会抑制效果的作用。而在善解人意、将自己置身于他人的情绪空间之中体查关怀他人上,女性的利他倾向较男性更强。

2. 年龄

研究表明,6 至 12 岁的儿童随着年龄的增长,利他行为也有所增加。可能是因为随着生理年龄的增长,儿童的人际交往能力也有所提高,开始明白更懂得利他合乎社会规范要求,更懂得"人人为我,我为人人",而且其行为也逐渐由"自我中心化"行为向"互惠化"行为发展,开始懂得设身处地替他人着想了。

> **分核桃的故事**
>
> 心理学家厄盖赖尔等人让4—16岁儿童分核桃,核桃数是单数,要被试和另一儿童分,有三种分法:一是丢掉一个,成偶数然后两人平分;二是给自己多分一个;三是给对方多分一个。研究结果表明,利他行为随年龄增长而增长:4—6岁儿童有33%给对方多分一个,9岁左右有77%给对方多分一个,12岁以后100%给对方多分一个。

3. 人格特征

研究证实,一个人的社会责任感和利他行为有着直接的联系。社会责任感是一个人利他行为的出发点,是激发一个人行动起来以实现一定道德目的的内在动机。责任感是个体对社会和他人对其客观要求的主观认识和内心体验。心理学者狄德拉斯基等人在1972年发表的《情感的表达与儿童的模拟利他主义》一文中证实,无论是男孩还是女孩,社会责任感和他们的捐赠行为之间存在着相关关系。

4. 助人者的心境

心境是指一种弥漫性的持久而微弱的情绪状态。在日常生活中,当我们有求于人时,都知道选择对方愉快的时候,因为良好的心境促使人积极、热情。而消极的心境则使人厌烦、消沉、兴趣陡减。

> **情绪会影响利他行为?**
>
> 阿尔森等人通过评价被试者是成功还是失败,形成实验者积极或消极的情绪状态,然后再观察在这两种情绪状态下被试的利他行为。具体的实验方法是,让一些高的评

第七章 利他行为

价使被试感到自己成功了,而给另一些人较低评价使之感到自己失败了。紧接着,有人以支持中学改善生活设施为名向他们募捐。实验结果,"成功组"的被试者平均每人捐了四元钱,而"失败组"的被试者平均则只捐了七角钱。阿尔森对此所做的解释是,成功的体验带给人的满足感可以有扩散作用,并由此提高成功者对一般人与事的好感。许多研究都指出,积极的心境常常可以增加利他行为的可能性。

二、被帮助者特征

1. 性别

很多研究表明,女性被帮助的机会多于男性。这可能因为,在社会传统上女性属于弱者,更有理由获得帮助;另外,有学者认为,男性对女性的帮助有时带有不自觉的性的意象,因为有研究发现,有魅力的女性与相貌平常的女性相比,从男性那获得帮助的机会更多。

2. 值得帮助的人

一般说来,老人和孩子获得帮助的机会较多。因为我们更容易帮助那些我们认为他们自己没有解决问题的能力,必须求得帮助才能摆脱困境的人。再有人们可能更会帮助客观情况需要帮助的人,比如我们更可能帮助因为

昆明道路交通安全网
2009-01-19

家里有要紧的事而缺课的同学补习功课,而不会是那些出去度假而不能按时上课的同学。

3. 相似性

人们更愿意帮助那些和他们相似的人,因为我们会更多地对那些跟我们相似的人产生共情(Miller & others,2001)。同性恋的人更乐意在同性恋的组织中做义工的工作。德布鲁因(2002)的研究就表明被试对那些照片上看来具有某些自己特征的同伴更信任,也更慷慨。

4. 魅力和人品

有魅力和人品好的人,更容易得到帮助。人们倾向于帮助那些看上去正派、质朴的人,而不愿帮助那些让人厌恶、感到不正经的人。

女人更看重无私的男人

研究者让女大学生观看实验者和一个男人(实验者同谋者)之间的谈话录像。在谈话中同谋者表现了他对利他行为的态度。在高利他主义情境下,他谈到了帮助他人,并心甘情愿地去完成一个无聊的任务,而不是让其他人去做。在低利他主义的情境下,同谋者谈到了要当心自己的利益,并倾向于把繁琐的任务留给别人。看完录像之后,要求女性被试在几个方面对同谋者加以评价,评价维度包括:外表和性别吸引力、交往约会的愿望等。尽管是同一个男人,但是在高低两种利他主义情境下,女性对其评价不同。在他们做利他行为时,女性认为他们更具吸引力,更加悦人心意。(Jensen-Campbell et al.,1995)

三、环境因素

1. 物理环境

天气、噪音等自然环境条件通过影响着人们的心境而增加或减少人们的利他行为。Cunningham 1979 年对天气的影响进行研究表明,人们更愿意在阳光灿烂和气温舒适的情况下提供帮助。Amato 和 Levine 等分别在澳大利亚和美国城市进行的研究表明,在帮助陌生人方面,城市越小,提供帮助的人越多;人口密度越大,利他行为越多。

2. 时间压力

时间效应的证据来自 Darley 和 Batson(1973)的实验。此研究的一部分是,要求男学生走到另一所建筑去听一个讲座。其中一些人被告之:时间随意,讲座不会立刻开始的;另一些人则被通知:尽快,他们已经迟到了,研究者正在等他们。当被试离开,前往另一个建筑的途中时,他看到一个衣衫褴褛的人跌倒在门口,不停地呻吟。研究后的访谈中,所有的学生都记得看到过受伤者。但是时间匆忙的学生仅仅有 10% 给予了帮助;而没有时间压力的学生则有 63% 给予了帮助,时间压力使得这些学生忽视了受伤者的需要。

3. 社会文化因素

每个人都生活在一定的社会环境之中,他的行为既是自由的,又是不自由的。一方面他有选择的自由;另一方面他的选择又受制于一定的社会规范和价值观。利他行为作为一种社会行为,自然也受制于具体的社会制度和具体文化背景中的价值观和行为规范。

四、旁观者效应

1964 年 3 月,在纽约昆士镇的克尤公园发生了一起谋杀案,使全美感到震惊。吉娣·格罗维斯是一位年轻的酒吧经理,她于早上 3 点回家途中被温斯顿·莫斯雷刺死。使这场谋杀成为大新闻的原因是,这次谋杀共用了半个小时

> 的时间(莫斯雷刺中了她,离开,几分钟后又折回来再次刺她,又离开,最后又回过头来再刺她),这期间,她反复尖叫,大声呼救,有38个人从公寓窗口听见和看到她被刺的情形。没有人下来保护她,她躺在地上流血也没有人帮她,甚至都没有人给警察打电话。

通常我们会认为,有许多人在发生紧急情况时在场,就一定会有人出来相助,但事实却常常相反,正因为有许多人在场,结果很少有人出来帮助。这种在紧急情况下,由于其他人在场,不仅不会使个体的利他行为增强,反而会抑制个体的利他行为,从而产生了集体坐视不救的冷漠行为,被称为"旁观者效应"。

http://www.sdgh.net/ghweb7777/Article_Show.asp?ArticleID=1187

1. 旁观者行为的研究

当时,新闻评论人和其他学者都认为这38个证人无动于衷的言行是现代城市人,特别是纽约人异化和不人道的证据。可是,生活在这个城市的两位年轻社会心理学家达利(Darley)和拉坦(Latane)对这种一概而论的说法甚为不满。他们觉得,对于人们的无动于衷,一定有更深层次的原因,一定有更令人信服的解释。他们对旁观者效应进行了一系列的研究工作。

他们以男女大学生为被试,每次将一位大学生带进实验室,分配在单独的房间里,并让他们认为自己是两人、三人或六人讨论组的成员之一,准备参加一个讨论会,讨论与学校生活有关的个人问题。在整个实验过程中,每个被试都是通过麦克风向小组其他成员发表自己的意见,而且,每个房间的麦克风只开两分钟,一个人讲话时,其他的都关掉,即每次只准一个人讲话。

谈话过了一轮后,进行第二轮。在第二轮中,要求每个人对其他人的谈话发表评论。这时,实验者告诉大家,他将离开讨论现场,因为他在场,可能会影响大家畅所欲言地进行讨论。每个小组第一个发言的是假被试,其发言内容都是事先录了音的,这个助手将在实验过程中扮演"假装癫痫病发作,说话语无伦次的求助者"。在讨论中,正在发言的假被试突然发病了,断断续续说道:"我想我……需要……如果谁……能……帮助我……因为……我……我现在……真的……不……不行了,如果谁……能帮助我……帮我出去……那……那太好了……因为我……我犯……病了,我的……的确……需要……帮……帮助,谁……来……快……帮我……一下"接着是哽咽声。一会又是求助声:"我要死……了我……要死……帮……"接着又是哽咽声,然后什么声音也没有了。

实验发现,当被试认为只有求助者一个人与他讨论时,有85%的被试在求助者讲话结束前就打开了门,准备提供帮助。当被试认为除求助者外,还有另外一个人也一起参加讨论时,有62%的被试冲出房间,准备提供帮助。而当被试认为除求助者外,还有另外四个人也一起参加讨论时,则只有31%的被试打开门准备给予帮助。

2. 旁观者效应的解释

2005年5月12日《南京晨报》:四川省武侯区的熊伟和妻子一起骑自行车出门上班,谁知途中竟被人追杀。当熊伟身中数刀,趴在地上呼救时,围观的数百人竟然都作壁上观。无人出面制止,也无人拨打电话报警。

> 2005年4月25日下午,一个19岁女孩被一男子尾追进公厕,惨遭20余分钟的踩踹。尽管女厕内不断传出痛苦的嘶喊声,但围观的40多名市民无一人制止。

为什么旁观者越多,越不会轻易给予帮助呢?研究者提出了以下解释。

(1) 社会抑制作用

社会上每个人对所发生的事件都有一定的看法,并采取相应的行动。但每当有其他人在场时,个人在行动之前会比没有他人在场时,更加小心地评估自己的行为,把自己准备要做出的反应与他人的反应加以比较,以防做出尴尬难堪的事情,给人以笑柄。比较的结果是,当他人都不采取利他行为时就产生了对利他行为的"社会抑制"的作用。

(2) 社会影响的结果

在一定的社会情境下,每个人都有一种模仿他人行为而行事的倾向,这种倾向在紧急情况下更加突出。也就是说,当在场的其他人无行动时,个人往往会遵从大家一致的表现,采取一种"不介入"的态度,这是由于周围环境或团体的压力产生的一种符合团体压力而改变自己态度与行为的从众社会心理现象。

(3) 多数的忽略

他人的在场和出现影响了个人对整个情境的知觉和解释、判断。紧急情况出现后,没有前去相助是因为对情境的解释不清楚。因为当有其他人在场,且他人都镇静自若,平静专注干着各自的事情时,就会造成没有什么危险事件发生的知觉,也就是说别人的反应影响了个体对事件的判断、解释、认知,个体也会镇静下来不予理睬。达利和拉坦纳称这种漠不关心的情形为"多数的忽略"。这种忽略对个人欲采取的行动有一种抑制的作用。

（4）责任扩散

这是指在紧急情况下，当有其他人在场时，个人救助他人的责任会减少。这是因为见危不救所产生的罪恶感、羞耻感、内疚感往往会扩散到其他人身上，而由于责任扩散，个人的责任相对减少，个人不去帮助受难者的代价也会减少，因此他人在场会减少个人的助人行为。

应当指出，达利等人的研究并不是为那些袖手旁观的人推卸责任，事实表明，形势本身的错综复杂是造成人们袖手旁观的原因之一。人们没有去相救，不一定都是怀有罪恶感或冷漠无情，也可能是他们没有感到自己应负的责任和不明事实真相的缘故。

午后红茶

"范跑跑"临震脱逃引发社会心理余震

"范跑跑"本名范美忠，是都江堰光亚中学的老师。"5·12汶川大地震"发生时，他弃学生于不顾，第一个跑出教室，成为第一个逃到操场安全地带的人。事后，他在天涯论坛发表题为"那一刻地动山摇"的帖子，细致描写当时情形，理直气壮地宣称："在这种生死抉择的瞬间，只有为了我的女儿我才可能考虑牺牲自我，其他的人，哪怕是我的母亲，在这种情况下我也不会管的。"

没有任何意外，范美忠的帖子很快在社会各界引起激烈争议。绝大部分人直指其是斯文败类，妄为人师，范美忠因此被人称作"先跑老师"，得到"范跑跑"的雅号；少数人则称每个人的生命权都值得尊重,对他的选择表示理解。这种争议在凤凰卫视邀请范美忠参加"一虎一席谈"节目后达到沸点。事情的最新进展是学校奉都江堰教育局之命,正式解聘范美忠。但"范跑跑"引发的社会心理余震并未因此平息。

"健康863心理网"心理学专家筱丹老师就此分析认为,"范美忠事件"之所以引发全民热议,源于公众对"亲社会行为"和"逆社会行为"的不同价值判断,反映了复杂的社会心理。亲社会行为,在社会心理学领域意谓关心其他人利益、福祉的行为,包含人表现出来的帮助、合作、共享乃至奉献等利他的社会态度;与此相反,逆社会行为则是不能被社会主流所接受的行为。范美忠的临震脱逃和事后的言行违背了大多数人的道德直觉和心理预期,在他们看来,范美忠没有职业道德,不愿承担社会责任,甚至罔顾基本的道德伦常,诸多可耻行径,应该遭到全社会的唾弃。而范美忠的支持者们则把他的行为理解为人的一种本能,一种对生命延续的渴望,这种个体的绝对自由是其与生俱来的权利,是其所有其他责任的基础和前提,没有人可以用任何理由进行剥夺。

"亲社会行为"和"逆社会行为"的价值交锋折射出当今中国道德观念的进步。不能容忍异端是社会的退步,也是国民道德狭隘的表现。在范美忠事件中,对道德价值的公开探讨、独立思考和畅所欲言,标志着国民道德水平的提升。但在这场争论中,我们有必要重申"职责",在更广泛的领域里去探讨突发灾难面前承担不同社会分工的个体所需要具备的职业道德伦理。每个职业都有各自的职业规范,也都有自己的职业责任和职业精神。教师是教室里的组织者和责任人,理应承担应有的监护责任,组织学生们应对突发事件和躲避灾害应该是其理所当然的职责。即使不是面临这种生与死的选择,一个人也不能为了个人的利益而忘记了自己的职责所在和道德规范。这应该是一个道德底线和共识。

  筱丹老师最后指出,讨伐或开除"范跑跑"并不能给学生更高的安全预期。提高他们的自我保护能力与防灾避难的技巧才是保障他们生命的根本。从"范跑跑事件"引申出对灾难教育的重视,才是意义所在。

  文章来源:http://bbs.koubei.com/thread_136_45546_1.html。

第八章　人际交往

　　时间总是匆匆而过,转眼间又是一年毕业时,而这次是自己要离开了。小野看着已经有点空荡和清静的寝室,看着自己打包好的行囊,心里有着说不出的滋味。四年前,老爸拉着皮箱,老妈拿着水壶、脸盆,自己拿着篮球的场景似乎还在眼前;大一时,身为大一的小朋友走在校园里有多少梦想,多少憧憬,但脸上还要装成我很自信,我对这些不屑一顾;大二时,当有小学弟恭敬地叫自己一声学长时,自己脸上是平静的微笑,心却澎湃了好半天……

　　回忆四年的大学时光,说实话最舍不得的就是自己那帮好兄弟,这几天吃着一顿顿"散伙饭",看着自己的好兄弟一个个离开,这种感觉太糟糕了,所以决定马上离开,不再耽搁。四年了就自私一回,因为太不想自己走的时候没有兄弟送,太不想自己亲手关上寝室的门!

　　火车站里人很多,但是自己的心却莫名的孤单,不能像以前那样装酷耍帅,甚至窘迫地希望火车快点检票,因为这几个天天互相打哈取笑的兄弟都尴尬得不知道说什么好。

小野坚持不让他们送自己上火车,走进检票口后,回头再看一眼自己的兄弟,虽然极力控制,但还是忍不住鼻子发酸,猴子、幺哥、野蛮在那头向自己挥手,四年的点滴就像过电影一样在脑海里回放……

记得四年前第一次进寝室,就看到一个没长开的小男生,也太瘦小了,说实话这样的男生真没法入"型男"小野的眼。但是这个小男生很热情,人品更是没话说,这四年简直就是"寝室家长",为每个粗糙的兄弟操心,所以虽然是寝室年龄最小的,但是大家都叫他"幺哥",虽然平时这声"幺"有很大的打趣成分,但是在兄弟心里却真的把他当哥哥看待。

记得考试前猴子为兄弟们抢占通宵自习室的"宝座",从高手学长学姐处淘考试宝典、通关秘笈,还在兄弟们困得和周公打架时送上咖啡和面包,然后鼓励地拍拍大家的肩膀"再坚持一会,考完试兄弟们喝酒!"而其实猴子是个顶顶聪明的牛人,学习成绩更是好得莫名其妙,根本用不上这么通宵达旦,他就是想在关键时刻拉各位兄弟一把。

记得每年买回家的火车票都是让大家最头痛的事情,"一票难求"一点也不夸张,但是身体强壮的野蛮总是很义气地说:"没事,明天三点我去火车站占位,就不信开闸第一票他敢不卖!"所以这四年,兄弟们都没有因为买票而影响考试复习、影响心情,因为有个义气的兄弟帮大家都搞定了。

记得兄弟们在酒桌上建立起的"革命友谊",记得每学期期末手头紧时都有兄弟默契地请吃饭,记得失恋时兄弟们陪自己打篮球到筋疲力尽,记得有兄弟阑尾炎手术大家轮流值班照顾……

回忆起这四年的时光是那样的真实,又是那样的离奇,小野深深地一抱拳,此处无声胜有声了!

我们人生的每一个阶段,都在与人相遇,成为陌路或进一步相知;都在与人交往,成为过客或成为朋友;都在与人交心,成为萍水或成为挚交……总之,我们都在与社会,与周围的人广泛地接触,这就是我们这章要一同分享的人际交往。

第一节　人际交往概述

人是社会动物,天生过群居生活。

——普卢塔克

我们每个人几乎每天都在进行人际互动,与亲人、朋友、同事,甚至是与素不相识的路人。那么,为什么人类个体非要和其他个体生活在一起并进行相互交往呢?为什么大多数的人类个体无法忍受远离尘世的孤独生活呢?这些都源自人类的一种本性——社会性。

一、人类的社会性——亲和

久居在钢筋水泥铸造的嘈杂都市的人们常常会向往"采菊东篱下,悠然见南山"的闲适、安静的生活,渴望能够拥有独属于自己的空间,渴望没有电话、短信的个人时间,甚至有许多人还幻想着有一天能退隐到深山幽谷中,过与世无争的"隐士"生活。但是这种"安静"真的能给我们带来快乐吗?

短时感觉剥夺实验

几乎所有经历过集体生活的人都有过这样的感受,希望某个时候寝室里只有自己,可以一个人静静地呆一会,但是当你真的和外界没有丝毫接触时自己会是什么感觉呢?22个大学生志愿者参加了这项短时感觉剥夺的实验。他们被要求躺在一个无声的小卧室的床上,戴上不透明的风镜、纸做的护腕和厚厚的手套,头枕在泡沫枕头里,耳朵听不到任何声音。就这样不到3天,学生们开始报告视觉模糊、不能集中精力、完成认知任务的能力退化。

1. 亲和的理论解释

有实验表明,人的四分之三非睡眠时间几乎都是和其他人一起度过的,亲和行为是人类社会一个极其普遍和重要的现象,任何人类个体都愿意与其他个体进行交往。对人类的亲和行为,心理学家们进行了不同的解释。

先天决定论——本能

麦独孤认为:人类天生带有许多先天固有的特性,其中一种就是要寻求伙伴,与他人结合在一起的倾向。这就好像蚂蚁由于本能集合在蚁群中,狒狒由于本能建立起复杂的群体结构,人也生活在自己的人类群体中。人们这样做,并不是由于这样是好的或是正确的,也不是因为是有用的,而是一种人们不用想就产生的行为,这就好像一个婴儿天生就会吸吮奶头,天生就害怕站在悬崖上一样。本能的观点是无法进行检验的,因为从事这种检验的唯一方法是要在孤立的状态下抚养起一个人类的孩子,再研究他以后的行为,而这显然是违背了人类的伦理道德。但心理学家们从自然选择的角度给予本能观以可能的解释,自然选择理论告诉我们,任何可以增加生物体生存机会的特性历经数代就成为生物体的显性基因。和其他个体生活在一起的人类祖先,不仅使自己活了下来,还使自己比单独生存的祖先有了更多的后代。人类经过了漫长的进化,这种要和其他人生活在一起的社会性倾向,因为和人类个体以及人类群体的生存息息相关,因而有可能早已经沉淀在我们人的原始本能中了,使我们生来就有了要融入社会,要和其他人在一起的本能及其行为。

人类的内在因素——儿童期的无助性

持这一观点的心理学家认为,是人类的内在决定因素,特别是人类在其生命早期孤弱不能自助的特性,引起了人类个体要和其他人生活在一起的社会性。我们知道,和其他的大多数动物不同,人类的婴幼儿在其出生后的很长一段时间是不能自助的,他们必须依靠父母或其他的成年人得到生存所必需的食物,以及安全、温暖等

在和妈妈的交往中获得安全和温暖
http://cobuyor.com

的保护,才能活下来,并得以成长。这就使得人类的婴幼儿在其生命的最初几年是群聚的,是要和其他人生活在一起的。

学习——形成亲和的习惯

人们学习和其他人在一起生活就像人们学习其他任何东西一样。在人类生命的早期,为了食物,为了安全和温暖这些基本的生存需要,孩子们必须要依靠其他成年人。在这样的和他人互动过程中,人类的孩子们学到了,只要和他人在一起,就可以满足自己的需要。一次次的满足使孩子们要和他人生活在一起的联系被强化,其结果,使要和他人生活

在一起的社会性成为其日常生活的一种习惯、一种特性。而且,这种学习影响了一个人一生的行为,当个体长大了,成长为一个成年人了,可以不再为了维持生存而必然地有求于他人、依靠他人,但个体还是与其他人保持密切的联系,并且,在人类社会的各种文化中,所有人类的孩子在某种程度上,都必须学习和其他人在一起互动的社会性行为。由此,使社会性成为了人类的一种特性。

需要的满足——保持亲和

生存可以说仅仅是人类的第一需要,随着成长,人类个体将有越来越多的需要强烈地想得到满足,比如对于爱情的需要、对于成就的需要、对于尊重的需要、对于权利的需要,等等,而这些需要中的每一项都必须依靠其他人的提供才能得到满足,比如爱情的需要,如果没有与其他某个个体的相互爱恋,个体何谈爱情需要的满足呢?虽然,这样一些需要不一定是人类内在的需要,但是,它们仍为我们人类的大多数所追求,并且,个体在孤立的状态下的确是很难使这样的一些需要得到满足的。因此,为了生命中不断涌现的需要的满足,长大的我们还是保持着与其他人在一起生活的习惯,并使之成为我们人类的一种特性。

2. 亲和的研究

住在集体宿舍里的大学生可能都有这样的体会:某些时候会盼望寝室中的人都赶快离开,就留自己一个人,躺在小床上,听着轻松的音乐,会觉得这一刻是人生最大的享受;而有些时候,特别是节假日,其他的室友都回家了,只有自己一个人,又会觉得特别孤独,特别委屈,渴望有人能和自己说说话……我们可以发现亲和的需要和独处的需要常常是交替出现的,那么是什么因素增加或减弱这些需要呢?

恐惧与亲和

当 2008 年初那场雪灾侵袭南方城市时,当遭遇百年不遇的汶川地震时,人们最希望的就是有人和自己在一起;在面临失业、离异、病痛、丧失亲人时我们也更希望有个肩膀可以依靠,有双耳朵愿意倾听……对此,心理学家从社会比较理论的观点做出解释:当我们在一个新奇的、恐惧的或是任何不平常的环境中时,常常会不知所措,这时他人成为我们信息的来源,我们参考他人的反应再决定自己该如何去做,所以在这种情况下,我们更渴望交往和归属于团队。

http://www.ayuren.com/?856/viewspace-10628.html

他人陪伴可以减少恐惧?

对人类的社会性实验研究最有发言权的要算心理学家斯坦利·沙赫特,他在 1959 年时发表了被认为是心理学历史上经典性实验研究的报告。他告诉被试,实验的目的是测查电击后人的生理反应。对一组被试说电击可能很疼,但不会有永久性伤害(高恐惧组);对另一组被试说不会有疼痛感(低恐惧组)。同时告诉两组被试,仪器需要调试,10 分钟之后开始实验,他们可选择单独等待或与另一位被试一起等待。实验结果见下表。

恐惧对社会性欲望的影响

条件	选择的百分比			社会性欲望的强度
	集中	不关心	单独	
高度恐惧	62.5	28.1	9.4	0.88
低度恐惧	33.5	60.0	7.0	0.35

> 可见,被唤起了高度恐惧的被试比有低度恐惧感的被试有更多的人、也更强烈地希望和其他人在一起等待实验的开始。由此证明,恐惧是引起并影响人们的社会性欲望的一个重要因素。

排行与亲和

沙赫特在研究中还发现,排行是影响一个人社会性欲求强烈与否的重要因素,具体表现在长子、长女和独生子女在害怕时比非长子长女有着更强烈的要和其他人待在一起的愿望。

长子长女或独生子女是父母的第一个孩子,年轻父母由于缺乏养育儿女的经验,因而对第一个孩子倾注的关注和爱心特别多,时时围在他们身边。孩子也从这种特别关切的养育中知道害怕时可以找爸爸妈妈,伤心时可以找爸爸妈妈。渐渐地,当他不舒服时,他知道他人是使自己舒服的不可思议的源泉。而当第二个孩子出生时,父母没有了初为人父母的那份新鲜感,并且父母有两个孩子要照顾,没有更多的时间专门关注第二个孩子的痛苦和需要了,因此,第二个孩子从父母那儿学到的要和其他人在一起的倾向就比第一个孩子少得多,这就使第二个孩子需要他人关怀的动机没有第一个孩子强烈,社会信号欲望也就较低。等第三个孩子出生时,父母更没有专门的时间照顾他了,父母对养育儿女也更为镇定和有经验了,因此,第三个孩子学到的社会性欲望和行为就更少了。

因此,孩子们在家庭中的排行越往前,就越知道在有不安全感时可以依赖其他人作为舒适的源泉。

二、人际交往的心理功能

一些社会心理学家强调,人际交往最基本的作用是传递信息。这种观点对于人们认识交往的实质固然是有帮助的,但是,信息传递是交往存在的一种基本形式,是由交往性质本身所决定的,重要的是,交往、传递信息,会对人们的心理发生影响,这就是交往的心理功能。可以概括为几个方面:

1. 协调作用

人们通过交往进行联系,形成一定的社会关系。为了协调共同活动的需要,使社会成员有秩序地生活,避免各种矛盾和冲突,人们在交往团体中制定了一系列团体规范和社会行为准则。这些规范和准则作用的发挥,必须通过人际交往,把信息传达给社会中的每个成员,促使人们行为保持一致。所以说,人际交往有利于提供信息,调节情绪,增进团结。

2. 心理保健作用

交往是人类最基本的社会需要之一,同时也是人们赖以同外界保持联系的重要途径。通过交往,保证了个人的安全感,增强了人与人之间的亲密感。人都有归属的需要,通过彼此间的相互交往,可以诉说各人的喜怒哀乐,这样就增进了成员之间思想、情感的交流,产生依恋之情。事实表明:"交往的剥夺"同"感觉的剥夺"一样,对人的心理损害是极其严重的。例如,长期关押在单人牢房的囚犯,由于交往被剥夺从而导致精神失常的事例并不鲜见。

3. 促进个体的社会性意识的形成和发展

人与人之间的不断交往,为个体提供了大量的社会性刺激,从而保证个体社会性意识的形成和发展。婴儿一出生通过与父母的交往获得了生理上的和心理上的满足。随着年龄的增长,个人交往的范围日益广阔,接受各种社会思想,形成一定的道德体系,逐渐完成了各个年龄阶段的人生发展课题,社会意识由低级向高级迈进,形成健全的人格特征以适应复杂的社会生活。

4. 有利于形成良好的社会心理气氛

人际交往能够传播健康的社会思想、促进人们社会行为的规范化,形成良好的社会心理气氛,并使之处于主导地位,还可以净化不良的社会风气,消除不健康的社会意识形态,使社会处于和谐、稳定、有秩序的状态之中。

三、人际交往的形式

我们日常的人际交往是个复杂而随意的过程,我们似乎在借助一切可能手段,运用各种方法来传递彼此的信息,社会心理学按不同的分类标准,将人际交往划分为不同的形式。

1. 人际交往的组织系统——正式交往和非正式交往

正式交往是通过组织机构明文规定的渠道而进行的交往,如组织之间人员的往来、请示汇报制度、会议制度等。非正式交往是指正式交往渠道以外的信息交流和意见沟通,例如私人聚会、传播小道消息或举行非正式群体的娱乐活动(如家庭舞会)等。如果说正式交往是官方的、规范化的,那么非正式交往则是民间的、非规范化的。

2. 信息传递有无反馈——单向交往与双向交往

单向交往是指交往的一方只发出信息,另一方只接受信息,无反馈系统,如作报告、发通知、演讲等。双向交往是指交往双方既发送信息,又接受信息,在交往过程中可以随时掌握反馈的沟通形式,例如小组讨论、协商、会谈等。总体来说,双向交往的效果优于单向交往,只有通过双向交往形式,才能做到意见沟通,达到良好的交往的效果。

3. 交往是否经过一定的中间环节——直接交往和间接交往

直接交往是不通过任何中间环节,面对面的交往,如几个好友在一起聚会交谈。间接交往是需经过某些中间环节才能实现的交往,如信件往来,通过电话告诉对方某件事情等。

4. 信息传递方式——口头交往和书面交往

口头交往迅速、灵活,能随机应变,有反馈,适用性强,常用于调查访问、演讲宣传、咨询、审讯等方面。书面交往自人类产生文字后就被广泛采用了,书籍、报刊、布告、通知、广告、信件等都是书面沟通的方式。

第二节 人际沟通

在社会生活中,人与人之间的信息联系就是人际沟通。无论是慷慨陈词还是眉目传情,无论是漫不经心的举手投足还是别具匠心的精心打扮,无论是一唱一和还是充耳不闻,都是在进行人际沟通。人与人之间如果没有沟通,那么每一个人就是一座孤岛,只有实现了人际沟通,人的社会性才能成为现实。

一、信息沟通的要素及模式

任何信息的传递过程都不外乎是:信息发送者运用符号系统所表示的意义发出信息,信息通过载体或媒介被接受者所接收。信息沟通过程的要素有:(1)信息发送者——亦称信源,它是使传递的信息符号化,然后将符号化的信息发送出去的个体、群体或大众传播工具;(2)信息——传递的具体内容;(3)信道——信息的载体或媒介,如发音器官、电波、报纸等;(4)信息接受者——接受信息、理解符号、做出反应的个体或群体。人际交往的信息沟通过程,可以用如下模式图表示:

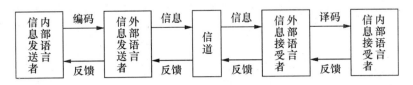

信息沟通模式图

二、人际沟通的载体

人际沟通必须借助一定的符号系统作为信息的载体才能实现,符号系统是人际交往的工具。一般可以把符号系统归为两类,即语言符号系统和非语言符号系统。

1. 信息传递的语言符号系统

俗话说:一句话逗人笑,一句话也能使人跳。可见,语言作为人类特有的第二信号系统,具有其独特的力量。语言可以分为口头语言和书面语言,即语音符号系统和文字符号系统。

(1)口头语言

在直接交往中,人们大都采用口头语言,口头语言在日常生活中应用最广,收效最快。例如,会谈、讨论、演讲及见面对话都可以直接地、及时地交流信息、沟通意见。由"说"和"听"构成的言语交往情境,直接促使双方在心理上产生交互作用。

(2)书面语言

在间接交往中,一般采用书面语言。书面语言不受时空条件的限制,能更为详尽地、丰富地表达叙述者的意见和情感,并可广泛地流传。由"写"和"读"构成的言语交往,使交际范围得到进一步的扩展,丰富了人们交往的内容。

2. 非语言符号系统

语言符号系统是人际交往最主要的工具,但并非唯一工具,非语言符号系统在人际交往中也占有重要地位,人们常说"于无声处听惊雷"。非语言符号系统一般有以下几种形式:

(1)视—动符号系统

动态无声的皱眉、微笑、抚摸或静态无声的站立、倚靠、坐态等,以及眼镜、口红、发型等附加物在交往中都能起到一定的作用。心理学家研究指出:仅是人的脸部,就能做出大约 250000 种不同的表情。

一皱眉一浅笑都表达着内心的感受,传递着交流的信息。

图片来源:http://hi.baidu.com/% C9% F1% C6% E6pp% CD% DE/album/item/008765fbdf9aebac9e51469a.html
http://taling.hnie.edu.cn/?uid-8214

(2)时—空组织系统

准时到达预定的地方会面能表示对对方的尊重、礼貌,使对方感到言而有信,为双方交流创设了良好的情境,同时面对面谈话,又有助于产生亲密感。病房中的病友、火车上的旅伴,由于双方处在一种特殊的时空关系之中,往往会讲述某些关于自身的情况。不少社会心理学家已经开始对产生某些社会心理现象的空间距离问题发生了浓厚的兴趣。

（3）目光接触系统

爱默生说："人的眼睛像舌头那样善于交谈，眼睛的语言有这样的特点：它不需要字典，世界各地的人都能懂。"从传统意义上说，眼睛被认为是最明确的感情表达方式：相爱者深切地注视着对方的眼睛，而仇恨者则怒目而视。有一种意见认为，你越是喜欢一个人，你就越容易用眼睛和他接触；而对不喜欢的人用眼睛接触比对一般关系的人还要少。

目光可以在交流中起到画龙点睛的作用。
http://www.diyimei.com/xxsj/HTML/8699.shtml

（4）辅助语言系统

"谢谢"一词，可以感动地、喃喃地说出，表示真诚的谢意，也可以冷冷地、缓慢地吐出每一个字，表示轻蔑或不耐烦，由此可见，音质、音幅、声调及言语中的停顿、速度快慢、附加的干咳、哭或笑等，都能强化信息的语义分量，具有强调、迷惑、引诱的功能。

第三节 人际吸引

在我们交往的人中，是否有人让你似曾相识，有人让你莫名的有好感，有人让你特别愿意向他吐露心声……我们会发现在社会交往中我们不仅相互感觉、相互认识，而且也形成一定的情感联系，这种情感联系就集中表现在人际吸引上，那么，我们是怎样被他（她）人吸引的？又如何提升自己的人际吸引力呢？

一、接近性——你的朋友就在你身边

想想你要好的朋友,你们是在什么情况下认识,经常在一起交谈,并成为知己的?

我们会发现我们的朋友可能是自己的邻里、是自己的同学或是单位的同事……总之他(她)们常常是离我们很近的一些人。空间上的距离越小,双方越接近,则往往容易引为知己,尤其在交往的早期阶段更是如此。因为地理

图片来源:http://www.cmechina.net/content/200600000432/02/

上的接近使相互接触的机会更多,相互之间更容易熟悉对方。这也涉及了交往利益和交往成本的问题,毕竟相隔很远的人际关系需要时间、计划和金钱来维持。

近水楼台

费斯汀格等人对麻省理工学院17栋已婚学生的住宅楼进行调查,这些楼房每层有五个单元住房,住户住到哪一个单元,纯属偶然。哪个单元的老住户搬走了,新住户就搬进去,因此具有随机性。调查时,所有住户的女主人都被问道:在这个居住区中,和你经常打交道的最亲近的三位邻居是谁?统计结果表明,居住距离越近的人,交往次数越多,关系越亲密。在同一层楼中,和紧隔壁的邻居交往的概率是41%,和隔一户的邻居交往的概率是22%,和隔三户的邻居交往的概率只有10%,多隔几户,实际距离增加不了多少,但是亲密程度却有很大不同。

第八章 人际交往

研究表明,邻近性因素并不是持之以恒地发生着作用,随着时间的推移,其发挥的作用将越来越少,尤其是当双方关系紧张时,空间距离越接近,人际反应更消极。就像是在开学的第一天你就对班级那个粗鲁无礼的男生十分的厌恶,不幸的是你又被安排坐在他的前面,你会经常听到他说脏话,这加剧了你对他的厌恶感。邻近效应无法促使你们成为朋友,反倒使他成为你厌烦的对象。

二、相似性——物以类聚、人以群分

朋友就是这样的一些人,他们与我们关于善恶的观点一致,他们与我们关于敌友的观点也一致……我们喜欢那些与我们相似的人,以及那些与我们有共同追求的人。

——亚里士多德,《修辞学》

在一次校园聚会中,跟几个初次见面的人在一起聊天,你跟 A 关于教育、音乐、时尚的看法格外的一致,越聊越投机;而跟 B 的观点就差异很大,你们甚至找不到共同的话题。聚会之后,你会更愿意与谁继续见面并做朋友呢?显然是 A。

志同道合

1961 年,社会心理学家纽科姆在密歇根大学做过一个实验,研究小组成员之间的相互吸引问题。实验对象是 17 名大学生。纽科姆为他们免费提供住宿 4 个月,交换条件是要求他们定期接受谈话和测验。在被试进入宿舍前先测定他们关于政治、经济、审美、社会福利等方面的态度和价值观以及他们的人格特征。然后将那些态度、价值观和人格特征相似和不相似的学生混合安排在几个房间里一起

> 生活4个月,4个月后定期测定他们对上述问题的看法和态度,让他们相互评定室内人,喜欢谁不喜欢谁。实验结果表明,在相处的初期,空间距离的邻近性决定人际之间的吸引,到了后期相互吸引发生了变化,彼此间的态度和价值观越相似的人,相互间的吸引力越强。

日常生活中,各种情况的相似都可能引起程度不同的人际吸引效应。共同的态度、信仰、价值观和兴趣;共同的语言、国籍、出身地;共同的民族、文化、宗教、背景;共同的教育水平、年龄、职业、社会阶层;及至共同的身体特征,如身高、体重、居住地等,都能在一定条件下不同程度地增加人们的相互吸引。人们倾向于喜欢在某方面或多方面与自己相似的人。

"名片"效应

名片效应指要让对方接受你的观点、态度,就要把对方与自己视为一体,表明自己与对方的态度和价值观相同,就会使对方感觉到你与他有更多的相似性,从而很快地缩小与你的心理距离,更愿与你接近,结成良好的人际关系。

一位求职青年,应聘几家单位都被拒之门外,感到十分沮丧。最后,他又抱着一线希望到一家公司应聘,在此之前,他先打听了该公司老总的历史,通过了解,他发现这个公司老总以前也有与自己相似的经历,于是他如获珍宝,在应聘时,他就与老总畅谈自己的求职经历,以及自己对未来的发展展望。果然,这一席话博得了老总的赏识和同情,最终他被录用为业务经理。

应该如何解释相似性呢？一种解释是相似性通常是有回报的。与我们相似的人会同意我们的观点，增强我们的自信；而与之相反的，如果有人不赞同、批评我们的观点，会让我们感到不愉快，毕竟每个人都希望得到别人的认可和赞誉。另一种解释是来自认知失调理论，喜欢一个人和对这个人观点不认同在我们的认知体系中形成了一种失衡，为了避免心理上的不适，我们会喜欢那些同意我们观点的人，而不喜欢那些观点与我们不同的人。

三、互补性——他(她)具有你不具备的品质

当双方的需要以及对对方的期望正好成为互补关系时，就会产生强烈的吸引力。例如，独立性较强的人，往往喜欢和依赖性较强的人在一起；脾气急躁的人，往往喜欢和脾气耐心的人相处，从而使双方的关系更为协调，各人的特点正好适合对方的需要，各得其所。我们用"反向吸引"来描述具有不同知识和技能的人们共同贡献于一件事情的互补角色关系。但是大多数的互补需要双方有近似的价值观和目标。

什么维系着我们的爱情？

美国社会心理学家 A. 克克霍夫(1962)等人研究了已建立恋爱关系的大学生。结果发现，对短期的伴侣来说，推动吸引的动力主要是相似的价值观念，而驱使长期伴侣发展更密切关系的动力主要是需要的互补。由此，克克霍夫等提出择偶的过滤假说，两个不相识的男女要结成终身相托的婚姻伴侣，必须经过几道过滤关卡：(1) 时空距离的接近；(2) 人身的因素，主要指当事人的社会经济地位、教育水平、信仰等；(3) 态度与观念的相似；(4) 需要的互补。当然，并非所有婚姻的缔结都必须经过这样一系列过滤。

四、熟悉性——形成喜欢的习惯

Moreland 和 Beach(1992)在大学的教师里安排了一些女助手,她们在上课前会走进教室并安静地坐在第一排,让每个人都能看到她们,她们不会与教师和同学进行任何交流。每个女助手出现在课堂上的频率是不同的,从 0 次到 15 次。到学期结束的时候,研究者播放这些女助手的幻灯片请班级同学观看,要求学生对这些女性的吸引力做出评价。结果是尽管在课堂上实验助手没有与其他学生发生过互动,学生们更喜欢他们在课堂上看到次数多的女性。结果如下图。研究者把这种暴露在某一刺激下越多,越可能对其产生好感的现象称为曝光效应(more exposure effect)。

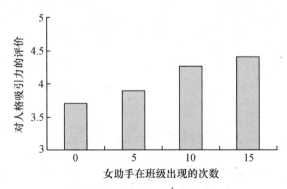

教室中曝光次数对吸引力产生的作用

资料来源:Moreland 和 Beach,1992。

另一个关于熟悉的研究考虑到了脸孔的对称性。人的面孔并不是完全对称的,两眼的大小不会完全相同,一只是双眼皮、一只是单眼皮的脸庞是很常见的;微笑的时候嘴角两边翘起的幅度也不完全相同。朋友们看到的我们的脸和我们自己在镜子中看到的自己的脸是不同的。按照熟悉性原则,我们的朋友会更喜欢他们习惯看到的我们的脸,我们自己则比较喜欢镜像的脸。Mita, Dermer & Knight(1997)的研究证明了这一点。他们给女学生被试拍照片,并且把照片给被试和她的朋友看。有一些照片没有变动,而另一些则被转换了方向。被试本身偏好镜像照片(68%喜欢,32%不喜欢);他们的朋友则更喜欢真实的相片(61%喜欢,39%不喜欢)。

熟悉性为什么会带来人际吸引呢?首先,多次接触会提高再认知,这对开始喜欢上某人是大有帮助的。其次,当人们变得越来越熟悉彼此时,也会更能预测对方的行为,知道他(她)们习惯于怎么做,这样当然我们也会很舒服地与他们相处。

五、能力——完美的人会被喜欢吗?

一个群体中最有能力、最能出好主意的成员往往不是最受喜爱的人,为什么会有这种现象呢?因为每个人对于他人有着两种不同的需要。一方面人希望自己周围的人有很好的能力,有一个令人愉快的人际交往背景。但同时,如果他人超凡的才能使人们可望而不可即,人们就会感到一种压力。因此,当一个人的能力和人格都达到了普通人可望而不可即的地步时,人们就只好敬而远之了。

显然,能力与被喜欢的程度在一定限度内成比例关系,超出了这个范围,其能力所造成的压力这一变量就成了主要的作用因素,使人倾向于逃避或拒绝。

犯错误效应

Aronson, Willerman & Floyd(1966)让被试听录音带。在第一种情况下，里面的人被描述为能力极强，问了他一系列的问题他回答对了92%，在面谈中，他说他在大学期间是一个出色的学生，是学报的编辑，是一个移动摄影队的队员。在第二种情况下，里面的人被描述得与第一个不同，他仅仅答对了30%的问题，他在大学中的成绩一般，他尽力加入摄影队但是没有成功。在一半情况下，将近结束时录音机里传出脚步声，并听到里面的人说"我把咖啡打翻了，洒满了我的新套装"。在另一半情境中，没有发生这样笨拙的行为。结果显示能力高的人发生笨拙行为后，他们的吸引力增加，而能力低的人发生笨拙的行为后，吸引力显著减少。

E. 阿伦森等人(1966)研究表明，一个看起来很有才华的人，如果表现出一点小小的过错，或暴露出一些个人的弱点，反而会使一般人们喜欢接近他。有能力的人犯错误反而会增加其人际吸引力，这种现象叫犯错误效应。

六、外貌——我们会以貌取人吗？

"我想要巩俐的鼻子，林青霞的下巴"，"我想要刘德华的鼻子，古天乐的下颌"……为十月份开始的求职之路做准备，大学生的医学整容火了！

虽然我们都知道不应该以貌取人，但是在求职、交友等很多社会情境下还是避免不了在相貌的基础上对他人形成印象,特别是在形成第一印象时。

阿让森(Aronson,1966)等为被试安排了跳舞的约会,舞伴是随机安排的。一组评委对参加者的外貌进行了评定。舞会结束后,他们问被试喜欢对方的程度以及愿意和对方再次约会的程度,他们发现,被试喜欢对方的程度和对方的外貌直接相关——外貌越好,越受欢迎。

图片来源:http://www.cmechina.net/content/200600000432/02/

辐射效应

辐射效应是指人们对外貌好的人会做出更积极的评价。比如在学业成绩相同的情况下,教师评价漂亮的孩子比不漂亮的孩子更聪明、更受欢迎(Clifford & Walster, 1973)。学生在给一位女教师打分时,化妆美丽的女老师较不加粉饰的女老师得到更高的分数,她们被认为讲课有趣,是好老师(Chailkin, Glifford & Walser, 1978)。学生对政治候选人的评价也会受到候选人外貌的影响(Budesheim & Depaola, 1994)。

美可以永远发挥作用吗?由于第一印象的效应,外貌仪表因素占重要地位。但是社会交往的时间越长,仪表因素的作用就会越小,吸引力将会从外在的仪表逐渐转入人们内在的道德品质。比如许多年轻人因"一见钟情"而草率结合,就是被外在的仪表吸引所致。但时间一长,当发现对方某些不尽如人意的短处后,外貌因素就越来越不起作用了。

七、个人的性格特质——热情的魅力

> 约翰是个优秀的中年男子,他工作勤奋。早年求学时,他就有着坚强的性格,做事果断,坚决,又不失谨慎。这种风格一直陪伴他走向事业的巅峰。人们常说他是个聪明的人。在生活上,他同样积极、乐观,待人热情,真诚。
>
> 汉森与约翰是少年时代的朋友,他们两个在许多方面实在是太像了,汉森事业有成,工作勤奋认真,同样有着约翰的坚强,果断,坚决和谨慎。人们也常说他是个聪明的人,但是,正如天下没有相同的两片叶子一样,汉森也不可能与约翰处处相同。汉森天生长就了一张希腊石雕般的脸,冷峻而清瘦,这张脸倒是与他的性格相符。有时他甚至冷酷得让人不知该怎样接近。
>
> 如果,突然有一天,他们两人站在你的面前,你更喜欢哪一位呢?是约翰,还是汉森?你希望与他们中的哪一位交朋友呢?

心理学家们认为热情之所以可以左右着我们在社会交往中的喜欢与吸引,是因为热情—冷酷这一对品质包含了更多的有关个人的内容,它们和许多人类的其他人格特性紧密相关;因此,一旦我们认识到一个人是热情的,我们就会把联系在其周围的其他人类优良的品质也"配送"给他;而相反,当我们认识到一个人是冷酷的,我们就把联系在其周围的其他人类不良品质"配送"给他。

开朗的性格也是人际吸引的一个因素,一个待人热情的人比冷淡的人更有吸引力。个人如果能对别人表示出的热情做出同样反应的话,也会具有吸引力。

第四节 爱 情

> 爱情是什么？是"哪个少男不钟情,哪个少女不怀春"的感悟;是"但愿人长久,千里共婵娟"的祝福;是"莫道不消魂,帘卷西风,人比黄花瘦"的煎熬;是"东边日出西边雨,道是无晴(情)却有晴(情)"的困惑;是"一日不见,如三秋兮"的思念;是"曾经沧海难为水,除却巫山不是云"的忠贞;是"人生自是有情痴,此恨不关日和月"的无畏……

一、什么是爱情

爱情是人类的永恒话题,它在诗人、作家笔下被颂扬得五彩斑斓;是成年男女间强烈的感情倾注;是男女之间圣洁的、亲密的关系,是人类最高级的一种情感。然而对于爱情的定义,每个人都会有自己不同的表述,而我们最常说的就是爱情无法用语言来形容。

> **爱情**:是在传宗接代的本能基础上产生于男女之间,使人能获得强烈的肉体和精神享受这种综合的——既是生物的,又是社会的——互相爱慕之情,是一种复杂的、多方向的、内容丰富的社会现象。

> 每个人的爱情都是一部电影,自己是这部电影的主角兼导演,自己诠释的这部电影到底是艺术片、悲情片、搞笑片、商业片还是灾难片？2006年全世界生活着6529426000人,全世界有6700种语言说:"我爱你！"

爱情的现代定义包括四个要素:第一,是在男女之间产生的;第二,是在个体心理达到相对成熟之时产生的,幼儿没有这种狭义的爱情;第三,个体在生理上被唤醒,爱情包括性欲和性感;第四,爱情是一种对异性产生的具有浪漫色彩的高级情感,其中包括认知成分,不是一种低级的情绪。

1. 爱情风格

(1)激情之爱与同伴之爱

激情之爱和同伴之爱是两种最典型的爱情模式。Hatfield(1988)将激情之爱界定为"强烈渴望与对方在一起的一种状态"。激情燃烧的感觉伴随着紧张、兴奋的生理唤醒。当激情是相互的,双方所感到的是极大的满足和狂喜,当爱是单方面的,则会令人感到莫大的痛苦和绝望。激情之爱也包含着情绪的急转突变,为了对方的一颦一笑而变得时而兴高采烈,时而愁容满面,时而心花怒放,时而悲痛欲绝。同伴之爱也被理解为友谊之爱,是一种深厚的情谊,它可以不包含生理的唤醒。当激情之爱过后,人们更多感受到的是趋于平静、祥和和稳固的爱情形式,这就是同伴之爱,周恩来总理与邓颖超之间的爱情就是一种具有革命情谊的同伴之爱。

> "两个人最开始在一起时,他们的心好像在燃烧,他们的激情非常高涨。而后,爱情的火焰会冷却,并且会持续维持这个状态。他们继续彼此相爱,但这种相爱是通过另一种方式——温馨而相互依赖的方式来实现的。"(一位非洲南部沙漠的妇女对爱的表述)

(2)其他爱情方式

游戏式:"有时我不得不回避我的情人们,以免他们互相发现。"对爱情持不谨慎态度的人往往可能游戏爱情,周旋于几个人之间。

占有式:"如果我怀疑我爱的人跟别人在一起,我的神经就紧张。"电视剧《不要和陌生人说话》中的男主人公安嘉和就是这样的例证。当妻子梅湘南与别的男人讲讲话,甚至只是使个眼神,安嘉和便会产生一种心理上的恐惧。

逻辑式:最好与一位和自己背景相似的人相爱。根据一项调查,在美国:选择终身伴侣时,有93%的人选择同一种族的;有78%的人选择年龄相差在5岁之内的;有82%的人选择文化程度相当的;有72%的人选择宗教信仰一致的。

忘我式:"我宁愿自己吃苦,也不让我爱的人受苦。"中国古代的妇女也许最具有这种忘我的精神。

2. 爱情三角理论

心理学家罗伯特·斯腾伯格(Sternberg,1998)认为,爱情是个三角形,三边分别代表着亲密、激情以及承诺三因素,如下图所示:

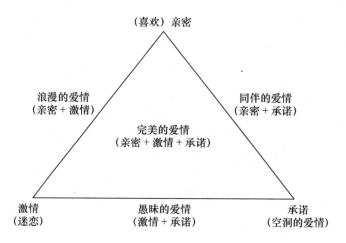

亲密是指在二人的关系中感到亲近、彼此相互关联。斯腾伯格认为无论是对爱人的爱、对孩子或者是最好朋友的爱,都包括了亲密的成分。亲密也是爱情的基本要素。高度亲密的情侣彼此关心,关注对方的感受,重视对方的幸福。

激情是爱情关系中强烈的情绪体验,它包含着浪漫、身体的吸引和性的驱动力。对激情之爱的感受男性要比女性更为需要(Fehr & Broughton, 2001)。

承诺是爱情关系中对保持彼此关系的一个决定,是对对方做出的爱的承诺,如果说激情是恋爱中感性的成分,那么承诺就是爱情关系维护中的理性因素。

组合的七种类型的爱情

类型	要素	表现
喜欢之爱	亲密	像友谊一样,双方只有喜欢的情感,不存在激情和责任。
迷恋之爱	激情	这种爱情形式看不到对方的内心,只是被其外貌所吸引,迷恋于美貌与性。迷恋一个人的时候,迷恋者可以做出种种令人发昏的事,包括那些海誓山盟、甜言蜜语。

(续表)

类型	要素	表现
空洞之爱	承诺	没有爱与情,只用冷冰冰的承诺,就像很多没有感情基础的婚姻也在继续。
浪漫之爱	亲密+激情	只在乎曾经拥有,不在乎天长地久。
愚昧之爱	激情+责任	没有亲密感的培养,有点像封建社会中才子多情、红颜薄命的爱情模式。
同伴之爱	亲密+责任	中国传统的婚姻模式。
完美之爱	激情+责任+亲密	最理想的爱情模式。

二、婚姻

爱情其实是两个人上半截的相爱:激情、气质、能力以及两个有意展示出的一切美好部分,是形而上的相爱;婚姻则是两人下半截的婚姻:家务、上下班、日常琐屑、人生烦恼以及两人暴露出的一切丑陋部位,是形而下的婚姻。幸福婚姻不在于它形而上的部分有多"高妙",反而在于那形而下的部分有多结实。婚姻是恋爱历程中的高潮,是爱情的发展与升华,是必然的归宿与延续,它标志着爱情进入一个新阶段。

婚姻的模式

(1)爱情型

一种是由美貌与性吸引而结合,但潜伏一种危险,美貌及性的魅力会逐渐减退,假如婚姻缺乏其他基础,或不能过渡到以双方人格相似性为基础的爱情,那么可推断这种婚姻往往迟早出现危机。《泰坦尼克号》中的杰克死了,但假使他活了下来,作为一个穷画家,能和一直生活在奢侈里的罗丝幸福到晚年吗?

另一种是人格型夫妻,以人格的相似性或互补性为基础的结合。由于人格具有相对稳定性,不像体型、性魅力那样易变,这种结合一般能使婚姻平稳而幸福。

(2) 功利型

以爱情之外的出身、学历、财产、社会关系等条件为基础的结合。当双方收益与成本基本平衡时,婚姻能持续,双方感到满足。其风险是,如双方收益与成本不平衡,往往出现不满,导致危机;其次,由于夫妻关系的理性色彩浓重,难以获得爱情享受,因而往往双方关系紧张时,一方会寻求婚外情最终导致关系破裂。在无爱婚姻的模式中,为政治、经济、社会、文化等方面的实际利益而结合的婚姻是最脆弱的婚姻模式之一。

夫贵妻荣?
http://www.zg-zmd.com/vogue/2007-11-8-32703.htm

(3) 平等合作与分工型

前者夫妻双方平等分担家务;后者是双方根据各自特点分工,料理家政。这两种类型的特点是,双方均进入自己的角色,又对对方有相应期待,彼此都认识双方在家庭中的价值,有较强责任感,家庭生活较为和谐、稳定。"你耕田来我织布……"应该是平等合作与分工的典范。

(4) 建设型

双方在共同目标下勤勤恳恳生活、工作的夫妻。他们有创家主业、教育子女等共同目标,并围绕这些密切合作。在达到一个目标后又追求新的目标。生活中勤奋肯干,能抑制家庭消费;在共同努力中感受生活的意义,使婚姻维持与发展。他们可能遇到的问题是,精神生活不够丰富;在达到目标后,一方可能变得满足继而懒散,以致出现裂痕。一般的工人家庭应该属于建设型的。

（5）惰性型

符合此型的是迅速对婚姻失去热情的夫妻。他们不能发现需要解决的问题,不愿进行新的尝试,只希望按老样子生活。没有紧张、冲突,也没有乐趣,后者则对婚姻有涣散作用。婚姻关系是一种特殊友谊,两个不同的人格构成一个共同的命运:有福同享,有难同当。结婚不是静态的结束,而是动态的开端,婚后夫妻人格在各方面连续互动,交相反应无穷无尽的刺激。婚后夫妻如果不进行动态的调适,不进则退,便会酿成婚姻失调,可能继续恶化而导致婚姻解体。婚姻调适不是静态的逆来顺受,而是动态的积极发展。

（6）失望型

失望型夫妻在新婚时百般努力建立美满的婚姻生活,有很高的期望值。但不久发现,婚姻生活中有种种不满意,"现实不理想,理想不现实",对方表现也非当初所料,因此感到失望。能够正常运转的婚姻不仅意味着丈夫与妻子的互相迁就,而且意味着理想与现实的互相妥协。因此,不要把婚姻生活想得很美,期望太高。期望太高了就会失望。夫妻是要共同携手走过人生的漫漫长途的,不要认为这条道路上铺满了玫瑰花,也要估计到还有坎坷,有荆棘。不要在婚前把对方看得十全十美,要估计到人总是有缺点的,而这缺点会在长期的共同生活中逐步暴露出来。不要认为结婚后的生活就是谈情说爱、吃喝玩乐,要把经济问题、性格问题、生孩子、带孩子等各种困难设想得多一些,这样才能见怪不怪、处变不惊,稳定地共同生活。

（7）一体型

这种类型夫妻在较长时间的共同生活中相互体贴、合作,在性格、爱好、习惯上彼此适应,融为一体。双方均把对方看成是"自己"的一部分,相敬如宾,心心相印。此型关系稳定、美满。其不足之处是较为封闭,如一方离去,另一方寂寞难忍。"问世间,情为何物,直叫生死相许……"这样的爱情一般被称为天鹅般的爱情。因为天鹅是终身为伴的,一旦其中的一只死去,另一只也会很快死去。琼瑶小说里的男女主人公大多是这样的。

在这个浓情蜜意难免灰飞烟灭、亲密爱侣转瞬常有劳燕分飞的年代,不少夫妻在岁月侵蚀、生活压力以及彼此间的消磨下,难免刻上不满、怨恨、厌倦或无奈的印记。但南昌县却有一对百岁伉俪,上演了一段"全县维系时间最长的婚姻"。这对感情历久弥坚的夫妻,丈夫100岁,妻子97岁,在婚姻的道路上,已经携手走过了整整80年的风风雨雨,令世人感叹……

资料来源:《江南都市报》2006年12月11日

增进婚姻的十条建议

1. 要么正确,要么快乐——不能兼得,明智地做出选择吧。
2. 学习合作这门艺术。
3. 谈要紧事。
4. 渴望被原谅,就先给予原谅吧。
5. 庆幸自己更多地了解对方,欣赏会伴你走得更远。
6. 多聆听心声,而不是话语,这样不仅可以解决冲突,也会增进彼此的关爱。
7. 多鼓励爱人发展他/她的天分。
8. 检查你们之间的沟通,谈话容易,交心难。

9. 出现问题要勇于承担责任。
10. 不要以为结了婚你就知道如何过日子。

(Herring, 2001)

三、分离

婚姻如同一本书,封面是圣经,内容却是账本,生活很快就从卿卿我我的高潮降到柴米油盐的琐碎。有些婚姻经不起考验,就成为了爱情的坟墓。

80后,闪婚、闪离、闪着玩?
http://old.xccm.cn/News/Gn/200708/20070823082301_9777.html

如今,世界各地的离婚率都在不断地上升,在美国虽然有90%的人会选择结婚,却有59%的人离婚,北京中广网2006年5月公布了联合国的一项统计:美国、英国、韩国分别列世界离婚率最高的前三名。

我们为什么选择了分离?心理冲突往往是分离的原因和前奏,而离婚往往是心理冲突激化的结果。夫妻心理冲突多由下列因素引发:

1. 欲求的不满

某些需要得不到满足(社会心理学称之为欲求不满)则会感到心情不舒畅,产生不良情绪,导致争吵和持续的冲突。欲求不满包括:

(1)自我价值得不到对方承认,自尊心受损。成熟的爱是保持自己的尊严和个性条件下的结合。爱是人的一种主动的能力,是一种突破使人与人分离的那些屏障的能力。爱使人克服孤独与分离感,但爱承认人自身的价值,保持自身的尊严。

（2）一方或双方性要求得不到满足。

（3）一方或双方正当的感情需要，如温存和体贴得不到满足。

（4）家庭经济需求得不到正当满足，如因种种原因支出过多，入不敷出；或过于奢侈，正当生活没有保障；或一方或双方无经济来源等。

（5）在休闲、爱好等方面，双方需要与兴趣差别太大。

2. 价值观念不一致

这种不一致常常表现在言语沟通中。如丈夫把社会看成一个竞技场，把人与人的关系说成是"弱肉强食"，而妻子信奉天主教，认为应该与人为善，双方在价值观念上的冲突，必然表现为经常的激烈的争吵。

表现在行为方面的价值观念的冲突更具有实质性，其后果也更为严重。只要一方不放弃自己的某些价值观及相应行为，冲突就会存在。

在人生目的、对幸福、成就看法的价值观念方面的分歧和冲突往往是持续的。双方都认为自己是正确的，对方是错误的，在生活中碰到相关的问题，往往双方相互指责，行动背道而驰。

3. 远离的"自我"

自我包括自我意识、自我期待、自我取向等。婚姻不仅是双方在法律、经济、生理等方面的合而为一，也是两个"自我"的结合。同理，夫妻心理冲突是两个"自我"远离而引起的。"自我"的远离表现为：

（1）两个"自我"基本利益相异，各趋己利。

（2）由于利己的婚姻动机，认为爱是满足自己需要，而不是为对方作贡献。

（3）遇到分歧,各持己见互不相让。

（4）对方处于痛苦时,不安慰,不帮助,使婚姻具有的促使双方心理健康的功能丧失。

（5）双方心理调适过程缓慢,难以进入心理和谐状态。

这样的婚姻不易破裂

1. 20 岁以后结婚。
2. 都在稳定的双亲家庭长大。
3. 结婚前谈了很长时间的恋爱。
4. 接受过较好且相似的教育。
5. 有稳定的收入。
6. 居住在小城镇或农场里。
7. 结婚前没有同居或怀孕过。
8. 彼此之间有虔诚的承诺。
9. 年龄、信仰和教育水平相似。

（Fergusson & others, 1984; Tzeng, 1992）

第五节 人际关系

人际关系是社会生活的中心课题,也是人与人之间相互作用的结果。由于人与人之间的相互作用,从而形成了极其复杂的关系网。

一、人际关系的定义

> **人际关系**:是人与人之间心理上的关系,心理上的距离。人际关系反映了个人或团体寻求满足其社会需要的心理状态,因此,人际关系的变化与发展决定于双方社会需要满足的程度。

不同的人际关系会引起不同的情绪体验。人与人之间心理上的距离越近,则双方都会感到心情舒畅,无所不谈。在一个和睦的家庭里,每个成员之间相互关心、相互体贴,彼此在情感上十分融洽。生活在这样的家庭里,由于人与人心理上距离很小,都能体会到家庭的温暖。若人与人之间发生了矛盾与冲突,

这样的人际关系让我很郁闷。
http://news.xinhuanet.com/focus/2004/09/22/content_2005964.htm

心理上的距离很大,彼此都会产生不愉快的情绪体验,继而引发抑郁,孤立,忧伤,从而影响个人的身心健康,严重的还会导致心理失常。

人际关系在个体的情感、愿望、兴趣、需要、评价以及活动动机和目的中都有所表现,它能体现个性的一般倾向性,个体想干什么、为什么要干以及对他人、对工作、对自己的态度。

二、人际关系的行为模式

一定的人际关系表现出一定的人际行为模式,即一方的

行为会引起另一方相应的行为。一般说,一方表示的积极行为会引起另一方相应的积极行为;一方表示的消极行为会引起另一方相应的消极行为,这是人际关系行为模式的规律之一。

1. T. F. 李瑞的研究

美国社会心理学家李瑞从几千份人际关系的研究报告中,归纳出以下八类模式:

发出方行为	反应方行为
管理、指挥、指导、劝告、教育等行为	尊敬、服从等反应
帮助、支持、同情等行为	信任、接受等反应
同意、合作、友好等行为	协助、温和等反应
尊敬、信任、赞扬、求援等行为	劝导、帮助等反应
害羞、礼貌、服从等行为	骄傲、控制等反应
反抗、怀疑等行为	惩罚或拒绝等反应
攻击、惩罚、不友好等行为	敌对、反抗等反应
激烈、拒绝、夸大、炫耀等行为	不信任或自卑等反应

人际关系受许多社会因素的制约,单纯的人际关系行为模式很少发生,它总是渗透了许多其他因素。如行为发动者和行为反应者的个人心理特点、角色与地位、价值与权力,尤其是当时的情境都对人际行为发生重要影响。人际关系的各种行为也有共同性。这种共同性只能理解为形式上的共同,透过各种行为形式上的共同性,可以看到意义及性质上截然不同的内容。

2. W. C. 舒兹的研究

美国社会心理学家舒兹认为,每个个体都有人际交往以建立一定的人际关系的需要。他把需要分为三类:人与人之间的"包容"需要,即希望从交往中与他人建立和谐的关系;人与人之间的"控制"需要,即在"权力"的基础上希望对他人做出某种良好的调节作用;人与人之间的"感情"需要,即在"友爱"的基础上与他人建立并维持某种良好关系。

舒兹指出,上述每一类需要都可以转化为动机,产生一定的行为倾向,表现为主动或被动性,于是,就组合成六种人际关系的行为模式,请见下表:

人际关系的行为模式

行为倾向 需要	主动性	被动性
包容	主动与他人交往	期待他人接纳自己
控制	支配他人	希望他人引导
感情	主动表示友爱	等待他人对自己亲密

3. 霍尼的研究

美国社会心理学家霍尼依据个体对他人的态度将人际关系行为模式分为三类:

类型	特征
谦让型	"朝向他人",无论遇到何人,总是想到"他喜欢我吗?"
进取型	"对抗他人",无论遇到何人,总是想知道该人力量的大小,或该人对自己有无用处
分离型	"疏离他人",无论遇到何人,总是想保持一定距离,以避免他人对自己的干扰或影响

三、人际关系的作用

1. 交流信息

人际关系是通过交往实现,而信息交流是交往的重要内容,良好的人际关系是交往顺通的保证,进而保证信息交流;而不良的人际关系难以保证信息交流的主动性、及时性、有效性。

2. 满足需要

人际关系作为人与人之间心理上的关系,是满足个体需要的最基本的外部条件。个体生存的需要必须依赖他人才能满足,被群体接受的人才能得到群体保护,获得安全需要。人际关系协调、融洽,才能进一步扩大交往,满足社会交往的需要。尊重需要的满足必须依赖他人和社会的评价、确认才能得到。自我发展和完善必然受到他人和社会的制约。

3. 提高效率

人际关系是构成人类社会的最普遍、最直接的关系,人际交往和互动是人类社会存在和发展的前提,生产、工作、学习等活动是推动社会发展的最基本的社会实践活动。只有当人们通过人际交往互动,形成一定的互助协作关系,生产、工作、学习等活动才能有秩序地进行,并不断发展提高。正因为如此,在现代管理中,更强调对人特别是对人际关系等"软件"的管理。

4. 身心保健

人际关系不仅是个体日常学习、生活和工作的保障,同时也在一定程度上影响着个体的身心健康。如果一个人与周围人的关系良好,他便会感到安全、温暖,感到自己存在的价值,从而心情舒畅,身体健康。相反,如果人们之间关系冷淡、疏远,充满矛盾和冲突,个体就会感到挫折、孤独和无助,感到精神上缺少应有的依靠,从而影响到身心健康。严重者甚至还会发展为各种心理障碍和身心疾病。因此,建立良好的人际关系,形成一种团结友爱、生动和谐的社会心理环境,能使人们保持一种良好的精神状态,促进身心健康。

午后红茶

怎样看待一见钟情

在爱恋方式的选择上,一些青年人常常对一见钟情式的婚恋模式"情有独钟",个别人甚至还会守株待兔地等待"他"或"她"的出现。由一见钟情而结成的婚姻与家庭,其结果如何呢?幸福者有之,《西厢记》里的张生和崔莺莺,可谓爱情事业双丰收;但苦涩者也大有人在,《巴黎圣母院》中的吉卜赛女郎与"太阳神"法比也是一见钟情,但结果却是一个大大的悲剧。由此可见,一见钟情与幸福之间并没有必然联系。

爱情是人际关系的一个特殊领域,它是一种集审美、激情、生理唤醒和共同生活愿望为一体的强烈的情感与心理状态。通常,初次相见便一见钟情的男女,除被对方良好的学识风度、出众的身材仪表和个人发展潜质等特征所吸引外,异性交往审美标准中的"生理效应"也是激发情感的重要因素。一见钟情的双方常常伴有一定的亲近、愉悦、爱慕等情感或生理体验,这应该就是异性相吸的自然基础了。当青年男女对爱情这种美好情感急切向往时,他们便产生了某种寄情捷径——向往"真爱"的浪漫心理,这或许就是人们一见钟情时所谓的"缘分"吧。情窦初开的少男少女,在涉足爱河之前,心中早就千万次地勾勒着"他/她"的模糊影像,若是生活中出现了自己所期待的影像人物,他/她就会迫切地希望引起对方的注意,接近对方,走进对方的生活,有些人甚至到了不能自拔的程度。

一见钟情为什么不好呢?根本原因就在于它缺乏爱情的心理基础:以至爱为前提,以长时间了解为条件,以志同道合为目标。它仅仅是以"第一印象"为依据的。

第八章　人际交往

社会心理学认为，影响人们认知的因素之一就是"第一印象"。所谓第一印象，也称为初次印象，是指两个素不相识的人第一次见面所形成的印象。初次印象对人们的认识往往会起到"先入为主"的作用，使个体对他人的评价有可能发生偏颇。

男女青年在相识之初，相互之间总要产生最初的印象。这种最初的印象有时非常鲜明，令人喜悦和悸动，久久不能忘怀，以致激起强烈的情感，心潮澎湃，难以自已。对于生活经历不多、交往不广的年轻人来讲，如果仅仅是被对方的外表、谈吐和风度所吸引，一往情深，就容易把平时所幻想出来的标准，寄托在眼前的这个具体对象上。这样的爱情基础实际上是不牢靠的。因此，我们不能夸大"第一印象"的可靠性。

如果发生了一见钟情的现象，青年们要努力保持冷静的头脑，切不可草率从事，要在相互了解中检验和巩固这种一见钟情。只有对对方从外表到内心、从言谈到行动、从现象到本质有了一个深入的了解后，才能判断对一个人是否值得"一见钟情"。如果只凭"第一印象"就草率确定恋爱关系，把终身之约建立在一时的热情基础上，一旦激情退去，在以后的接触中相互发现对方的一些不足之处，就易感到乏味厌烦，甚至"曲终人散，各奔东西"。

文章来源：张明，《趟过人生河——社会心理学》。

第九章　相符行为

　　大四一年经历了找工作、做毕业论文、毕业旅行、同学们各奔东西的忙碌和无奈，现在生活归于平静，同时也开始了新的篇章，每个人的角色都发生了前所未有的变化，从一个学生到一个职业人，从向父母伸手要钱到自己的生活自己做主。

　　程程终于实现了自己的梦想，在一所市重点中学做英语老师。虽然期待了很久，但是真正以一个老师的身份走进学校，心里还是有很多担忧和不确定。校领导很重视程程，安排一位非常有教学经验的老教师带她，而程程也自然成为这个老教师班的英语老师和"副班主任"。

　　为了熟悉班级情况和积累教学经验，程程只要有时间就会到教室听课。坐在教室的后面，放眼望去这些孩子们都穿着统一的校服，但是他们脚上穿的不是耐克，就是阿迪达斯，跨在椅子背面的背包也有着显眼的"对号"标志，就连小小的笔袋都有耀眼的"Logo"，让人不禁感叹小小年纪的

第九章 相符行为

他们却有着如此高的生活水准。

通过一段时间的接触,程程和班里的同学熟悉起来了,这些孩子也很喜欢这个刚出校门的年轻老师,平时愿意和她分享心情。一次下班时,程程遇到班里的一个男同学就和他一起走,"杨沫,我发现现在初中生的生活水准很高嘛,看看班里的同学,不是耐克就是阿迪达斯,如果不是学校规定你们穿校服,我看天天都得上演服装秀。""陈老师我和你说实话,其实大多数同学并不是多喜欢那些牌子,只是班里同学都穿,就自己穿地摊货,多没面子!""那是不是很多时候你们做有些事也并不一定完全出于自己的意愿?""对呀,就像周末我们出去玩,如果大家都说去踢足球,虽然我比较喜欢篮球,但是也不好另类,就跟着大家去了。班里有些同学就是不合群,时间长了大家就疏远他们了,被孤立的日子很难熬的。""看来不论哪个阶段,都想要和周围的人保持一致,害怕被孤立。不过你们这个年龄不是最喜欢与众不同吗?向往另类么?""嘻嘻,那也得在被大家接受,成为这个团体的核心人物之后才有资本另类呀,就像我们班的杨鹏,那绝对是牛人,全能型选手,大家都服他,所以他说什么,大家都没有异议,绝对服从!和您说实话,他的话有时候比老师的话都有力度。"……

回到家里,程程回忆着这一路上和杨沫的交谈,发现这些孩子单纯的群体生活有着和大人一样的"潜规则"。自己何尝不是这样,上大学时,听一场让人发困的讲座,但是在讲座结束后,还是会顺着大家一起热烈地鼓掌;虽然不喜欢吃辛辣的食物,但是在和办公室里的老师一起吃饭时还是会顺应大多数人的意愿选择川菜;虽然不认同有的老师的"严厉"教学法,但是还是会在有些时候摆出老师的威严,给同学立规矩,让他们服从自己的指挥;虽然并不需要那条放在衣柜里不知道什么场合才有机会穿的小礼服,但是在售货员说因为要转店,新品才打三折,而且只剩这一件时,还是莫名其妙地买下了……

在我们的生活中是不是常常会遇到与程程一样的问题?这就涉及了我们在群体心理中要研究的一个很重要的问题——相符行为。相符行为就是指个人行为与群体行为相一致,或群体中一部分人的行为与另一部分人的行为一致的现象,它主要包括从众、众从、服从和顺从。

第一节 从 众

> 我们必须团结一致,不然肯定会被单个地处以绞刑。
> ——本杰明·富兰克林

走在大街上,前面有一群人都停下来朝高处看,你大概也会停下脚步,抬头观察一番,尽管你可能什么都没有发现。又如在班级中讨论评选某同学为班干部时,你可能想不出这位同学具有何种胜任能力,但其他大部分同学都表示赞成,于是自己最终也投了赞成票。这些现象都说明了个人在群体中时常表现出的一种心态——从众。

> 从众:是个人在社会群体压力下,放弃自己的意见,转变原有的态度,采取与大多数人一致的行为。

第九章　相符行为

　　从众现象是一种较普遍的社会现象。从众是一个中性词,它不能与丧失立场、没有原则混为一谈。成语中说的"人云亦云"、"随波逐流"多少带有一些贬义,而从众行为可能是积极的,比如大家都捐款,你也捐;也可能是消极的,比如大家见死不救,你也坐视不理。所以从众行为的好坏,要视具体行为而定。

资料来源:http://www.hsbcjt. cn/website/eichsbcjt / eic_text. jsp? contentid = 1965

一、从众现象的实验研究

1. 谢里夫的研究

　　1935 年社会心理学家 M. 谢里夫最早利用"游动错觉"研究个人反应如何受其他多数人反应的影响。所谓"游动错觉",是指在黑暗的环境中,当人们观察一个固定不动的光点片刻后,感觉到光点在来回移动的视错觉。

　　实验者要求被试在暗室里各自独立估计一个实际静止的光点的移动范围。实验反复了几次之后,被试就形成了各自所估计出的光点移动范围。在第一天的实验里,被试要单独在黑屋子里对光点"移动"的距离进行判断,比如某人第一次说移动 15 厘米,第二次 12 厘米,第三次说 14 厘米,那么他所估计的移动范围就是 12—15 厘米。实验结果表明被试单独估计的移动范围各不相同。在后几天的实验中黑屋子里的被试增加到三人,需要他们同时对光点移动的距离进行判断,结果发现他们个人之间互有影响,判断的结果相互趋近了。谢里夫的实验表明,一个人对于外界的认识或见解,是会受到众人的见识和见解的影响的。

M.谢里夫通过实验也揭示了群体规范形成的过程,当一个群体面临模糊不清的事态时,会出现可供了解和把握事态、采取适当方式予以处理的共同判断标准——群体规范,并且各个成员会依据这一规范采取相应的行动。M.谢里夫认为,他所揭示的群体规范的形成过程的研究结果不仅适用于小群体,而且适用于大群体,如组织、城市,乃至整个国家或民族。

2. 阿希的研究

美国社会心理学家S.阿希在50年代做过多次关于知觉方面的从众实验,获得一系列重要的研究结果。

实验材料是18套卡片,每套两张(如图所示),分标准线段与比较线段。实验中共有7名被试,其中6人是实验者的助手(即假被试),只有1人是真正的被试,而且总是安排在倒数第二个回答。几个被试围桌而坐,面对两张卡片,依次比较判断a、b、c三条线段中的哪一条线段与标准线段等长。

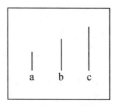
实验材料

实验现场

18套卡片共呈现18次,前几次判断,大家都做出正确的选择,从第7次开始,假被试故意做出错误的选择,实验者观察被试的选择是独立的还是从众的。实验发现:(1)大约有四分之一到三分之一的被试保持了独立性,即每次选择反应无一次发生从众行为。(2)约有15%的被试平均作了总数的四分之三的从众行为,即从众反应平均每 12 次中就有 9 次。(3)所有被试平均作了总数的三分之一次的从众反应,即每 12 次中就有 4 次发生从众行为。

实验结束后,实验者个别访问被试,询问其发生错误选择的原因,根据被试的回答可以将错误归纳为三种类型:(1)知觉的歪曲。被试确实发生了错误的观察,把他人(假被试)的反应作为自己判断的参照点,根据别人的选择辨认"正确"的答案。但是当错误十分明显时,很少有人发生知觉歪曲。(2)判断的歪曲。被试虽然意识到自己看到的与他人不同,但却认为多数人总比个人要正确些,发生错误的肯定是自己。这种情况下的从众类型最为普遍。(3)行为的歪曲。被试确认自己是对的,错的是其他多数人,但在行为上却仍然跟着多数人作同样的错误选择,这实际上是顺从行为的一个例子。

二、我们为什么会从众?

在一定的群体中,有的人容易从众,有的人不容易从众;同一个人,也许在一个情境中从众,而在另一个情境中坚持己见……那么,是什么因素影响了从众行为呢?我们又应该怎样对这种普遍的行为进行解释呢?

1. 获得正确的信息

人们对于自己的知觉、感受、判断与行为表现都有自我评价的能力,当个体从事某项活动时,没有客观的权威性标准可供比较,往往以他人的意见或行为作为自身行动的参考依据,因为社会现实是由多数人的共同信念和思想所构成的,人们总是倾向于把大多数人认为正确的事物作为判断的准则。当个人的想法或做法跟所处的社会中的其他人相同时,就会产生"没有错"的安全感。另外,当个人处在一个新的环境中,发现原有的判断标准和行为规范与新的环境不相适宜时,自然也容易从其他人身上寻找出可供参照的信息。

在谢里夫游动错觉的实验中,漆黑的屋子使被试找不到任何参照物来做出光点移动距离的判断,只能参考或是听从其他在场者的意见,于是群体内很快达成了"共识"。再比如一个语文教师在医生的群体里,对健康问题容易放弃自己的立场;而一个医生即使在教师的群体中对健康问题也不容易从众,因为医生掌握了关于健康问题更充分和准确的信息。

2. 获得他人的接纳和喜爱

个体通常会希望获得他人的喜爱和友好的对待,害怕被别人拒绝。符合群体规范行为的成员很可能得到群体的接纳和喜欢,而违反规范的个体将感受到群体一致性的压力,遭到群体的拒绝和排斥,常说的"出头的椽子先烂"、"人怕出名猪怕壮"、"枪打出头鸟"就有这样的寓意,而个体在群体中受非难,被孤立,容易在心理上产生对偏离的恐惧。所以,个人为了免受群体其他成员的非议和孤立,往往做出从众行为,从而获得同伴的好评。

3. 减缓群体压力

从众行为是由于在群体一致性的压力下,个体寻求的一种试图解除自身与群体之间冲突、增强安全感的手段。实际存在的或头脑中想象到的压力会促使个人产生符合社会或团体要求的行为与态度,个体不仅在行动上表现出来,而且在信念上也改变了原来的观点,放弃了原有的意见,从而产生了从众行为。个体在解决某个问题时,一方面可能按自己的意图、愿望而采取行动,另一方面也可能根据群体规范、领导意见或群体中大多数人的意向制定行动策略,而随大流、人云亦云总是安全的、不担风险的,所以在现实生活中不少人喜欢采取从众行为,以求得心理上的平衡,减少内心的冲突。

三、在什么样的群体中我们会更容易从众呢?——来自群体因素

1. 群体现模

从众行为与群体规模密切相关。群体规模越大,赞成某一观点或采取某一行为的人数越多,则群体对个人的压力就越大,在这样的情况下,个人很容易发生从众行为。反之,群体规模小,个人感受到的心理压力较小,则容易产生抵制行为。

多少人能让你停下脚步?

1969年,Milgram等人在纽约的一条繁华街道上进行了一项现场实验。他们要求研究助手以分别1人、2人、3人、5人、10人、15人的群体规模,行走中停下来抬头向马路对面的一座高层建筑的某个窗口观望。与此同时,在附近设立了几架摄像机记录当时路人驻足观看的情景。结果见下图,由此可见,一定的群体规模会在某种场合影响他人的从众行为。

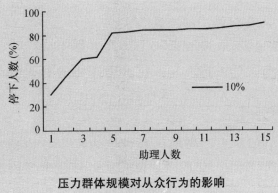

压力群体规模对从众行为的影响

2. 群体凝聚力

群体凝聚力是指群体成员相互之间吸引的程度,它取决于群体中的人际关系。群体凝聚力与群体成员认同于群体规范、标准及期望的程度成正相关。实验研究证实了这样的心理原则:群体的凝聚力越强,群体成员之间的依恋性、意见的一致性以及对群体规范的从众倾向就越强烈,个体越有可能为了群体的利益而放弃个人的意见,与群体的意见保持一致。我们总会支持和赞同我们所喜欢的群体。相反,如果群体是一个松散群体,群体成员之间的意见存在分歧,则群体中个人的从众行为就会大大下降。

> **舍小我成大我**
>
> 实验是以5个小组相互竞赛的形式来进行的,规定出错最少的小组可以奖励给小组成员戏票。实验结果表明,被试会特别放弃自己的主张,并且主动把偏离群体的压力解释为实现群体的共同目标。在社会生活中,我们也很容易看到,个人为了维护群体的利益,接受"少数服从多数"的集体生活准则,尽管这种从众是与个人的初衷相违背的。

3. 个人在群体中的地位

"人微言轻,人贵言重",个体在群体中的地位也会影响其在群体中的行为特点。一位学识渊博的老教授在一群学生面前较少有从众行为,即使在一些政治问题、生活问题上也是如此。在群体中人们往往愿意听从权威者的意见,而忽视一般成员的观点。高地位者被认为有权力和能力酬赏从众者而处罚歧异者,并且高地位者比低地位者显得更自信能干、经验丰富,能得到较多的信息,这样就赢得了低地位者的信赖。因此,一般来说,群体中那些地位越高的人,越不容易屈服于群体的压力,反之,个体的地位越低,就越容易发生从众行为。

四、什么样的个体更容易从众呢?——来自个人的因素

1. 个性特征

个人的智力、自信心、自尊心以及社会赞誉需要等个性心理特征与从众行为密切相关。智力较低者,接受信息能力较差,思维灵活性不够,自信心较低,易产生从众行为;有较高社会赞誉需要的人,比较重视社会对他的评价,希望得到他人的赞许,因此也容易表现出从众倾向。

2. 性别差异

人们通常认为,女性比男性更易从众。J. W. 朱利安等人(1967)发现,在各种不同形式的实验条件下,女性的从众行为是28%,男性为15%,这种发现被一些学者用来说明女性随和与服从的文化传统压倒了其他个别差异。然而,20世纪70年代的研究对这一结论提出了质疑。研究者指出,过去的实验研究之所以得出女性比男性更容易从众的结论,是因为实验的材料大多为男性所熟悉而为女性所生疏,比如汽车、体育或是电子科技等。后来选择了一些对男女均适用的材料,重新实验。结果表明:女性和男性在各自不熟悉的材料上,都表现出较高的从众倾向;而在那些熟悉程度相仿的实验材料上,从众比例差别很小。

3. 个体的文化背景

关于从众行为,社会心理学家们做了大量的跨文化研究,心理学家惠泰克尔等人(J. O. Whittaker et al., 1967)在

多个国家和地区重复了阿希的从众实验,各地的比率是:黎巴嫩31%,香港32%,巴西34%,在对不从众者施加处罚的津巴布韦的班图部落,从众比率高达51%。具有集体主义倾向的国家(如日本、中国)比强调个人主义的国家(如英国和美国)具有更高的从众比率。随着文化和社会的发展,从众的比率在这两种文化倾向的国家中都有渐小的趋势。

五、其他人对你的从众行为有哪些影响?——来自他人的因素

1. "反从众者"的作用

当群体中出现一个"反从众者"时,其他人的从众行为会大大减少。我们可能有这样的体会,在对一个计划方案进行群体讨论的时候,最初大家都表示了一些赞同性的意见,而突然有一个人提出该方案的一些不合理之处,会场可能因为这一反对的声音沉寂片刻,之后就会有越来越多人提出反对的观点,仅仅一个反从众者就可以"动摇军心"。

在阿希的数次实验中,曾安排过这样一种实验情境:故意让一个假被试做出不同于其他多数人的反应,结果被试的从众行为减少了四分之三。这是因为只要有一个人反对群体的错误意见,就会大大减轻被试的心理负担,缓解被试所面临的从众压力,此人的行为对其他人起了支持与鼓励的作用,使他人坚信自己的判断,敢于与群体对立,从而削弱从众心理。

2. 群体行为与个人行为的差距

从众反应与个人认知和群体行为之间的差距大小有关。当差距过小时,被试不大会感受到群体压力的威胁;差距很大,则易使人怀疑群体反应的正确性;中等程度的差距给个

人造成的从众压力最大。

另外,群体成员态度的突然转变也会影响个体的从众行为,如果群体中其他多数成员一开始赞同个体的反应,而后来改变态度反对个体的意见时,比一开始就做出不同于个体的反应更能引起他的从众倾向。

六、研究从众行为的意义

生活在具有良好社会规范环境中的人,也会出于从众心理而约束自己的言行,做到与他人的行为一致;在有序排队的人群中较少有插队的现象;在人人爱护环境的场合中,很少有人会随地扔垃圾,从这些我们可以看出从众行为具有积极作用。

毛毛虫的生命从众

法国自然科学家约·亨利做过这样一个实验:他将一些毛毛虫排成一个圆圈,中间放一堆食物,奇怪的是,这些毛毛虫只是一个一个地跟着前面的爬行,而没有一个爬向食物,直到饿死为止。科学家认为,这就是毛毛虫的从众行为。

资料来源:中国摄影在线,2006 年 12 月 20 日。

一个有趣的科学实验,让我们看到了毛毛虫从众的悲剧结果——集体死亡。从中我们可以发现从众行为也有起消极作用的另一面。所以在群体内有一小部分成员对群体的准则或决议持有不同观点,这完全是正常的现象。有些群体的领导人对群体中的少数派往往采取不欢迎的态度,其实少数派在群体中也有一定的作用。在团体中若能听到不同意见,甚至是反对意见,能够激起大家的思考,有不同意见的争

论是好事情,便于督促群体防止不良的倾向。如果群体内各个成员看法完全一致,毫无分歧,就会缺乏创新精神,群体成员往往都墨守成规,甚至和稀泥,这样的群体缺乏生命力和战斗力。有时候,缺少少数派意见的群体做出的决策甚至出现了"群体极化"的现象,即群体成员中原已存在的倾向性得到加强,从而群体的决策趋于极端保守或极端冒险。显然,"群体极化"影响下产生的决策并不是最优的方案。

第二节 众 从

在社会生活中,为了明哲保身,避免与群体冲突,表现从众的人广之。然而,在社会群体中百折不挠、坚持己见的也确有人在,他们可能受到种种非议,甚至在群体中遭到排斥或拒绝,但还是坚持到底,这样的人也会给群体带来不小影响(郑龙等,1989)。在某些情形下,群体中的绝大多数人还可能会反过来听从少数人的意见,因此,这种与从众相逆的行为——众从也应该加以研究和探索。

一、众从概述

1. 众从定义

在实际生活中,我们会发现有时候大多数人的意见未必正确,真理也可能掌握在少数人手里。在少数人意见保持一致,并坚持自己观点的情况下,多数人可能会怀疑自己的立场是否正确,在思想上动摇不定,甚至一部分人首先会转变态度,倾向于少数人所持有的意见,从而使多数派群体内部思想瓦解,有越来越多的人转变立场,开始听从少数派的意见。这样少数派在整个群体中就起到了举足轻重的作用,因此,少数人的立场和态度也不可低估。

> **众从**:是群体中由于多数人受到少数人意见的影响而改变原来的态度、立场和信念,转而采取与少数人一致的行为。

2. 有关众从现象的实验研究

1966 年法国社会心理学家 S. 莫斯科维西最早注意到了群体中还存在着少数人对多数人的影响。他观察到,社会影响不仅仅局限于少数人听从多数人意见这一方面,而且还存在着多数人听从少数人意见的另一方面。以此为起点,莫斯科维西及其同事在 20 世纪 60 年代开始了对众从行为的研究,取得一系列新的研究成果,从而将"众从"这一概念纳入到社会心理学研究的重要领域之中。

真理掌握在少数人手中?

莫斯科维西的实验采取了阿希实验的范式,分为实验组和控制组,每组由 6 个人组成,两组的任务是一个简单的颜色知觉作业,即判断幻灯片的颜色(所有幻灯片都是蓝色的,只是亮度不同)。控制组中 6 名均为真被试,他们对幻灯片的判断都是蓝色。实验组有两名假被试代表少数派,由四名第一次参加实验的真被试代表多数派。两个假被试首先回答,每次故意出错,都说幻灯片是"绿色的"。被试事先就被告知小组内成员的视力都是正常的,可实验结果表明在实验组:有 8.4% 的人回答幻灯片都是"绿色的",32% 的被试报告说至少有一次看到了"绿色的"幻灯片。这一实验证明了在群体中众从行为确实存在。

二、众从行为产生的条件

在一个少数派和多数派同时并存而且相互抗衡的群体中，为什么少数派能够顶住多数人的压力，不仅自身不表现出从众行为，而且还设法使多数人转变态度，依从于少数人的意见或行为？这个问题显然与少数派（有时可能只有一个人）的坚定信念和多数派的动摇不定相关联。

1. 少数派成员内部的特征

（1）一致性

群体的一致性能够体现出成员内部的坚定性和自信心，具有足够的力量促使多数派转变态度采取与少数派相同的行为。1970年多姆斯的实验研究表明少数派群体成员的态度和行为只有保持一致性才具有影响力，如果左右摇摆不定的话，就不会对多数派产生任何影响。这里的一致性，不仅指少数派成员意见的一致，而且还包含少数派成员行为在时间上的前后一致性，即"坚持到底"。

莫斯科维西等人发现，一个人的少数派没有两个人组成的少数派影响力大，这是因为当少数派只有一个人时，他的不同意见可能被认为是偏离者的特殊原因，如对工作不熟悉、视觉有问题、观点的狭隘性等，当由两个或两个以上人员组成的少数派就不能认为是个人的特殊性，而是一种普遍的原因，形成了一致性的力量，对多数派产生了压力。

（2）独立性

少数派对多数派成员产生影响力，还必须具备行为上的独立性，表现出与众不同，使多数派成员感到压力，促使多数派依从少数派，但这种独立性必须符合时代精神的发展。并且如果少数派的观点被知觉为是为个人利益的,就会被人忽视。比如同性恋群体是社会上的少数派,他们在争取同性恋权利上所形成的社会影响要比异性恋群体中为他们争取权利的少数派形成的影响小。同样的,如果要说服保守的男性群体改变对于流产的态度时,男性说服者要较女性说服者更容易获得成功(Maass,Clark & Haberkorn,1982)。

顺应历史潮流

1969年莫斯科维西等人在一项实验研究中讨论了男女平等问题。研究者让被试充当多数派,少数派的立场是赞同时代精神(主张男女平等)或者是反对时代精神(反对男女平等)。结果表明,如果少数派的观点是赞同时代精神的,他们的影响力显著,使多数派也表示赞同男女平等;而在少数派是反对时代精神的条件下,少数派的影响力随着多数派内部的意见分歧而变小了。

(3)权威性

云从龙,风从虎,人无头不走,鸟无头不飞。当少数派由权威人物组成,或少数派成员中有权威人物参与时,其影响力将大大增强。因为权威人物地位高、威望大,是整个群体中的核心人物。人们一般都乐意接受权威的指导,听从权威的命令。群体中的权威比其他人更具有力量,由于权威占据很大的地位优势,可以左右其他人的行为。因此,当权威人物站在少数派立场上时,由于"名片效应"的作用,增加了少数派意见的可信度,对多数派产生了更大的心理压力,迫使多数派放弃原有的观点,表现出众从行为。

2. 多数派成员内部的关系

（1）多数派成员内部的意见分歧

古语云：攘外必先安内。如果多数派成员内部矛盾重重、意见分歧很大，缺乏统一的指挥，则极易受少数派的影响，导致众从行为的产生。在少数派行为的压力下，多数派成员对事物的信念容易发生动摇，对自己所站立场的正确性产生怀疑。由于失去了行为的参照准则，多数派成员对于自己应该如何行动举棋不定，于是不得不采取现实主义态度，转而倾向于少数派的立场。

（2）多数派内部缺乏群体凝聚力

缺乏凝聚力或凝聚力不强的群体，其人际关系不佳，群体成员各行其是。这意味着群体本身处于一种动荡的危机状态，一旦有外界压力的存在，其成员受压力影响，就会立即转向少数派一边。社会心理学家多姆斯等人观察到，松散型群体比凝聚型群体更易受外界压力的影响而发生态度转变，接受他人意见。

（3）多数派成员不明确所遇问题的真实情况

如果班级组织春游活动，班中几位同学建议到长兴岛，说岛上很好玩，而大多数同学没有去过，那么在这几个同学的一再坚持下，最后同学们的春游目的地会是哪里呢？

人们的思维都具有认同作用，在需要对一件不明确的事物表明态度时，常常以他人的意见作为自己观点的参照系统，如果群体中少数派的立场坚定，那么多数派成员就会认为少数派的观点肯定是正确的，从而在少数派的影响下发生众从行为。

四、研究众从行为的意义

任何社会的进步都有其自身的一般发展规律。在历史的进程中,社会系统始终经历着各种各样的变化,这种变化的动态轨迹固然遵循着自身内部的发展规律,但产生这种变化的直接动因,往往是生活在社会群体中的某些人及其积极的新异行为。

社会要产生强大的变化和发展,就需要改革者对多数人施加压力,即少数派提出一种新异的思想或观点,供多数派选择,用于评价自己原先的立场。渐渐地,多数派中有些成员转到了少数派这一边。如果这个过程加速进行,最后将使原来的少数派实际上变成一个新的多数派。新的多数派中的陈腐观点再次被新的少数派颠覆,如此循环往复,从而人类的知识逐步接近绝对真理,社会不断发展进步。当然,少数派在改革的过程中常常要经受极大的心理压力,很可能导致失败,甚至招致自由和生命的丧失。如伽利略宣传哥白尼的"日心说",遭到了当时教会势力的迫害,最后被迫放弃了自己的信仰,尽管这样,但他的行为却在当时起到了一种推动社会变革、科学进步的不可低估的作用。又如达尔文创立进化论,一开始同样遭到社会上大多数人的攻击、谩骂,甚至人格上的侮辱。这也正是后人在确信"日心说"的进步性、进化论的科学性之后,对伽利略、达尔文以及另外许多科学家的所作所为大加赞颂的原因之一。可以说,没有一般的发展规律,就不存在社会系统,而没有少数派,就不会出现社会的变革。

第三节 服 从

在家服从父母,上学服从老师,上班服从领导……我们的人生似乎无处不服从,很小的时候,我们就接受服从的教育,这种服从意识在学校、单位中不断得到强化,使服从几乎成为我们的一种习惯。那么究竟什么是服从?在社会群体中,人们对群体的规范是否一概表示无条件地服从?当有一个权威人物命令你去干一件你不愿意干的事情时,你是否会放弃个人的原则去执行权威的命令?这些问题都是本章所要讨论的另一种相符行为——服从。

一、对服从的理解

> **服从**:指个人按照社会要求、群体规范或别人的愿望而做出的行为,这种行为是在外界压力的影响下而被迫发生的。这里的外界压力影响有两种情况,一种是在一定的有组织的群体规范影响下的服从;另一种是对权威人物命令的服从。

个人服从集体,少数服从多数,下级服从上级,是社会群体所强调的组织原则。遵守组织原则,服从组织纪律,是维护和增强群体生命力、战斗力的一个极其重要的方面。所以,个人对社会群体的各项政策、法律以及各种规章制度,不管自己愿意还是不愿意,都是必须服从的。

人类除了表现出对规范、命令的服从行为,还在群体活动中表现出对个别学识渊博、德高望重的权威的服从,这种服从往往也是无条件的。权威包括领导、师长、各类知名人士等。对权威

军人以服从命令为天职,没有服从就没有执行。

资料来源: http://www.tsheducation.net/tsharticle/Article_Show.asp? ArticleID = 992

人士的服从可能是出自对权威的敬仰,发自内心的信服,也可能是对权威的惧怕,违心地屈服。但当权威的要求与个人的道德和伦理价值发生很大矛盾时,个人违背了自己的良心而服从权威的命令,精神上就会感到惶惑不安。例如,在一个流氓团伙中,每个成员都必须服从团伙首领的命令。其中有些人是误上贼船而不能自拔的,他们在团伙首领的威逼下只得服从命令,被迫昧着良心去干坏事,其内心深处却常感到深深的痛苦与不安。

动物的服从行为

6只猴子被放入同一个笼子,并用链条将香蕉悬挂在笼子顶部。链条另一端与淋浴器喷头相连,当1只猴子伸手拉香蕉时,所有猴子都会被淋浴器喷出的冷水浇湿(猴子和猫一样,不喜欢水)。用不了多久,6只猴子就都知道香蕉是不能碰的。

接着从6只猴子里取出1只,并放入1只新的猴子。毫无疑问,新来的猴子看见香蕉心想一定是到了天堂。但当它往上爬时,其他5只猴子会制止它接触香蕉。不久,这只新来的猴子也知道香蕉是个禁忌,必须服从另外5只猴子的命令。然后新猴子不断被放入,每放入1只新猴子的同时,都取出1只原来的猴子。每次替换猴子的时候,这样的教训都会重新上演一次。很快,最初在笼子里的6只猴子全都被替换出去,而香蕉仍完好无损——虽然后来的猴子从未被冷水淋湿,但它们从不询问不能碰香蕉的原因,它们只管服从。

二、米尔格拉姆的服从实验

> "那些犹太人的死并不是我的责任,我只是执行命令!"——这是 Adolf Eichmann 一个因残酷迫害犹太人而被捕的希特勒纳粹政党的官僚主义者在法庭上为自己做的辩护。1939 年,在他的监管下,全欧洲的犹太人被拘役起来运送到集中营。在营里他们被饿死,毒气毒死或者枪杀。

在人类发展的历史中,充满了战争、掳掠、欺压、暴行……为什么人们会服从于非人道、非正义的命令,采取残暴的服从行为?寻找这一问题的答案,成为社会心理学家对服从行为研究的出发点,米尔格拉姆的服从实验成为这一领域的经典研究。

1. 实验的基本过程

1963 年美国社会心理学家 S. 米尔格拉姆着手实施一项服从实验,以探讨个人对权威人物的服从情况。这一实验被视为有关服从研究的经典实验,并在社会心理学界产生了强烈反响。

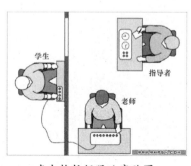

米尔格拉姆服从实验图

米尔格拉姆首先在报纸上刊登广告,公开招聘受试者,每次实验,付给 4.50 美元的酬金。结果有 40 位市民应聘参加实验,他们当中有教师、工程师、邮局职员、工人和商人,年龄在 25—50 岁之间。实验时主试告诉这些应聘者,他们将参加一项学习和记忆的研究,考察惩罚对学习的影响。实验时,两人为一组,一人当学生,一人当教师。谁当学生谁当教师,用抽签的方式决定。教师的任务是朗读配对的关联词,学生则必须记住这些词,然后教师呈现某个词,学生在给定的四个词中选择一个正确的答案。如果选错,教师就按电钮给学生施以电击,作为惩罚。

由于事先的安排,实际上每组只有一个真被试,另一个是实验者的助手,即假被试。抽签结果,真被试总是当教师,假被试总是充当学生。

实验开始,充当学生的假被试与当教师的真被试分别被安排在两个房间里,中间用一堵墙隔开。在"学生"的胳膊上绑上电极,这是为了在"学生"发生错误选择时,可由"教师"施以电击惩罚。而且,实验者把"学生"用带子拴在椅子上,向"教师"解释说是为了防止他逃走。"教师"与"学生"之间不能直接看到,用电讯传声的方式保持联系。

给"学生"施以电击惩罚的按钮共有30个,每个电钮上都标有它所控制的电压强度,从15伏特开始累计,依次增加到450伏特,每四个电钮为一组,共七组零两个,各组下面分别写着"弱电击"、"中等强度"、"强电击"、"特强电击"、"剧烈电击"、"极剧烈电击"、"危险电击",最后两个用"××"标记。

事实上这些电击都是假的,但为了使作为"教师"的被试深信不疑,首先让其接受一次强度为45伏特的真电击,作为惩罚学生的体验。虽然实验者说这种电击是很轻微的,但已使"教师"感到难以忍受。

在实验过程中,"学生"故意多次出错,"教师"在指出他的错误后,随即给予电击,"学生"发出阵阵呻吟。随着电压值的升高,"学生"叫喊怒骂,而后哀求讨饶,踢打墙壁,最后停止叫喊,似乎已经昏厥过去。"教师"不忍心再继续下去,问实验者怎么办。实验者严厉地督促"教师"继续进行实验,一切后果由实验者承担。

在这种情况下,有 26 名被试(占总人数的 65%)服从了实验者的命令,坚持到实验最后,但表现出不同程度的紧张和焦虑。另外 14 人(占总人数的 35%)作了种种反抗,拒绝执行命令,他们认为这样做太伤天害理了。

米尔格拉姆在实验结束之后,把真相告诉了所有参加实验的受试者,以消除他们内心的焦虑和不安。

2. 米尔格拉姆的进一步研究

米尔格拉姆在第一次实验的基础上,进一步探讨了服从行为的产生与哪些因素有关。他从服从的主观和客观两个维度操纵实验条件进行了探索。

	客观条件		主观条件
距离	"学生"越是靠近"教师",被试越是拒绝服从,而距离越远,越容易服从	道德水平	道德水平与服从权威呈负相关,即道德判断水平越高,服从权威的可能性越小
主被试关系	双方的关系分为三种情况:主试与被试面对面地在一起;主试向被试交代任务后离开现场;主试不在现场。结果表明,主试与被试面对面地在一起时,被试的服从次数是其他情况下的三倍	人格特征	权威主义倾向:世俗主义,十分重视社会压力以及个人行为的社会价值;权威式的服从;权威式的攻击;反对内省;具有迷信意识和刻板印象;追求权力和使用强硬手段,从对权威人物的认同中,满足个人企图掌握权力及服从于权力的心理需要,否认个人的弱点
主试地位	主试的地位越高,被试用最强电压电击"学生"的人数也越多		

三、有关不服从的情况

在生活中虽然有许多人都按照群体的规范或权威的意志行事,但并不是任何人在任何场合都无条件地表示服从的。如果群体的规范或权威的要求不合理,或者群体的规范或权威的要求虽然合理,但不符合个人的实际需要时,个人就会表现出不服从的情况。不服从在不同的场合表现形式有所不同,一般有以下几种类型:

抗拒 表现为在行动上拒不执行任务,并提出口头或书面的抗议,主观上情绪偏激,怀有对立情绪,这在生活中可以经常看到。群体中领导与被领导者发生矛盾,往往是由于领导提出的任务或要求不为下级所接受。

孩子在一定程度上服从家长是家庭教育中很必要的部分,但是如果方式和方法不当将起到相反的作用。

消极抵制 有些群体成员对群体规定不愿意执行,又不敢明目张胆地表示不同意,只好表面上表示服从,而暗地里采取消极抵抗的办法。例如,工厂里有些班组长对厂里过分严格的规章制度有意见,但不敢公开与之对抗,于是当暗地里即使有工人违反制度时,也不愿意去深究。

自由主义的态度 有些人服从命令或遵守规定是被迫的、不自觉的,他们在一般情况下能够维护群体的规范,服从权威的意志,但是在无人督促的情况下会采取自由主义的态度。例如,有些汽车司机在马路上驾驶汽车时,看到有交通警察在维持交通秩序,能够服从指挥按规定的速度行车,一旦处于无人管辖地段或警察不在现场,则容易超速行驶。又如，一些学生在班主任面前能遵守课堂纪律，当班主任走开时，便"蠢蠢欲动"起来。

四、研究服从行为的意义

个人在社会生活中总是隶属于某个群体，每个群体中都会有一定的规范和纪律，要求大家共同遵守。如果群体成员遵守群体的规章制度，群体就会对他加以肯定、赞赏；违反群体规范，则受到群体的批评，倘若触犯了国家的法律，侵犯了他人的合法权益，就要受到法律的制裁。可见，群体的规范对每一个人来说，不管是否愿意，都必须服从，否则就不可能有正常的社会生活，于人于己都不利。在大多数情况下，服从群体规范都是自觉自愿的，但在有些方面也可能是被迫的，被迫的服从形成了习惯以后就会变成自觉地服从。例如，行人要走人行道、过马路要走横道线，就是从被动服从到自觉服从的过程。

在一个社会群体中，群体成员对领导人物的服从也是必要的，因为群体领导是群体中的核心人物，对领导人物的服从，可以使群体在统一指挥下成为一个有机整体，大家齐心协力，为达到群体目标而共同努力，从而提高群体的活动效率。

但是，服从并不等于盲从，也不是无条件地听从。盲目服从可以表现为对领导或权威的盲目崇拜，毫无原则地听从权威的命令，这是失去个性化的体现。通常这种类型的群体由于缺少反对意见，易形成专制型群体，貌似团结，实际上很容易走向错误的极端。

第九章 相符行为

员工的"服从",只是就业艰难选择了"忍辱负重"罢了。切记,没有员工的尊严,就没有公司的尊严和灿烂的明天。

资料来源:南方报网,2008-07-15 08:58

与此同时,如何在不合理、邪恶、欺骗面前做到不服从也是我们要研究的一个有社会价值的问题。

第四节 顺 从

当我们拿着大包小包的购物袋回家时,常常发现自己在售货员的推荐下买了其实并不需要的东西;当寝室同学劝说你一起去看电影时,自己常常放弃了原来去自习室背英语单词的计划……而这些都是顺从行为。

一、顺从概述

我们影响其他人的一个基本方式,就是要求别人去做或者不做一些事情。人们在相互交往之中,总是力求适时地向别人提出一些要求并希望他们接受,同时也根据自己的需求而接受或拒绝别人的要求。这些要求不同于命令,并非一定遵照不可,但是人们有时候确实更乐意选择接受,这便是顺从的力量。

> **顺从**:指在他人的直接请求下按照他人要求做的倾向,即接受他人请求,使他人请求得到满足的行为。

顺从与从众、众从、服从的区别

	发生者与接受者	强制性
从众与众从	群体与个体或群体与群体的关系	
服从		在强大外界压力的作用下产生
顺从	个体对个体的影响,是单一行为针对单一要求的改变	在应人的要求或请求而产生的,要求或请求的发出者既不是权威者也不是权威机构,而是平等或者低于接受者的位置

二、顺从的策略

营销人员使得顾客掏腰包购买其产品,慈善机构募集捐款,义务献血点征集到献血志愿者,候选人争取到尽可能多的选票……无论人们是否意识到,顺从行为总是受到有意或无意的策略影响。那么,是什么因素导致顺从,又是什么策略促成了顺从行为呢?社会心理学对此进行了研究,主要提出了以下一些观点:

1. 不假思索的顺从

有时候,人们遵从内化了的社会规范而不对行为本身进一步推敲。当基于既定事实的情况发生时,人们会自动化、不经思考就顺从。有一些约定俗成的社会规范,比如说与初次见面的人握手,学生应当听从老师的教导,在停车场付给穿制服的人停车费。这些自动化了的社会规范节约了心理资源,人们不必在特定的情境下仔细思考每一个环节,符合经济原则。然而这有时导致了不正确的顺从。正如一则笑话,罗伯特一边吃早餐一边读报纸,吃完后顺手把小费留在了桌子上——他完全忘了他是在自己家里用的早餐。

2. 登门槛技术

指先向对方提出一个小要求,再向对方提出一个大要求,那么对方接受大要求的可能性会大大增加。

> ### 得寸进尺效应
>
> 1966年弗里德曼先让助手访问一些家庭主妇,请她们为了维护交通安全和美化环境,在窗户上贴一些小标记或在请愿书上签名。这些主妇都接受了。半个月后,实验者再次访问这些主妇,要求她们在门前草坪上竖一块不美观的维护交通安全的广告牌,同时实验者也访问了一些以前没有访问过的主妇,提出了同样的要求。结果发现,前者有55%同意,后者只有17%同意。可见,先提出小要求增加了对方接受大要求的可能性。

3. "以退为进"的策略

在拒绝了第一个不合理要求后,人们倾向于接受继之提出的一个相对合理的要求。人们似乎觉得当提要求的人做出一些让步的时候,自己也应该相应的做出妥协。

值得注意的是,以退为进的策略只能持续较短时间的作用,当人们答应了大请求之后的小请求,再向他们提出要求就不容易被接受了,因为他们觉得接受了第二个请求已经完成了"义务"。因此若想使请求的效用持久,最好是换用"得寸进尺"的策略。另外,以退为进策略发生作用的另一个前提是,大要求和小要求间要有明显的关联。

4. "意外惊喜"的策略

一位推销员向一位顾客介绍了一款微波炉的性能及其价格,顾客正在犹豫是否购买,推销员此时对顾客说,现在购买这款微波炉还会附赠一套微波炉专用器皿,或优惠10%的价格,从而期望顾客更加愿意购买。

5. "低球"策略

"低球"策略首先以非常具有诱惑力的条件做诱饵,一旦消费者上钩,再坦白条件并非像当初承诺的那么好,而这时消费者已经骑虎难下。尽管这种方法是有效的,但很明显具有欺骗的性质,因此,在有的国家,法律规定"低球"策略在一些商业活动如汽车销售中是违法的。

就是这样被"球"砸中

Robert Cialdini 等做过一个研究来验证低球策略:一种情境是他们打电话要求被试第二天一早七点钟要来参加实验,另一种情境是首先打电话告诉对方要参加一个实验,在对方同意后再告知实验的时间是第二天早晨七点。结果是第一种情境,答应并准时参加实验的占 25%;在第二种情境下有 55% 的人答应并准时参加,可见低球策略发挥了作用。

6. 引起注意的技术

对路边的乞丐,大部分人都会感到反感,很快地走过;对那些发放传单的人,你通常也不会很耐心地站下来伸手去接,赶紧快走几步绕过。对这些现象的一种解释是乞讨的人和发传单的人没有引起人们足够的注意。

资料来源:《南方农村报》,2008 年 6 月 14 日

引人注意的乞讨

Michael 等研究者让志愿者化妆成乞丐,第一种是用常见的乞讨:"给我一个硬币吧。"另一种是稍变换了一下方式

> "给我37美分吧。"结果与研究者的预期是一致的:在第一种情况下,有23%的人对"乞丐"进行了施舍,在第二种情况下有37%的人进行了施舍。

三、影响顺从的因素

俗语云:"重要的不是说什么话,而是怎么说。"那么,是什么因素使不同的策略影响了人们的决定呢?

1. 积极情感

有研究表明,在一个能够引起积极情感的情境中所提出的要求更容易被接受。因此,在对方心情愉快的时候提出请求容易被接纳,而对方心情不佳时,同样的请求却可能得到相反的结果。

2. 互惠原则

人们都愿意发展并维持良好的社会关系,一条基本的准则是:人人为我,我为人人。当别人对我们有"恩"时,我们习惯以某种方式进行"回报"。然而有时候"回报"与"施恩"不成比例,一些商家即利用了这种不平等的互惠原则,以一些微小的"施恩"得到了巨大的"回报"。例如,销售商会利用"以退为进"的策略,在商场中提供免费试用品,消费者试用之后,为了"回报",于是购买产品。"意外惊喜"的策略也是基于同样的道理。

3. 一致性原则

人们一经做出了某种判断,就有意维持这种判断,并尽可能表现出言行一致。如"得寸进尺"策略和"低球"策略都是基于这一原则。一旦人们答应了一个小要求后,就很可能答应随后的较大的要求。甚至即使当初促使他们答应的前提条件现在已经不成立,他们原来的承诺也很难令他们说"不"。

4. 易得性

越是被限制的、不容易得到的选择,越容易促使人们去争取,这就是"激将法"策略的原理。如果商店贴出"仅此一件"或"最后一天"的促销标语,消费者会觉得机不可失。心理激将法的理论认为当选择的自由受到威胁时,人们经历一种危机感,这种危机感使得他们力图重新把握自由的选择权(Brehm,1981)。

四、研究顺从行为的意义

对顺从行为进行研究的意义是显而易见的,一方面"如何使别人答应你"已经成为了销售人员的必修课,推销员们会运用各种各样的顺从策略来获得利润;我们每个人也可以学习运用这些策略满足意愿;另一方面,作为被要求者,也需要有本领来识破策略,经过仔细的权衡,做出决定。

午后红茶

从超级女声看从众心理

2005年8月26日,席卷全国的超级女声大赛曲终人散。这个最火的夏天,15万人报名参赛,湖南卫视收视率稳居全国同时段所有节目第一名,超级女声俘获了千百万男女老幼的心,这已经不是一场简单的追星运动,而似乎更像是全民运动。赛事一场比一场激烈,人们的热情也一日比一日高涨,为什么这么多人参加"超女"?这么多人观看"超女"?随着旋风的平息,人们开始静下心来思考这场"超女风暴"引起的诸多的心理和社会问题,从众心理的魔力再次被人们津津乐道。

"从众"是指个人受到外界人群行为的影响,通过向社会压力让步,以使自己的认知及行为符合群体的、社会的标准和规范。在现实生活中,人们的从众心理、从众率、从众程度及相应的行为还会受到一系列的其他因素的影响,如群体对从众影响首先表现为群体的一致性,这是构成群体压力的重要因素。群体成员的态度一致性越高,个体面临的群体压力也越大,从而越容易产生从众行为;群体对个体的吸引力越强个体越容易从众。安徒生童话《皇帝的新装》就是一个最好的例子,当一个童言无忌的孩子发出"他什么都没穿"的不同声音后,人们狂热的从众行为便土崩瓦解,烟消云散了。

从众是人类社会存在的一种必然的社会现象,又必然在社会生活中发挥一定的作用。从众在一定程度上具有积极的促进作用,有利于学习他人的智能经验,扩大视野,克服固执己见和盲目自信,修正自己的思维方式。同时,从众的行为方式对个人具有明显的社会适应意义。但从众也有着不容忽视的消极作用,它很大程度上压抑了个性,束缚了思维,扼杀了创造力,甚至于成为谣言的温床。

我们每一个人都具有从众心理,男女老少为之疯狂的"超级女声"节目开赛时,你也许对某个歌手没什么感觉,可经常听周围人说起她,慢慢地你也会注意她,发现她的优点并逐渐喜欢她了。编导们一开始就将门槛降得很低,任何年龄段、任何地域的女性都可以参与,而且完全免费。"想唱就唱"、"唱得还不如我呢",这是很多观众在观看超级女声时发出的声音,超级女声的节目源自于群众,这相对于遥不可及的明星而言更加亲切,仿佛就是自己在台上表演,FANS 都会在偶像的眼睛里看到自己，FANS心中有一个"理想自我"，但她自己实现不了，却在这些超级女声的身上发现了，于是喜欢上她，正是这种认同感让你坚持不懈地追随着偶像。

　　娱乐要的就是让自己高兴，但以被动为前提的从众，势必失去自己的价值，而盲目地从众更加迷失了自己。如果过分执著于自己的偶像，心情过分跟随偶像得失而进退的人，有必要及时调整自己的情绪，用平常心看待竞赛。尤其是不要让自主性、独立性从孩子们身边溜走，将自信沉睡在孩子们的脑海里。每个人在选择、接近自己的偶像的时候，都应该保持住自己的理性，明白自己追求的到底是什么，这些东西对自己的成长和生活是否是有益的。总之，不要在从众中失去你自己。

　　文章来源：《大众科技报》，2005年9月4日，江波撰文。

第十章　大众心理的连锁反应

小野、程程平时工作都很忙,小涛因为在外地读研究生也难得回家,所以只有过年的时候这三个从小玩到大的朋友才能聚聚。

程程刚刚当老师,热情很高涨,说起她的学生就滔滔不绝,"我一直认为我是年轻人,是时代的中坚力量呢,结果一看我们班的小朋友,我就觉得我跟古董似的了,那天我们班一个爱画画的同学给我看他的一张画稿,是整版的设计不同的囧字,就像一个个会说话的小人在表现他的情绪,太有创意了!""要说这囧字还得感叹网络强大,以前谁会认识这个字呀,上次我好奇查了它的原意,没把我雷死,原意是光明、明亮。"小涛感叹道。程程表示很赞同:"确实,现在网络太强大了,我们小时候也就流行个魔方,机器猫什么的,而且以前觉得流行就是衣服、发型什么的,没想到现在语言都刮流行风了。"以下就是网络达人小野的强项了:"那是,百度一下2009网络流行语能把视网膜都看脱落了。什么躲猫猫、piapia 的,还有本人比较喜欢的'人生没有彩排,每天都是直播,不仅收视率低,而且工资不高。''人家有的是背景,而我有的只是背影。'对了,还有说我们历史使命的呢'80后的重要任务是制造08后'……"说起这些网络流行语三个人笑得前仰后合,互相推脱着"80后的重要任务"。

小野他们三个人在一起似乎就不怕冷场,总有聊不完的话题,从网络流行语到"山寨明星",从热播剧《潜伏》到《我的青春谁做主》,从2008北京奥运到2010年上海世博,从奥巴马当选美国总统到经济危机……但是这些轻松的话题过后,他们谈得最多的还是工作以后的经历和感悟。

人们常说从学生到职业人是人生中最大也是最重要的转变,因为这不仅仅是身份上的转变,更是行为重心、做事目的、人际交往方式等全方位的改变。所以刚刚进入职场的小野和程程特别有感悟,以前上学时就羡慕家长没有作业没有考试,但是工作了才知道职场天天都是考试;以前读书的目标就是升学,似乎都有人为自己规划好了,但是现在的目标说不出来却让自己每天都处于焦虑之中……而最让他们头痛的就是复杂的人际关系,有时候甚至不知道大家是朋友还是敌人,这是在学生时代没法想象的。小野的一个同事是公司老板的外甥,平时工作特别认真,能力也很强,但是同事们背地里却常说"人家上面有人,还能做不好?"这让小野很看不惯:"你说他们这不是吃不到葡萄说葡萄酸嘛,看不了人家有好的背景,也受不了人家能力强,工作拼命。"程程劝解道:"你别反应这么激烈,职场不就是这样嘛,太强就容易成为流言的侵袭对象,因为流言是平庸者最惯用的攻击招式。"小涛也说:"虽然我还没有工作,但是也听很多人都说最不好处理的就是人际关系,既然流言难以避免，就姑且相信流言止于智者吧，让流言不攻自破。"……

人们在社会交往中，自觉或不自觉地传递着各种各样的信息，这些信息交互作用，对人们的心理和行为产生一定的连锁反应。选服装时，我们追赶时尚潮流；购物时，我们受无处不在的商品广告的诱导；工作和人际交往中，我们可能听信流言，或成为流言攻击的对象……这就是我们下面要讨论的关于流行、流言、暗示、模仿、舆论这一系列的大众心理连锁反应。

第一节 流 行

流行亦称时尚、风尚，平时人们所说的"热"、"时髦"、"时狂"等都是流行的不同表现形式。

一、流行的定义

20世纪50年代，男女老少都喜欢穿着素色服装，列宁装最受欢迎；70年代，年轻人很喜欢穿着草绿色军装，并佩带领袖像章；90年代，身材娇好的女性更喜欢穿着紧身服装，梳妆打扮迎合国际潮流……

流行是一种群众性的社会心理现象，被形象地比喻为"一窝蜂"现象。流行既体现在人们的物质生活（如衣、食、住、行等）方面，也体现在人们的精神生活（如文化、娱乐活动等）方面。许多社会生活内容都存在着流行，如服装、建筑、汽车、发型、饰品、居室设计、休闲方式等等。

> **流行**：指社会中多数人都去追求某种生活方式，使这种生活方式在较短时期内到处可见，从而导致彼此之间连锁感染的现象。

流行因表现程度和持续时间的不同，可以分为时髦和时狂两种。

时髦是流行的基本表现。它在一定时间内受人赞许，而且经常发生变化。它也包含了对某些被认为有待于改进的行为规范的叛逆。因此，人们对时髦的追求乃是偏离传统行为而倾向于当前新颖入时的生活方式。

90年代以后，每到2月14日，恋爱中的男女都要按照西方的形式过情人节，送的礼物也每年变化，近年，蓝色妖姬被认为是男士向恋人表达爱情的上佳礼物。

资料来源：http://hi.baidu.com/八爪鱼vv/album/item/61b79f0b3ba1d41eb1351db4.html

时狂是流行的狂热表现，是一种热情追求某些生活方式而缺乏理智的倾向。17世纪在荷兰曾发生过郁金香时狂，许多荷兰人，不论穷人或富人都不事生产，而以高价买卖郁金香为荣。当人们认识到郁金香并无特殊价值时，便出现了竞相抛售。在计算机和互联网发达的今天，许多人热衷于网络游戏，也几乎达到狂热的程度。又如，时下许多青少年对歌星、影星、球星等的迷恋同样也是时狂的表现。

资料来源：http://bizhi.zhuoku.com/wall/20050929/001/001-yjx007.jpg

二、流行的特点

1. 新奇性

这是所有流行项目的最显著的特征。但新奇性不在于流行项目本身是否新奇,而主要取决于当时人们的认识。如2008年始可爱的BOB短发被人们视为新奇,流行起来,其实它早已存在,并不新。

2. 爆发性

流行一般表现为突然迅速的扩展与蔓延。例如,社会上曾一度流行开发儿童智力的玩具——魔方,一时间在全国各大城市十分流行,发展得特别快。

3. 短时性

流行的东西可以在短时间内消失。红极一时的魔方已经在市场上销声匿迹了;红遍大江南北的中国结已经不再火热了……在现代社会,电影、电视、杂志,尤其是互联网等传播工具日渐普及,通过大量的宣传媒介,人们可以了解国内外最时兴的东西,这也加速了流行的兴衰。但是,服装的流行相对来说,有一定的持续性,而流行歌曲、玩具之类,其兴衰速度最快。

4. 周期性

流行的变化具有周期性。今天作为时髦的事物,几个月之后也许变成陈旧的东西;而今天是陈旧的事物若干时间以后往往又被看作是新式的。

2001年流行记忆

王家卫的《花样年华》里,张曼玉的几十款旗袍造型让人们充分领略了中式服装的千般变化、万种风情;2001年春夏季,大街上流淌着的是浓郁的复古味道:绣花肚兜、盘扣小袄、收紧腰身的小旗袍……当然这些复古时尚更多地体现在年轻女孩儿的身上;上海APEC领导人非正式会议上各国首脑的一身唐装,华贵大气,舒适自在,仿佛一下子唤醒了人们的民族情怀,给正在走俏的唐装热加了一把干柴,让唐装热潮达到了沸点。

http://sports.cctv.com/20090604/102368.shtml

5. 两极性

流行项目的变化总是从一个极端到另一个极端。就服装而言,长到极端必回到短,短到极端必回到长;大到极端必回到小,小到极端必回到大;宽到极端必回到紧,紧到极端必回到宽。从"喇叭裤"到"健美裤",就是一个实例。

6. 常态性

人们追求某种生活方式呈"常态曲线"。追求新奇、时髦事物的,开始总是少数人,大多数人是随从者(也有一部分人从不追求新奇、时髦)。社会上某些有地位的人往往处于流行的领导地位。如果一种风尚发生在权威身上,则流传速度更快。《韩非子》上曾有一则记载:齐桓公喜欢穿紫颜色的衣服,故而使得全国的老百姓也都仿效穿紫色衣服。桓公对此十分担心,对管仲讲:"我们喜欢穿紫色衣服,紫色很贵,老百姓都这样做,怎么办?"管仲向桓公献策道:"你若要阻止这种风气,首先是自己不穿,还要告诉左右大臣说,自己不喜欢紫色衣服,你以后凡是看到穿紫色衣服的,必须讲'吾嫌紫色臭'。"齐桓公愿意试试看,于是一天之内左右大臣都不穿紫色衣服,一个月之内国内的老百姓也都不穿紫色衣服,一年之内他所统治的地区内也无人穿紫色衣服。

三、流行的社会因素

1. 流行受社会文化所制约

现代社会对于新的技术、新的设想持宽容态度,予以奖励与尊重,流行较容易形成;而在世袭的、固定的传统社会中,旧的秩序与思维模式禁锢着人们的头脑、思想保守,致使人们大都不去追求新奇的事物。

2. 流行依靠大众传播工具的宣传

在现代社会中,若没有宣传工具对流行的推动,流行只能活跃在极为有限的范围之内;流行借助于电视、报刊、互联网等宣传工具的力量,可以很快地扩展到广阔的范围。流行还和商业网络相呼应,这对于提高流行的周转率起很大作用。许多现代的流行项目,往往是由生产者预先有计划地创造、人为进行普及的。因此,宣传机构、展览会、销售网等生产者所能够利用的信息和流通网络愈发达,则愈能加速流行的普及。

3. 流行要有经济基础

流行的实现必须以一定的经济条件为基础。如服装、乐器、手机、照相机的更新,须有具体的物质去替代。可见,一定的物质条件为人们追求流行提供了基础。

综上所述,从地域上看,都市的流行必然先于农村,中心城市的流行必然先于边远城市。繁华都市的范围愈大,人口愈多,工商业愈发达,宣传工具功能愈强,人们的思想也愈趋开放,流行的变换也就愈迅速。反之,在农村,在边远城市中,生活较保守,风俗传统的力量较大,外界输入信息较少,流行的变换也较少,于是那些早被大城市淘汰的过时货,往往在小城镇里还要流行一阵子。

四、流行的心理因素

流行并不具有社会的强制力,它与风俗不同,违反风俗往往会遭到社会的反对,而不追随流行并不会遭到人们的指责。因此,人们追求流行大多基于心理上的种种需要。

1. 从众与模仿

对于大多数人来说,被人视为乖僻、孤独是不能忍受的。于是,人们就要努力去适应周围环境,以保持心理上的平衡。可供选择的最简便而又可靠的方法,便是模仿社会上流行的东西,如周围人们的服装、发式、行为、言语等,以适应环境。人们在追求与模仿流行事物时,心理上会产生一种安全感:既然这么多人这样做,一定是合乎时宜的,一定是正确的,自己与他们一样,也不会错。所以,流行项目便成了引导人们如何行动的模特儿。

社会上许多人竞相模仿某种新奇事物时,就逐渐形成一种社会风尚——流行。模仿乃是再现他人的一定外部特征和行为方式、姿态、动作和行动,这些特征、行为方式、姿态的特点还同时具有一定的合理的情绪倾向性。

人们对流行项目的模仿不是通过社会或团体的命令而发生的,被人们模仿的对象具有一种榜样的作用。模仿有时因社会的一般号召,使模仿者自觉地发生与榜样相似的行为,也是出自模仿者对榜样的无意识的仿效。不过,无论是自觉地或无意识地仿效,都不是通过外界的命令而强制发生的。人们模仿流行项目时,往往会改变其原形。《后汉书》中说:"城中好高髻,四方高一尺;城中好广眉,四方且半额;城中好大袖,四方全匹帛。"就是这个道理。

2. 求新欲望

社会生活的内容若缺乏变化则会变得陈旧,人们的精神面貌也就会缺乏生气。人们企图打破这种趋向的动机与流行的追求有着密切关系。人有一种基本欲望,即想要从自己周围环境中寻求新刺激的欲望,来满足自己的好奇心。而流行之所以能够存在,正是本身具有新奇性的缘故。

人们即使生活上自由自在,精神生活与物质生活十分满足,但若长期处于没有任何变化的社会情境中,总会逐渐感到厌倦,甚至不堪忍受,于是会产生摆脱陈旧生活模式的欲望,流行创造了新的生活方式,用不断变化的新的面目满足人们的求新欲望。

3. 自我防御与自我显示

社会地位较低的美国黑人特别喜欢穿着最新流行的奇特华丽的服装;经济条件不宽裕的青年,结婚时特别讲排场、摆阔气;学习成绩不好的学生,总想用些流行的新奇词汇,以求消除自己的劣等感……有些人感到自己社会地位不高,承受着种种束缚,希望改变现状,避免受到心理上的伤害与压抑。他们往往认为追求某种流行可以实现自我防御与自我显示。

有些人喜欢"标新立异",他们有意无意地向他人表现和主张自己与众不同,以此来显示自己的地位与个性,表明自己的嗜好与欲望。这些人追求流行则是为了显示自我。

第二节 暗　　示

市场上做买卖的人,常常向顾客介绍他的商品如何价廉物美;有些商贩,为了推销商品,故意让其同伙拥挤在他的摊头,造成"生意兴隆"的假象;一些商店出售廉价物品时,往往冠以"出口转内销"之名招徕顾客……

一、暗示的概述

> **暗示**:是在无对抗条件下,用某种间接的方法对人们的心理和行为产生影响,从而使人们按照一定的方式去行动或接受一定的意见、思想。

从暗示的性质看,暗示可以分为他人暗示、自我暗示。

1. 他人暗示

暗示信息来自他人,称为他人暗示。他人暗示又可以分直接暗示与间接暗示两种。凡是将事物的意义直接提供给对方,使人们迅速而无怀疑地加以接受的,称为直接暗示,亦称提示。凡是将事物的意义间接地提供给人们,使其迅速而无怀疑地予以接受的,称为间接暗示。间接暗示往往不把事物的意义讲清楚,或不表示自己的动机,使人们在言语之外,从事物本身了解其意义。间接暗示的效果大于直接暗示。

> ### 鼻子也会受暗示
>
> 曾有一位化学教师向学生出示一个玻璃瓶,并告诉学生说该瓶内装有一种恶臭的气体,会很快散发开来,他将把瓶塞打开,谁闻到恶臭气味请立即举手。接着就打开瓶塞,15秒钟之后,前排多数学生已举手,一分钟后,全班四分之三学生举手。实际上瓶内并无恶臭气体,只是一个空瓶而已。

2. 自我暗示

暗示信息来自本人,称为自我暗示。自我暗示对自身可以发生积极作用,也可以发生消极作用。自我暗示对个人的心理和生理有着重要的影响。在严重的消极的自我暗示下,一个人可以变得突然耳聋眼瞎,但其视力与听力的丧失并不是因为视神经与听神经受损,而仅仅是大脑中分管视觉与听觉的有关区域的功能受到扰乱,使相应的功能失调。

> ### 一个小公务员之死
>
> 生活中往往有一种"疑神疑鬼"的自我暗示。俄国作家契诃夫曾写过一篇有名的作品《一个小公务员之死》。小说描写了一个小公务员坐在将军后面看戏,不慎打了一个喷嚏,他自以为闯下了大祸,得罪了将军,很想向将军道歉,但又怕将军讨厌。最后,这个小公务员终于自认不能获得将军的原谅而郁郁死去。

二、暗示的作用

1. 暗示对心理与行为的影响

美国心理学家谢里夫曾对暗示的作用做过一个实验。他要求大学生对两段作品做出评价,告诉学生说,第一段作品是英国大文豪狄更斯写的,第二段作品是一个普通作家写的。其实这两段作品都是狄更斯所写。受了暗示的大学生却对两段作品作了悬殊的评价:第一段作品获得了宽厚而又崇敬的赞扬,第二段作品却得到了苛刻而严厉的挑剔。两段作品出自同一作者,只不过受到的暗示不同,就得到了大为不同的评价,充分证明了暗示的作用之大。

1986年南京大学陈秀萍的暗示实验同样证明暗示有很大的心理作用。实验对象是干部进修班学员,实验材料是一张青年人的照片,实验者把干部进修班的学员分为两组,然后将两组人分别安置在两个地方。主试拿着这张青年人的照片,对一组学员说:"这是一个'三进宫'的罪犯,请大家根据照片上的形象描写这个人的性格。"拿着同一张照片,主试对另一组学员说:"这是一个年轻的、在德国获得博士学位的副教授,请大家根据照片上的形象描写这个人的性格。"结果发现,虽然是同一张照片,但由于主试的暗示不同,大家对照片中人的性格描写也不同。当然,在受暗示的程度上,每个学员有所差别,不过这仅仅是程度上的差别,并没有人将"副教授"说成"罪犯",把"罪犯"说成"副教授"。有趣的是,大家从同一双眼睛、同一个前额、同一个嘴巴中看到了不同的性格,参阅下表:

对同一照片不同暗示的结果

	"副教授"	"罪犯"
眼睛	从他那专神凝注的眼睛里,不难发现他是一个在专业知识及个人爱好的领域十分有造诣的人。大有不达目的不罢休,"不到长城非好汉"的执著风格。 他那炯炯有神的眼神中含有一种坚定不移的信念和一往无前的精神。 此人眼神体现着这个人比较爱思索,科学精神强,刚强,认真,责任心较强。	目光直而且有些呆,好像对眼前的一切无好感,眼光有鄙视和怀疑的成分。 眼神中含有迷惘而又自甘堕落,不顾一切的思想情绪。 从他的眼神中可以看出他选择的是一条自我毁灭的道路,追求的是"今朝有酒今朝醉"的醉生梦死的生活。 从眼光看,两眼呆滞,内心世界空虚,对前途感到渺茫。
前额	他那宽宽的前额说明,他善于思维,聪颖敏捷。	他那被黑发压低了的前额让人感到他缺乏远大的志向。
嘴唇	他那紧闭的嘴唇,告诉人们,他不善交际。	那紧闭的双唇告诉人们:这是一个胆大、心狠、暴烈而又固执、自以为是的人。

2. 暗示对生理的影响

人们常说"望梅止渴"、"谈梅生津"、"画饼充饥"……这些都是暗示在我们生理上产生的作用。

语言的"糖"效

在一项研究中反复给被试喝大量糖水,经过检验,可以发现其血糖增高,出现糖尿并尿量增多等生理变化。此后,不给糖水,实验者用语言来暗示,结果同样会发生上述生理变化。这一实验表明,语言暗示可以代替实物,给人脑以兴奋的刺激,虽然被试未喝糖水,但人脑仍然参与了体内糖的代谢活动。

三、影响暗示效果的因素

1. 受暗示者的年龄与性别

年幼的儿童容易受暗示,因为他们知识少,经验少,缺乏思考力,容易轻信他人。比利时学者 M. J. 范伦同曾做过一个实验,他请助手向 27 个儿童作 5 分钟演说,然后离去。实验者问儿童,这位先生哪一只手拿帽子?其实他的助手演说时一直戴着帽子,但其中有 24 个儿童回答说,他用右手(或左手)拿帽子。可见,越是富有暗示性的问题,儿童越容易接受暗示。

但从另一方面看,年龄越小的儿童又越不会被暗示。由于年龄小,知识经验少,切身感受亦少,因而无法接受暗示,暗示效果无从产生。我们曾做过一个暗示实验,发现年龄越大,暗示镇痛效果越好,尤其是老年人,他们在生活中对于酸、胀、麻、重等身体感觉有体会,故当作佯针刺时,暗示镇痛效果就大些;年轻人(包括少年)由于无此体会,故不能发生暗示作用。由此可见,暗示的效果在与年龄有关的同时,和暗示内容与该年龄段本身的相关性还有联系。

暗示的效果表现出性别差异。美国学者 W. 勃朗曾研究过暗示性的性别差异,发现女子比男子更易接受暗示。许多社会心理学家指出,由于女子富有感情,当情绪高涨时最容易受外界影响,较易受暗示。另外,女子受教育不同于男子,往往对男子表示顺从,较易受暗示。罗斯指出,若女子在社会上受同样的待遇,参加同样的社会活动,具有同样的社会地位,则暗示效果的性别差异就会小得多。

2. 受暗示者的心理状态

受暗示者的心理状态不同,暗示效果亦不同。人们在疲倦时易受暗示,精神振作时则不然;人们对于毫无经验的事物易受暗示,对于具有充分知识的事物则不然;人们对于嗜好的事物或习惯的行为易受暗示,反之则不然;一般而言,意志坚强者或感情冷漠者均不易受暗示。

人格的倾向性也与受暗示的效果有关。从独立自主的倾向来看,一种人缺乏主见,随波逐流,他们容易接受暗示者的影响;另一种人独立性很强,他们往往具有反暗示性,反对顺从,反对压服,特别是当知道(意识到或猜到)他人企图施以暗示影响的时候,更不会接受暗示,所以暗示者施加的影响就不起作用。

3. 当时的情境

F. 奥尔波特指出,人们往往屈服于多数人的意志:"当群众站起时,我们亦自然站起;当群众拍手时,我们亦随之拍手;群众表示反对时,我们亦常不持异议。"由此可见,人们是否接受暗示,往往与当时的情境有关。

多数人的暗示

社会心理学家 H. T. 穆尔曾做过一项暗示实验,内容是关于学生的语言及道德行为的判断。第一轮实验,主试对学生不做任何暗示。第二轮实验的内容与第一轮实验相同,只是告诉学生说,多数人都已做出某种判断。然后对照两个实验的结果,发现:学生中改变自己原来的意见而符合多数人意见的人数与坚持自己原来意见的人数比例为 5:1。

4. 暗示者的影响力

人们在社会生活中相互发生影响,但有人影响力很大,有人则很小。罗斯指出,凡是最有影响力的人,就是最有力量的人。罗斯指出九种影响力与所属的九种阶层和阶级,后有学者又补充一种,共十种影响力,参看下表。

影响力	所属阶层	影响力	所属阶层
数量	群众	地位	官员
年龄	老者	金钱	资本家
体格	壮士	灵感	先知先觉
神圣	教士	学问	专家学者
思想	哲学家	门第	贵族世家

上述十种情况都具有影响力,暗示作用就大。生活中确有这样的情况,同样一句话,出于有社会地位的人,比普通人更有效果。

5. 暗示刺激的特点

一种刺激经过多次反复,更易发生效果。有些商业广告往往连续刊登,甚至终年不停,其他如标语、座右铭等,若能经常出示,总会发生暗示作用。刺激的反复持久若能从多方面发出,则其暗示效果更大。有些商业广告不仅反复刊登,而且同时刊登几种报刊,甚至同时登载几个城市的报刊,暗示效果尤佳。总之,任何暗示刺激,其表现的范围愈广,区域愈大,分量愈多,而又不断反复的,其暗示效果必然愈大。

暗示刺激的特殊性或具有新奇性都较易产生暗示作用。人们对于环境中的事物,总是注意其特殊的或新奇的方面,容易接受其暗示。

第十章 大众心理的连锁反应

> **特殊的正方形**
>
> 早期社会心理学家 B. 薛第士曾做过一项实验,向学生出示六个正方形,让他们任意选择其中一个。照理,六个正方形都有被选中的机会,结果发现,由于第三个正方形位置特殊而被选中的机会就特别多,这表明正方形的特殊位置具有暗示作用。
>
>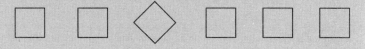

四、暗示的意义

1. 暗示在医学领域中的意义

医生临床实践经验证明,许多病人尽管自诉本人有种种不适的主观感受,但并无器质性疾病,只是神经功能失调,表现为食欲不振、失眠心悸、头昏眼花等症状。有经验的医生采用暗示疗法,让病人吃些维生素药物,注射葡萄糖液,果然治好了病人的"病"。在第一次世界大战中,前线的士兵们流行着一种因炸弹的爆炸震惊而得的心理恐惧症——"弹震病",患者四肢严重瘫痪。当时英国的心理学家麦独孤参加了战时诊疗,他凭借自己的威望,成功地进行了多次暗示治疗,使战士得以康复,这就是医学上的暗示疗法。

医生对病人最易产生暗示作用。病人即使患了不治之症,如果医生安慰病人,关心病人,再加上悉心治疗,就会增添病人的自信心,病人与医生密切配合,就能取得圆满效果。日本电视剧《血疑》中幸子的父亲大岛茂是个医生,看到女儿生了白血病,一边千方百计地为她治病,一边鼓励她要像一个正常人那样生活,有所追求,有所希望。父亲的积极暗示,使幸子鼓起了生活的勇气,在她活着的时候,像一个正常人那样充满着青春的活力。

2. 暗示在体育运动领域中的意义

体育竞赛中,在知己知彼的前提下,运动员最重要的是树立必胜的信念,克服一切不利因素,实现积极的自我暗示,稳定自己的情绪,才能更好地发挥出自己的技术水平。比赛时,运动员总是怀有不同程度的紧张情绪,这时,周围人们的一句话、一个眼神、一个动作,都能对他发生暗示作用。若领队、教练以和蔼可亲并充满信心的态度对运动员加以支持、激励、赞扬,就能对运动员起积极的暗示作用;若运动员与领队、教练的关系素来十分融洽,相互信赖,也能促使运动员产生积极的自我暗示,使他的技术得以充分发挥。双方组织的拉拉队对自己运动员的鼓励,实质上也起着暗示作用。

3. 暗示在教育领域中的意义

近年来,国外许多学者都纷纷研究"暗示教学法"。暗示教学法的三条原则是:(1)保持愉快、轻松、集中的心理松弛状态的原则;(2)有意识与无意识统一的原则;(3)暗示手段相互作用的原则。

教师的语言富有暗示作用。在晓之以理、动之以情、导之以行、持之以恒的整个教育过程中都有暗示,所谓"循循善诱",就包含了暗示作用。

此外,暗示在商业领域内也有很重要的意义。有些商人为了推销商品,不惜重金聘请名演员、名运动员为他们做广告。这些广告宣传对人们产生了暗示作用,人们就会自愿去购买他们的商品,产生了所谓"名牌效应"。

暗示心理在文艺创作、人际交往、司法审判与证词等方面,都有一定的意义。

综上所述,暗示在社会生活中既有积极意义,也有消极作用。它可以应用于医疗、商业、体育、教育等各个领域。但是,接受暗示毕竟不是一种根据事实做出判断的品质,接受暗示在很多情况下是一种盲从的表现,它往往是与缺乏知识、缺少经验联系在一起的,也与性格上缺少独立性、不善于独立思考有关。因此,不断丰富知识、提高水平、磨炼意志、培养独立思考的习惯,可以降低接受他人暗示的程度。

第三节 模 仿

一、模仿概述

模仿:指在没有外界控制的条件下,个体受到他人行为的刺激,自觉不自觉地使自己的行为与他人相仿。

模仿的特征

1. 非控制性　模仿不是由他人或社会所控制的行为。模仿有时因社会的号召自觉地发生与榜样相似的行为,有时是对榜样无意的仿效。

2. 表面性　模仿是对他人行为的模仿,而不是对榜样内心世界的模仿。实际上,内心世界是无法模仿的,个人体验是无法互通的。所以,模仿仅仅是他人行为的再现。

3. 相似性　模仿是对榜样外部行为的仿效,所以,模仿者的行为就要与榜样的行为相同或类似。尽管这种相似不可能做到完全一样,但总会存在某种程度或行为某一部分的相似。

二、影响模仿的因素

1. 年龄。一般来说,儿童的模仿性大于成年人,这是比较容易观察到的。儿童的模仿行为是个人社会化不可缺少的环节。儿童关心、喜欢、接触多的人和事物,往往首先成为他的模仿对象。所以,一般来说,父母总是

资料来源 http://ent.cnool.net/watch_news_24973_4.html

儿童模仿的榜样,而儿童的年龄越大,模仿的行为就越少。

2. 威信。构成威信的因素很多。比如年龄、权力、地位、名望、才能、知识等等。只要在某方面占有优势,就会获得相应的威信,从而有可能成为他人模仿的对象。

3. 类似。模仿的对象往往是类似自己又高于自己的人。有70名女大学生参加了某个实验。首先,她们被带到一个个单间欣赏唱片,然后和隔壁的实验者的助手(假被试)交换意见,第一次假被试听完真被试的意见后附和了她,再次重复这个过程后,假被试先发表意见,结果,真被试作了同样的选择。可见,特质相似者之间容易产生模仿。

第四节 舆 论

一、舆论的定义

舆论是公众的意见与看法,是社会全体成员或大多数人的共同信念,也可以说是信息沟通后的一种共鸣。

"舆论"一词在我国早已有之。"舆"的本义是车厢或轿

子，赶车抬轿的下层人称之为"舆人"。"论"是议论、意见。舆论即众人之论，也就是公众的意见。舆论属于社会心理及社会意识形态范畴，涉及的方面很广，国外许多学者对舆论的性质提出了多种定义，在此仅列举社会心理学家 F. 奥尔波特在其所著的《社会心理学》中的定义："舆论一词常指全体或大多数人的共同信念或情操。""舆论仅是个人意见的集合。"舆论乃是"社会上普遍的见解"。

二、舆论的形成

1. 舆论形成的过程

形成舆论的整个过程可以相对地划分为三个阶段：

第一阶段——问题的起因 舆论总是起因于社会发生的特殊事故或超越社会规范的特殊行为，这些特殊事故或行为引起了人们的关注，成为人们注意的中心，作为一个社会问题被提出来。例如，近年来

竞选演说、组织集会是候选人的有效武器。
http://epaper.nddaily.com/A/html/2008-10/31/content_615124.htm

报纸连续报道了高级官员腐败落马的消息，引起了社会上许多人的关心，于是舆论将我国高级官员的腐败问题作为一个社会问题提出来。

第二阶段——引起社会议论 可以说越是引起人们注意的问题，与人们切身利害关系越密切。如对我国中年知识分子健康问题，最最关心的乃是知识界，尤其是知识界的中年人，他们议论最多，而其他阶层则很少关心，也较少议论。又如，房价问题，由于牵动社会千家万户的居住生活，几乎人人都会发议论。这是舆论形成的一个重要阶段。

第三阶段——意见的归纳 在议论纷纷之中,凡是能适合人们心愿的意见,会逐渐成为一种主流,为社会上层少数人所采纳,并加以宣传、扩散,使之家喻户晓,最终成为舆论。

三、舆论的作用

古人讲,"得民心者存,失民心者亡"、"得道者多助,失道者寡助","民心"、"道",实质就是公众的意见,即舆论。

1. 舆论起着一种评论的作用

舆论对个人、社会团体乃至政府,都能发生一定的制约与监督作用。

舆论可以制约个人的行为。有时候,团体内成员之间为了某个问题发生矛盾与冲突,其他人对此会做出评论,于是,理屈的一方会停止争吵,做出让步。同样,一个行为失检的人在集体舆论下会有所收敛。公共场合下的矛盾与冲突,在人们的一致舆论下也会较快解决。个人在社会中总是会发生从众行为。舆论既然代表着大多数人的意见,就可以产生一种社会控制力量,使它对每人具有一种压力作用,约束每个人的言论和行动。所以,正确的、健康的舆论能够团结群众、鼓舞群众,阻止不道德的言论和行为的发生。

舆论对群体有相当大的影响。舆论多半是反映着群众的意见和要求,群体领导人如果忽视了舆论,会使群众产生反感及冷漠的心理。正确舆论可以战胜不健康的舆论,打击社会上的歪风邪气,使正气抬头。在某些群体中,如果在正气未抬头、邪气上升的气氛下,也可能有一些不健康的舆论,如"当先进为了出风头","结婚不请酒是小气"等。作为一个群体,必须针锋相对地制造正确舆论,以抵消那些不健康的舆论。我们也可通过察看群体内形成的舆论来衡量该群体的好坏。

2. 舆论起着一种指导作用

一些社会心理学家通过研究后指出，在购买物品和欣赏电影、音乐时，舆论起着重要的作用。介绍某一商品或某一电影的人，称为舆论指导者，通过舆论指导者的宣传，就更具有说服力。因为舆论指导者总是某方面的专家，熟悉他所介绍的对象，并且和社会上各个阶层的人们有着广泛的接触。

3. 舆论起着一种鼓动作用

进步舆论往往可以成为革命运动的先导，只有舆论先行，才能发生伟大的革命运动。没有18世纪资产阶级启蒙思想作为舆论准备，就不可能出现资产阶级民主革命。同样，要进行反动活动，也要制造反革命舆论，"十年动乱"时期，最早流行的"怀疑，打倒一切"、"老子英雄儿好汉"等口号，就是为坑害革命干部而作的舆论准备。

网络舆论监督

有媒体称2008年是"中国互联网舆论监督元年"，是"网络问政年"，显示出互联网在揭露腐败、反对腐败方面的巨大威力，可喜可贺。网络舆论监督具有党政法纪部门不易察觉的迅雷不及掩耳之势，具有广泛的网友热情参与揭发查证的能量，具有将腐败疑点和事实暴露在光天化日之下的透明，不仅使得腐败分子难逃法网，而且有关部门或他人想替其遮掩包庇也难以得逞。

资料来源：http://comment.workercn.cn/contentfile/2008/12/26/113339116153415.html。

第五节 流　　言

一、流言定义

流言是提不出任何信得过的确切的依据，而在人们之间相互传播的一种特定的消息。

"流言"一词，最早见于《尚书·金滕》中："武王既丧，管叔及其群弟，乃流言于国曰，公将不利于孺子。"后经蔡沈作了注解："流言，无根之言，如水之流自彼而至此。"可见，流言是一种无根据的假消息。

> **流言与谣言**
>
> 谣言和流言有些不同，谣言是恶意的攻击，是谣言制造者故意捏造、散布的假消息。两者的区别在于动机不同，其共同点是，它们都缺乏明确而可靠的事实根据，但都能广为传播。

二、流言产生与传播的主客观因素

1. 社会情境

流言总是发生在和人们生活有重大关系的问题上，G. 奥尔波特指出流言的发生与流传有三个条件：（1）在缺乏可靠信息的情况下，最易产生与传播流言。人们越是弄不清真实的情况，流言就越是容易传播。（2）在不安和忧虑的情况下，会促使流言产生和传播。例如，某种货物价格上升之后，人们就会产生不安与忧虑，担心其他物品也要涨价，于是关于物价上涨的各种流言,就开始产生和传播了。(3)在社会处于危机状态下,如战争年代、地震、灾荒时,人们容易产生恐怖感与紧张感,流言也容易传播。

一般而言,流言都是言过其实,好意的内容少,而攻击性的内容多,即使是好意的流言,因为是无稽之谈,也不可信。

2. 流言形成的心理原因

流言的形成,主要是人们在认识上的偏差所致。人们平时观察事物、记忆事物,往往不够细致,总会有所遗漏、颠倒,甚至张冠李戴;在与他人交往过程中,也可能对于对方的某些含糊的言词,凭自己的经验来理解,致使外界信息失真、失实、遗漏。再加上受自己愿望、恐惧、忧虑、怨愤等情绪作用,所以当他把自己耳闻目睹的事件转告他人时,就有可能不知不觉地对信息进行了歪曲。于是无根据的流言也就随之而起。

值得强调的是,人们输送出虚假的信息,并非蓄意混淆视听,主要是认识上的或思想方法上的偏差。

3. 流言传播的动机分析

传播的流言往往是言过其实,耸人听闻的,以致以讹传讹,误人不浅。传播流言时,人们往往会依照社会上流传已久的传说、神话等加以附会,使本来极为普通的事情,变为耸人听闻的故事。

有的流言往往是人们根据民间的愿望、恐惧、怨恨而加以附会的结果。由于人们的一些愿望未被满足,恐惧未能消除,怨恨未能发泄,在传播流言时人们往往会加以附会,企图达到心理上的平衡。

有的流言是人们根据事实的因果关系做主观猜测的结果。人们总是认为凡事有因必有果,有果必有因,往往自以为是,简单地把并非属因果关系的事物硬加联系,并加以"合理化",以致混淆了事实的真相。

三、流言传播的影响

流言一经发生,传播极为迅猛,一传十,十传百,辗转相传,面目全非,越来越离奇、荒诞,成为一种精神上的传染,故流言对个人对社会都会发生消极影响。

流言对个人心理、行为的影响,是作为一种社会情境对个人发生直接的刺激作用。流言形成并广为传播之后,就会成为一种社会心理环境。人们处于这种社会心理环境之中,就会自然而然地受到影响。每当听到流言,特别是被许多人相互传递的流言,往往会信以为真。《战国策》曾记载一则故事,有一个和曾参同姓名者杀了人,乡人告诉曾参的母亲说曾参杀了人,第一次曾母不信;过会儿,又有人对曾母说曾参杀人,第二次曾母还是不信;当第三次来人讲曾参杀人,曾母终于相信了。这则故事说明,由于周围屡次发出相同的消息,在这一情境中的人们往往会听信流言。

流言对社会、群体的影响不容忽视。因为在群体中人与人之间相互接触,使流言不断变化,进一步增强了它的力量。若有关于社会安宁幸福的流言被散发时,往往会引起人们的恐慌,产生强烈的情绪反应。例如,20世纪80年代,人们在听说有多少种物品涨价的流言后,纷纷抢购,造成一时人为的紧张,于是市场上小至火柴,大至金银首饰,统统被抢购一空,对社会产生很大的危害。

其实,流言是完全可以制止的,因为它缺乏事实的根据。社会有关部门通过调查访问,向人们提供确切的消息,就可以彻底制止流言的流传。此外,每个社会成员只要有冷静的头脑、明智的态度，就可以正确判断出流言，并劝说他人不要参与流言的传播。

午后红茶

2008，山寨文化来了："将相本无种，山寨当流行。"

眼下，"山寨"是个热得发烫的词汇。"将相本无种，山寨当流行。""寨主"们誓言铮铮。"山寨一出，谁与争锋？""寨旗"猎猎作响。

"山寨"一词源于广东话，主要特征为仿造性、快速化、平民化，主要表现形式是从小作坊起步，通过模仿知名品牌迅速占领市场。也许是因为满足了消费者的需求，"山寨产品"从手机起步，逐渐蔓延到其他经济领域，又几经演化，从经济领域扩展到社会文化领域，成为一种广受关注的文化现象。一时间，"山寨鸟巢"、"山寨熊猫"、"山寨网站"、"山寨春晚"、"山寨明星"甚至"山寨红楼梦"纷纷出炉，大有席卷之势。

乍一看，它是一辆法拉利或保时捷的车模，或者一包中华香烟，或者是某个知名品牌的热门款式。3.5英寸大屏幕、双卡双待、4个摄像头、8个喇叭、待机时间长达一两个月、验钞机、电击棒乃至于GPS卫星导航系统，各种各样的功能一应俱全，"只有你想不到，没有做不到"——这就是传说中的"山寨手机"。草创阶段的"山寨机"瞄准的是低收入人群。如今，"山寨机"已直逼主流手机市场。据统计，"山寨机"已经占据国内手机市场近30%的份额。"山寨产品"摧城拔寨，"山寨事件"层出不穷。

"向央视春晚叫板，给全国人民拜年。"前不久，北京市朝阳区的一个院子里,一辆写有口号的面包车惹得市民驻足观看。车主老孟说,他和几个朋友共同策划了这场"山寨版春晚",时间与央视春晚同步,并且通过网络直播。观众面向北京普通老百姓,特别是过年不能回家的农民工、大学生朋友们。网友可以通过网络报名参加,并提交音频、视频。晚会灯光、设备等由朋友免费提供。消息传开,受到不少网友的支持与欢迎。12月22日,贵州电视台正式对外宣布,春节期间,贵州卫视频道将播出整台"山寨"晚会,且不排除直播可能。目前,贵州电视台已与"山寨春晚"组织者签订转播意向协议书,并将为其提供场地、技术上的支持。

除此之外,"山寨版刘德华"、"山寨版周杰伦"等山寨明星纷纷涌现,甚至还有行走于法律边缘的"山寨版银行卡",等等。因此,有网友将2008年戏称为"山寨年"。

"山寨文化"何去何从

"山寨文化"何去何从?近日,一项有2169名网友参与的在线调查结果表明,对于"山寨文化",56.9%的公众认为应该任其发展,19%的人认为应该制止其继续蔓延,还有24.1%的人觉得"不好说"。

"要问'山寨文化'向何处去,我们必须先问为什么'山寨文化'能够生存。"中国人民大学教授、文艺理论家陆贵山强调,"山寨"不仅是一种文化消费行为,更是一种集娱乐与非主流为一体的生活态度。"山寨文化"的精髓是多元融合、多元共生,它巧妙地在文化多元化的背景下捕捉到了人们的猎奇、从众等社会心态,形成一股备受关注的潮流和态势。但"山寨文化"毕竟是一种以模仿为内涵的文化现象,能否经得住市场的考验,还有待时间检验。

一些专家认为,从目前的情况来看,"山寨文化"中娱乐成分多，文化因素少；消费心理多，文化创新少。从保护知识产权的角度出发，一些涉嫌触犯法律的"山寨产品"，有被规范的必要，一些打着仿造的大旗，以与仿造对象极端相似的风格与微弱差别的包装来蓄意误导、欺骗顾客的产品，更应该迅速叫停。

有学者预测，"山寨文化"无外两种发展态势，一是从娱乐到搞笑再到消亡，这种"山寨文化"不过是披着一层华丽画皮的"垃圾文化"；另一种是走出仿造，走向创新，最终成为市场竞争主体，这样的"山寨文化"才是前途光明的"民间智慧的文化之旅"。

文章来源:2008年12月23日《人民日报》。